월남 이상재 평전
전환시대의 지도자

일러두기

1. 외국 고유명사의 한글 표기는 국립국어원의 외래어 표기법을 따르는 것을 원칙으로 했음.
2. 본문 내 주석은 독자들의 몰입도를 높이기 위해 미주(후주)로 표기했음.
3. 인용문은 원문을 그대로 싣는 것을 원칙으로 하되, 일부 표현은
  오늘날 독자가 읽기 쉽게 최소한으로 수정했음.

이 저서는 2016년 대한민국 교육부와 한국학중앙연구원(한국학진흥사업단)의
한국학총서 사업의 지원을 받아 수행된 연구임(AKS-2016-KSS-1230009)

월남 이상재 평전

한국근현대학술총서 03
한국 근대 전환기 민족지도자 연구

김권정 지음

전환시대의 지도자

혼돈의 시대, 미래를 준비하며 행동하는 지도자

도서출판 이조

머리말

　근대전환기 한국사는 시련과 격변의 시기였다. 한국 사회는 봉건 사회의 모순으로 성리학적 유교 질서가 무너지기 시작했고, 사회경제적으로 궁핍화가 지속하면서 정치사회의 혼돈이 계속되었다. 서구 및 일본의 압력과 침략이 구체화되며 국가의 자주독립권이 심각하게 흔들리기 시작했다.[1]
　불행하게도 전통적인 유교 체제는 한국 사회를 새롭게 개조할 힘을 보여 주지 못했다. 근대적 국제 질서에 강제 편입되는 흐름 속에서 우리 자신을 지킬 수 있는 부국강병의 방법도 제공하지 못했다. 이에 한국사에는 근대 문물의 수용을 통해 안으로 사회경제와 정치제도 등에서 혁신적 근대화를 이루고, 밖으로 국가의 자주독립권을 확립하려는 노력을 기울이기 시작했다. 나라를 상실한 이후에는 잃어버린 국가적 주권을 회복하고 또 어떠한 근대적 국민국가를 수립하려고 하느냐가 한국사의 중요한 시대적 과제가 되었다.
　이런 근대전환기 역사적 상황에서 나라와 민족을 이끈 수많은 지도자가 등장했다. 이들은 시대적 소명을 의식하고, 사회적 변혁을 위해 지도력을 발휘하며 나라와 민족을 이끌었다. 전통적 사회체제를 개혁하며 근대적 국민국가를 수립하고, 외세의 압력에서 벗어나 국가의 자주독립을 확립하고자 했다.[2]

유교적 지식인이었던 이들 중 상당수는 나라의 위기 앞에 서양 근대문물의 필요성을 인정하고, 이를 능동적으로 받아들인 '첫 세대의 근대 지식인'이 되기를 주저하지 않았다. 동시에 전통문화의 가치를 새롭게 해석하며 자신의 근대적 문화 정체성을 수립했다. 이렇듯 지도자들은 근대전환기 근대 문명의 주체적 수용을 통해 사회를 개혁하고, 나라와 민족의 자주독립과 재건을 추구하는 근대화운동과 민족운동을 주도하는 데 그 지도력을 발휘했다.

근대전환기, 격동의 시대에 빼놓을 수 없는 인물이 바로 월남 이상재(1850~1927)다. 그는 급변하던 개화기와 암울했던 일제강점기에 나라와 민족의 자주와 독립 그리고 재건의 활로를 제시했고, 지도력을 발휘한 대표적인 인물이다. 개화운동에 참여해 독립협회에서 국권 회복과 민권신장 등의 운동에 앞장섰으며, 나아가 일제강점 후에는 YMCA를 거점으로 하는 기독교 청년운동에 투신해 3·1운동, 민립대학설립운동, 조선일보 육성, 흥업구락부운동 그리고 신간회운동 등에서 지도력을 발휘하는 등 한국 근대사에서 대표적인 민족지도자 가운데 한 사람이다.[3]

그동안의 연구 성과들을 살펴보면, 이상재의 삶과 사상에 대해서는 어느 정도 정리가 이루어졌다. 그렇지만 주로 사회활동가로서 면모를 부각하거나 교육 및 체육, YMCA, 기독교 사상, 정치사상, 민족운동 등 다양한 분야에서 이루어졌다.[4]

주로 특정 분야나 시기에 머물러 있거나 근대전환기에 그의 생애 전반의 복잡하면서도 다양한 활동이나 사상적 변화 등에 대해 전후 과정을 보여 주는 역사적 맥락에 대한 종합적인 접근이 미흡했다는 아쉬움이 남는다. 우러러 존경해야 할 신비적인 '위인'(偉人)의 이미지가 오늘날까지 굳어지면서 이러한 인식이 역사 연구뿐 아니라 대중의 인식에도 작용한 결과로 생각된다.

근대전환기 한국인 중에서 이상재만큼 많은 '여담'(餘談)을 가진 인물도 드물다. 당시 사람들은 이상재를 가리켜 '기인'(奇人)이라고 부를 정도였다. 그것은 그의 말과 행동이 당대의 가치 기준이나 상식, 형식으로 쉽게 설명되지 않는 부분이 많았기 때문이다. 여기서 기인이라는 표현은 그가 세상과 단절된 채 살았던 인물이라는 뜻이 아니다. 이 말은 그가 현실 세계에서 찾아보기 힘들 정도로 소탈하며 꾸밈이 없었고, 말이나 글보다 행동으로 가득 찬 역동적 삶을 보여 주었다는 것을 의미한다.

이상재는 근대 문명의 필요성을 인정하고 이를 적극적으로 수용하려고 했다. 반면에 서구 근대 문명을 절대화하며 쉽게 종속되거나 단순히 순응하며 쫓아간 '수동적'인 인물도 아니었다. 동시대 상당수의 인물이 과거에 매몰되어 현재를 부정하거나 또는 과거와 단절된 채 근대 문명을 절대화한 것과 달랐다는 점이다.[5] 그는 과거와의 연결 속에서 자신의 문화적 정체성을 발견하고 새롭게 해석하고자 했다. 근대 문명의 압도적인 힘에 굴복하거나 일탈한 것이 아니라 그 힘을 인정해 적극적으로 수용하면서도 그것을 넘어 과거와 현재를 새로운 시선으로 해석하고, 이를 기초로 미래 지향적인 변화를 추구한 것이다.

따라서 이상재에 대해서는 급변하는 시대의 물줄기를 헤쳐 나간 '역사의 주인공'이라는 관점에서 바라볼 필요가 있다. 일반 대중과 분명히 결이 다른 차원에서 삶을 산 인물이었음에도 불구하고 그는 어떤 누구보다 시간과 공간의 현실이라는 땅에 발을 딛고 살았던 역사적 인물이었다. 때문에 그의 삶 전후 맥락 속에서 생각과 행동의 변화를 종합적이면서도 심층적으로 읽어야 균형 잡힌 이해가 가능할 것이다.

이 책에서는 이상재를 '위인'의 자리보다 시대적 과제를 인식하고, 시공간의 현실 속에서 나라와 민족의 진로를 고민하며 새로운 길을 개척해 나간 '자기 역사의 주인공'으로 설명하고자 한다. 이 책은 문헌 연구에 기초해 이상재의 생애와 사상을 중심으로 살펴보았다. 한국 근대사의 주요 전환 시기마다 발생했던 역사 상황에 대한 그의 현실 인식과 해석 그리고 이에 대응한 실천이 무엇이었는지에 대해 집중적으로 분석하려고 한다. 이를 위해 기존의 관련 연구들의 성과를 최대한 반영하며, 근대전환기의 역사와 정치 그리고 사회 상황을 배경으로 실증적 연구 방법을 접목하고자 했다. 또한 전통 학문을 습득하며 유교 지식인으로 성장했으나, 근대전환기에 서구 문명을 실천적으로 수용하며 지도력을 발휘했던 이상재를 통해 한국 근대전환기의 모습을 살펴보고자 했다.

이와 관련된 주요 자료에 대해 간략하게 언급하고자 한다. 최근 발굴되어 번역된 『미국공사왕복수록』(美國公私往復隨錄)[6]과 『공소산음』(共嘯散吟)[7] 등을 언급할 수 있다. 그러나 기존 연구에서 거의 언급되지 않은 자료들이다.

『미국공사왕복수록』은 1887~1891년 이상재가 초대 주미 전권공사관의 서기관으로 근무하며 업무에 관련된 문서와 참고 사항을 적은 문서철이다. 또 『공소산음』은 독립협회 이후 투옥된 한성감옥 시절에 직접 쓴 논설문, 투옥된 동료들과 함께 주고받은 시 등을 묶은 서적이다. 두 자료는 이상재의 주미 공사관 시절과 한성감옥의 상황을 살펴볼 수 있는 직접적인 자료다. 이외에도 본 연구는 기존 연구에서 인용한 이상재의 글들을 재해석하거나 그동안 기존 연구에서 잘 인용하지 않는 관련 자료들을 적극적으로 인용해 자료적 문제를 보완하고자 했다.

이 책은 크게 3부로 구성되어 있는데, 이를 간략히 소개하면 다음과 같다.

제1부에서는 개화 의식에 눈을 뜨고 개화 관료가 되어 근대 문물을 체험하는 과정에서 부국강병을 위한 개혁 인식과 활동의 변화

과정을 검토한다. 전통적인 유학을 익히며 성장한 이상재는 과거를 통한 출세가 좌절된 직후 박정양을 만난다. 이를 계기로 그는 개화의식을 형성하며 박정양과 함께 조사시찰단의 일원으로 일본에 다녀온다. 이후 개화 관료로 활동하며 부국강병을 지향하는 '친미개화파'로 성장해 활동하게 되었음을 검토한다. 또 갑오개혁기 교육 분야의 개혁제도를 입안하고 제도화하는 데 기여했으며, 아관파천기 내각의 고위 관료로 활동하며 독립협회 창립과 전개 과정에서 이상재가 발휘한 지도력과 정치사상적 지향점 등을 살펴본다.

제2부에서는 한성감옥 투옥 이후 3·1운동 이전까지의 시기를 다룬다. 이상재가 낙심과 좌절의 역사적 체험 속에서 다시 일어나 새로운 실천의 방향과 내용을 추진하는 모습을 추적한다. 이 과정에서 그에게 일어난 다양한 내적이고 외적인 변화 모습을 살펴본다. 한성감옥 투옥 중 그가 수용한 기독교의 정체성을 검토하고, 석방 이후 일제의 침략이 본격화되는 상황에서 그가 YMCA운동에 참여해 종교와 교육을 통해 펼친 국권회복운동을 살펴본다. 일제강점 이후에 그는 YMCA를 활동 거점으로 삼아 민족 개조 차원에서 다양한 교육 및 사회 활동 등을 통해 민족공동체의 회복과 재건을 위한 기반을 마련했다는 점에 대해 검토한다.

제3부에서는 3·1운동부터 사망하기까지 이상재의 다양한 분야의 활동과 사상 등을 종합적으로 검토한다. 3·1운동과 한성임시정부 탄생 과정에서 그는 배후 지원활동을 했다. 3·1운동 전후로 그는 국내 민족운동을 진영을 대표하는 지도자로 인식되었다. 1920년대 국내외 민족운동 진영의 지도자로 통합적 관점에서 민족의 독립과 재건을 이

끄는 지도력을 발휘한다. 그는 문명 관점에서 자기 개조를 통해 민족 공동체의 재건을 지향했다. 강한 사회적 책임 관점에서 사회 현실에 능동적으로 참여했던 그가 일제강점기에 민족 최대의 단체로 출발했던 신간회의 초대 회장으로 참여한 배경과 그 의미 등을 추적한다.

이처럼 우리는 월남 이상재를 통해 급변하던 근대전환기 한국에 대한 이해의 지평을 넓힐 수 있을 것이다. 나아가 그에 대한 학술적 연구를 기초로 하는 평전을 서술해 오늘날 일반 대중에게 근대전환기의 한국 역사에 대한 균형 잡힌 이해와 의미 있는 교훈을 제공할 수 있을 것이다. 이는 빠르게 변화하는 오늘의 시대를 조망하는 통찰력을 키우는 데 기여할 수 있을 것으로 기대된다.

목차

머리말　004

제1부 근대 개혁가로 활동하다

제1장 한산에서 성장하다　017

제1절 통상수교거부정책과 개항　017
제2절 이상재의 집안　019
제3절 전통 학문을 공부　022
제4절 과거에 낙방　024

제2장 조사시찰단으로 일본에 다녀오다　029

제1절 박정양과의 만남, '13년'간의 집사 생활　029
제2절 조사시찰단 수행과 근대 일본 인식　035
제3절 첫 개화 관료 활동과 갑신정변　040

제3장 친미적 개화 관료로 활동하다　045

제1절 주미 공사관 파견과 자주외교 활동　045
제2절 미국 근대사회의 체험과 인식　052
제3절 갑오개혁기 근대 교육정책 추진　058
제4절 아관파천기 내각 참여　064

제4장 독립협회와 정치 개혁을 주도하다　070

제1절 독립협회 조직과 주도적 참여　070
제2절 구국 상소와 만민공동회운동　076
제3절 중추원의 개편과 의회설립운동　082
제4절 정치개혁운동의 좌절　088

제2부 민족 개조의 기틀을 마련하다

제1장 감옥에서 기독교를 수용하다 095

제1절 한성감옥에 투옥 095
제2절 독서 활동과 현실 인식 100
제3절 기독교로 개종 107
제4절 기독교의 보유론적 이해 113
제5절 집단적 개종과 '평생 동지' 117

제2장 국권회복운동에 나서다 124

제1절 러일전쟁 직후 석방과 대정부 상소 124
제2절 연동교회 출석과 YMCA 참여 132
제3절 을사늑약과 대한자강회 139
제4절 고종 퇴위와 YMCA운동에 전념 145
제5절 대중 강연과 민족각성운동 149

제3장 YMCA운동을 전개하다 156

제1절 일제 탄압과 'YMCA 와해 공작' 156
제2절 제2대 총무 취임과 YMCA 전국화 164
제3절 사회문화 활동의 거점, YMCA회관 170
제4절 일본 제국주의 비판 178

제3부 민족의 독립과 재건을 꿈꾸다

제1장 3·1운동 배후에서 활동하다 187

제1절 국제정치의 변동과 '백만인독립청원' 187
제2절 3·1운동 준비 과정에 참여 193
제3절 한성임시정부 조직과 배후 지원 199

제2장 국외 민족운동을 지원하다 206

제1절 정의·인도 세계 인식 206
제2절 국내외 YMCA 활동 211
제3절 외교독립운동 지원 활동 214
제4절 흥업구락부 조직과 활동 220

제3장 국내 민족운동을 펼치다 226

제1절 미의원단 환영회 개최 226
제2절 민립대학설립운동 229
제3절 사회문화운동 전개 236
제4절 민족공동체 재건과 청년 이해 239

제4장 민족운동 진영의 통합을 이끌다 247

제1절 조선일보사 사장으로 취임 247
제2절 민족의 단결과 협동 인식 253
제3절 신간회 회장 취임 257
제4절 한국 최초의 사회장 거행 260

맺음말 268
연보 278
참고 문헌 281
주석 288
찾아보기 302

제1부

근대 개혁가로
활동하다

제1장
한산(韓山)에서 성장하다

제1절 통상수교거부정책과 개항

　이상재가 태어난 19세기 중엽은 조선을 비롯한 동아시아 세계가 변화를 강요받았고, 새로운 질서가 그 자리를 대신하는 시기였다. 근대 제국주의와 근대 문명이 동아시아 세계의 새로운 질서로 등장했다. 근대 문명으로 무장한 서구의 제국주의 열강이 '갑작스럽게' 조선 사회에도 몰아닥쳤다. 우리는 닥칠 상황에 대해 짐작만 했을 뿐이다. 우리에게 그 충격은 그 결과를 상상할 수 없을 만큼 크고 깊을 수밖에 없었다.

　19세기 중엽의 조선 사회는 이웃한 청국과 일본이 차례대로 서구 열강의 힘 앞에 무릎을 꿇는 상황을 지켜보아야 했다. 언젠가 거대한 힘이 우리에게도 닥칠지 모른다는 위기감이 더욱 커졌다. 동시에 청국과 일본의 충격적인 변화를 지켜보며 우리도 변화해야만 한다는 절박감 또한 더욱 조여 오기 시작했다. 19세기 이전만 해도 우리나라를 비롯해 동아시아 삼국은 '문명' 관점에서 서양을 '오랑캐', '야만'으로 인식했다. '중국'(中國)이야말로 가장 문명화된 나라라는 중화사상(中華思想)을 대부분 지니고 있었다. 동아시아 삼국은 19세기 말 서구 국가들에 대해 제한된 무역만을 허용하는 통상수교거부정책을 취하고 있었다.

동아시아의 질서는 그렇게 오래가지 못했다. 19세기에 들어서며 서구 열강이 몰고 온 군함의 함포 소리에 놀라 깨어났기 때문이다. 이른바 '아편전쟁'으로 불린 중영전쟁(中英戰爭)이 그 신호탄이 되었다. 문명권의 향방이 걸려 있던 이 전쟁에서 청국은 힘도 제대로 쓰지 못한 채 무기력하게 패배하고 말았다. 청국이 선택할 수 있는 것은 서구 열강과 불평등조약을 맺고 강제 개항을 하는 것뿐이었다.

청국의 몰락과 함께, 일본도 1854년에 미국의 무력시위 앞에 강제 개항을 하게 되었다. 그 결과, 미국과 불평등 조약을 맺게 되었고, 근대화의 길에 들어서게 되었다. 개항 이후 일본은 근대화의 성과를 빠르게 내기 시작했다.

일본은 1858년에 이른바 메이지유신(明治維新)을 통해 근대적 국민국가의 기초를 세웠다. 이와 함께 '아시아에서 벗어나 서구로 들어가자'는 '탈아입구론'(脫亞入歐論)을 주장하기 시작했다. 아시아에서 더는 배울 것이 없기 때문에 아시아를 몰락시킨 서양의 모든 것을 배우자는 논리였다. 단기간의 근대화 정책에 성공적인 모습을 드러낸 일본은 서구 열강의 지원 속에 '후발 제국주의' 국가로 급성장했다.

주변국들이 서구 열강에 의해 강제 개항할 무렵, 우리도 서구의 힘을 직접 경험하는 사건들이 일어났다. 그것은 병인양요(丙寅洋擾, 1866)와 신미양요(辛未洋擾, 1871) 등이었다. 이 두 사건은 우리 사회 내부에 외세에 대한 저항심을 강화하는 동시에 개항을 통한 근대화로 나가야 한다는 개화 요구를 더욱 거세게 만드는 원인이 되었다. 시간이 갈수록 조선 사회에는 우리도 변해야 한다는 목소리가 점점 높아져 갔다.

제2절 이상재의 집안

한 시대 인물의 집안 배경은 그를 이해하는 데 중요한 정보를 제공한다. 일반적으로 한 인물의 가치관과 세계관은 집안의 내력과 분위기로부터 직간접적인 영향을 받기 때문이다. 그 사회의 질서와 가치를 전면에 내세우는 전통 사회일수록 그 영향은 더욱 크다.

이상재는 1850년 11월 21일(음력 10월 26일), 충청남도 한산군(韓山郡) 한산면(韓山面) 종지리(種芝里)[8]에서 아버지 이희택(李羲宅, 한산 이씨韓山 李氏)과 어머니 밀양 박씨의 맏아들로 태어났다. 한산은 오늘날 충청 지역 서남단인 충청남도 서천에 위치한다. 한산이라는 명칭에는 "큰 마을", "이름 있는 마을" 등의 뜻이 담겨 있다. 지리적으로는 서해와 가까이 붙어 있으며, 금강 입구에 자리 잡고 있다. 대부분의 지역이 평야 지대로, 예부터 번잡한 도시와 거리가 있는 한적한 농촌지역이었다. 19세기 한반도에 몰아닥치는 시대의 거센 바람으로부터 어느 정도 비켜난 지역이었다.

한산 지역에는 한국의 전통적인 성씨(姓氏)들이 오랫동안 자리 잡고 살아왔다. 본관(本貫)을 한산에 둔 한산 이씨(韓山 李氏)를 비롯해 고령 박씨(高靈 朴氏), 밀양 박씨(密陽 朴氏), 김해 김씨(金海 金氏), 전주 유씨(全州 柳氏) 등이 오랫동안 집성촌을 이루며 거주할 정도로 전통적인 지역이었다. 이들 성씨 가운데 한산 이씨가 가장 큰 성씨를 이루고 있었다는 것을 볼 때, 이 지역에서 한산 이씨가 오랜 뿌리를 갖고 있다는 점을 잘 보여 준다.

한산 이씨의 시조는 고려 숙종 때 한산의 호장(戶長)을 지낸 이윤경(李允卿)이다. 한산 지역에 오랜 기간 살아온 호족의 후예였는데, 호장은 고려시대 지방관을 파견하지 못하는 곳에 유력 가문의 지도자로서 그곳의 지방관을 대신하도록 하는 제도였다. 그러므로 한산 이씨가 한산 지역의 호장을 역임했다는 것은 이 지역의 유력한 가문이라는 점을 의미했다. 이때부터 그의 집안은 호장직을 담당하면서 한산 이씨 가문의 기반을 다졌다. 이윤경의 6대손인 목은(牧隱) 이색(李穡)이 1362년에 한산부원군(韓山府院君)의 자리에 오르게 되면서 그 후손들이 본관을 한산으로 삼게 되었다.

이상재는 한산 이씨의 23손에 해당하며, 고려 말 지조(志操)가 높기로 유명했던 목은 이색(1328~1396)의 16대 후손이다. 이색은 원·명(元·明) 교체기에 개혁적 유교였던 성리학을 적극 수용해 고려의 개혁을 강력하게 주장했던 인물이다. 그는 고려 왕조를 멸망시키고 건국된 조선에 참여하라는 새 왕조의 요구를 끝까지 거부했다. 당시 그는 매화(梅花)로 상징되는 우국충정의 의지를 확인하며, 몰락하는 고려 왕조의 쇠망을 안타깝게 여기며 그 마음을 시(詩)로 표현하기도 했

다. 결국 비극적인 죽음을 맞이하고 말았다.[9]

이 때문에 한산 이씨 집안은 조선 초기에 많은 어려움을 겪었다. 그러다가 이색의 아들이 정치적으로 복권되면서 집안이 부흥하기 시작했다. 조선의 단종 시대에 사육신 중 한 사람인 이개와 대문장가 이산해는 한산 이씨의 대표적인 인물이다. 한산 이씨는 조선시대 상신 4명, 대제학 2명, 청백리 5명, 공신 12명과 문과 급제자 195명을 배출하는 등 조선의 대표적인 가문으로 자리 잡았다.

그러나 한산 이씨는 조선 후기에 이르러 가문의 가세가 기울어졌다. 시간이 갈수록 이상재 집안의 사회경제적 형편도 기울어졌는데, 그 이유는 특별히 알려지지 않는다. 시간이 갈수록 한산 지역에서 경제적으로 어렵게 살아가는 선비 집안이 되고 말았다. 이상재의 아버지에 대해서는 알려진 바가 거의 없으나, 어린 시절 열심히 글을 읽으며 공부해 세상 돌아가는 형편을 어느 정도 파악하고 있던 것으로 보인다. 낮은 벼슬이었지만 가택이나 토목공사 등을 관리하던 선공감의 가감역을 지낸 것으로 알려져 있다.

조선 후기에 와서 이상재 집안은 경제적으로 어려워졌지만, 고려 말의 충신 이색의 후예라는 사실에 늘 자부심이 있었다. 한산 지역에서는 오래되고 명망 있는 집안의 하나로 인정받고 있었다. 집안 분위기는 자라나는 이상재에게 적잖은 영향을 미쳤다. 어린 시절에 집안 어른들이나 부모를 통해 만난 목은 이색은 그의 인격이 형성되는 데 중요한 배경이 되었다.

어린 시절 영민함과 달리 이상재는 심술궂고 장난이 심하며, 아이들과 몰려다니며 놀기를 좋아했다. 그래서 서당 공부를 가끔 빼먹고 다른 아이들과 몰래 놀다가 아버지에게 들켜 꾸지람을 들은 것이 한두 번이 아니었다. 그럴 때마다 아버지는 집안이 고려 말 목은 이색의 후예임을 강조하며, 늘 행동에 조심할 것을 훈계했다. 그는 부모님이나 집안 어른들로부터 이색의 이야기를 자주 들었다. 혼날 때는 싫었지만, 비타협적 삶의 태도를 살았던 이색에 대한 존경심을 품었다. 그러면서 자신도 이색처럼 올곧은 삶을 살아야겠다는 마음을 가다듬고는 했다.

제3절 전통 학문을 공부

이상재는 7살 때부터 전통 학문인 유학(儒學)을 공부하기 시작했다. 아버지는 어려서부터 장남인 이상재에게 기대를 하고 있었다. 당시 전통 사회에서 대부분의 부모는 아들이 장성해 과거를 통해 관료가 되어 집안을 든든히 세우는 것을 성공한 삶으로 여기고 있었다. 그의 아버지는 장남인 아들이 과거를 통해 관직에 나아가 집안을 일으킬 수 있기를 희망했다. 집안이 경제적으로 넉넉하지 않은 형편이었으나, 아들의 공부만큼은 손수 뒷바라지를 했다.[10]

아버지의 기대에 힘입은 그는 동네 아이들과 함께 서당에서 훈장을 모시고 공부를 시작했다. 이곳에서 그는 천자문·

사진 1 월남 이상재 생가 (출처: 대한민국 역사박물관 현대사아카이브)

동몽선습·사략 등 유학(儒學)의 기초를 공부했다. 어떤 때는 책들을 사서 읽을 수 있는 경제적 형편이 못되어 남의 것을 빌려 배울 정도였으나, 그는 낡은 책들을 읽고 또 읽으면서 어려서부터 책 읽기의 즐거움을 터득했다.

이상재의 나이 13살 때에 일화가 있다. 아버지를 따라 장날 시장에 간 적이 있었다. 시장에서 잡화를 살펴보던 중 『춘추좌전』(春秋左傳)을 발견하고, 그 책이 매우 갖고 싶어졌다. 이 사실을 알게 된 아버지는 그때 아들이 비범하다는 것을 깨닫게 되었다고 한다. 『춘추좌전』은 전쟁 문학작품에 속하는 중국의 고대 역사책으로, 어른들이 즐겨 읽기에도 어려운 책이었기 때문이다. 경제적 여건을 고려할 사이도 없이 아버지는 아들에게 책을 흔쾌히 사주었다고 한다. 아들에 대한 아버지의 교육열은 어린 이상재가 올곧게 커 갈 수 있는 버팀목이었다.[11]

14살이 되었을 때, 이상재는 한산읍에서 조금 떨어진 봉서암 암자에서 친구들과 잠시 거주하며 공부했다.[12] 당시 자식을 향교나 서원에 보낼 처지가 어려운 서민 가운데, 뜻있는 부모들은 자식의 과거 공부를 위해 인근 절이나 조용한 곳으로 보냈다. 사춘기가 된 이상재와 친구들이 부모를 떠나 외딴 곳에 격리되어 있다는 것은 지금이나 마찬가지로 쉬운 일이 아니다.

그 해 겨울 봉서암에 들어온 이상재와 친구들은 집이 그리워 집에 잠시 다녀오기로 했다. 집으로 떠나기 전날 밤, 이상재가 약간의 술을 구해 친구들과 잠시 정을 나누고 있을 때였다. 때마침 그곳에 들른 이상재의 아버지가 이 광경을 보게 되었다. 아버지는 철없는 아들의 모습에 크게 실망했다. 이상재는 그 자리에서 아버지로부터 큰 꾸지람을 받았다. 이때 일은 어린 나이였음에도 불구하고 그의 인생에서 큰 충격이 되었던 것으로 보인다. 그가 개혁 관료가 되어 주미 공사관 일원으로 미국에 갔을 때, 아들이 놀기 위해 몰래 집을 나가 서울로 갔다는 말을 듣고, 그 당시 자기 잘못을 인용해 자식들에게 성숙한 행동을 간곡하게 충고할 정도였다.[13]

한 인간이 십대에 누구나 한 번쯤은 이런 방황이나 일탈을 경험할 수 있다. 그러나 이를 부끄러움으로 알아 평생 게으르지 않고 고치도록 행동하는 것은 쉬운 일이 아니다. 그는 어린 시절부터 어떤 일이나 생각을 깨닫게 되면 곧바로 행동했다. 깨닫는 것이 어렵지, 행동하는 것은 그에게 오히려 쉬운 일이었다. 어떤 일에 대해 자신의 잘못을 늘 돌아보면서 반성하는 태도를 지니고 자기를 성숙시키려고 했다. 알거나 깨닫게 되면 곧바로 행동하고자 노력했다. 행동 지향적 삶의 자세는 그를 더욱 성숙한 인간으로 만드는 동력이 되었다.

제4절 과거에 낙방

이상재는 성장 과정에서 비타협적인 성품을 드러냈다. 한문을 가르치던 서당 훈장으로부터 질책을 듣거나 회초리를 맞을 일이 생겼을 경우, 이를 무조건 따르지 않았다고 한다. 자신이 잘못한 근거가 명백하고 또 이에 대한 자신의 이해가 선행되어야 훈장의 명령을 따랐을 정도였다고 한다. 이런 성격은 사춘기 시절부터 한산 지역에서 자연스럽게 소문이 날 정도였다. 사람들은 이 일을 언급하며 아버지에게 이상재가 인재라고 하면서, "목은 선생이 재현했다"라고 칭찬하는 경우가 많았다고 전해진다.

그는 1864년에 강릉 유씨(劉氏) 댁 규수와 결혼했다.[14] 그의 나이 15살이었다. 그 이듬해 그는 재종숙이 되는 혜산(蕙山) 이희진(李羲眞) 선생을 만나 가르침을 받았다.[15] 한 인간이 성장하는 데 어떤 스승을 만났는가는 그의 삶에 많은 영향을 미친다는 점에서 중요한 일이다.

이상재는 혜산 선생의 문하에서 유가(儒家)의 도(道)를 실천하는 유교 지식인으로서 학식과 포부를 넓혀 나갔다. 그가 혜산 선생으로부터 배운 것은 지식만이 아니었다. 나라와 백성을 걱정하는 혜산 선생의 마음이었다. 어려울 때일수록 지식인이 나라와 백성을 위해 일해야 한다는 가르침이었다. 가치관과 자아 정체성이 확립되는 십대에 영향을 받은 구국제민의 뜻은 그에게 평생 영향을 미쳤다. 이는 19세기 말 이래 나라와 민족에 대한 뜨거운 책임감을 지니고 지도자의 행동 지향적 삶을 사는 배경이 되었다.

2년여 시간이 흐른 18살이 되던 해에 그는 '세상에 출세해 이름을 날린다'는 꿈을 안고 과거(科擧)에 응시했다. 전통적으로 입신양명은 유교 사회에서 가장 큰 효로 여겨졌다. 청소년기 대부분의 시간을 준비한 만큼 과거에 대한 집안이나 그 자신의 기대가 클 수밖에 없었다.

한국의 역사와 전통 가운데 과거제는 매우 중요한 위치를 차지한다. 1894년 갑오개혁으로 폐지될 때까지 조선이 유교적 정치 이념을 근간으로 해 중앙집권적 국가 체제를 굳혀 가는 과정에서 많은 영향을 미쳤다. 당시 과거제 운영은 그 자체로 많은 어려움을 내포했다. 국정을 담당할 관리 후보자를 공개경쟁 아래 문필의 시험으로만 선발하는 일이 결코 쉬운 일이 아니었기 때문이다.

무엇보다 가장 중요한 것이 '합리적'이요, '공정한' 시험관리였다. 그러나 지원자가 많아 경쟁률이 높고, 시험 과정이 길고 복잡했기 때문에 착오와 부정의 여지가 많아 잡음이 끊이지 않았다. 더욱이 임진왜란과 병자호란 그리고 사화와 당쟁을 겪으며 과거가 불법·부정에 휩싸이고, 그 권위가 실추되어 원래의 기능이 퇴색되기도 했다. 이런 상태에서 조선 후기에 이익, 정약용 등 실학자들의 과거제 개혁론이 널리 확산되었다.

이상재가 과거에 응시할 무렵, 과거제의 병폐가 심각하게 나타나고 있었다.[16] 책을 숨겨 과거장에 들어오거나 시험지의 교체, 시험관의 매수 등 시험 현장에서 다양한 부정행위가 자행되었다. 심지어 과거장을 습격하고, 감독관을 구타하는 행위도 일어났다. 좋은 자리를 얻기 위한 싸움으로 밟혀 죽거나 다치는 사람이 발생했다.[17] 오직 과거를 위한 단순 암기식 공부가 성행했는데, 그러다 보니 진정한 학문이 발전할 수 없었다. 특히 1862년에 '임술민란'과 같은 민중의 거대한 저항이 일어나 사회적 혼란이 가중되는 상황에서 과거의 부패 현상이 심각하게 대두되었다.[18]

과거의 부정부패는 이상재가 예상한 것보다 더욱 심각한 상황이었다. 그는 평소 실력을 믿으며 자신감을 갖고 시험에 응시했으나, 보기 좋게 낙방하고 말았다. 가난한 집안 형편을 탓할 수도 없는 노릇이었다. 하지만 실력이 형편없으면선도 남의 문필을 도용한 자들이 급제해 의기양양하게 다니는 모습을 보고는 화가 났다. 부패하고 썩은 세상에 대한 분노가 솟구쳐 올라왔기 때문이다. 그는 '더는 과거에 응시하지 않으리라'고 결심했다.

이상재는 과거 공부를 미련 없이 포기했다. 오늘날 젊은이들이 불공정한 절차와 정의롭지 못한 결과에 분노하는 것처럼, 실력이 아닌 문벌과 재력으로 인재를 등용하는 왜곡된 현실에 대한 저항이었다.[19] 아버지에게는 과거 응시를 그만두고 농사일을 하면서 살겠다고 했다.

그러나 뜨거운 교육열로 자식을 후원하던 아버지는 상심한 아들이 매우 걱정스러웠다. 과거를 포기했다는 그 자체보다 아들의 강직한 성품으로인해 혹시라도 자신을 혹사해 잘못된 길로 빠질까, 하는 염려 때문이었다. 안타까운 현실을 너무도 잘 알고 있었기 때문에 아버지는 무엇보다 아들이 과거를 넘어 더욱 넓은 세상으로 나아가 자신의 뜻을 펼치기를 원했다.

그 무렵, 아버지는 일이 있어 한산에 잠시 내려온, 서울 사는 조카 이장직(李長稙)을 만났다. 아들의 진로 문제를 의논하기 위해서였다. 아버지는 한 사람의 인생을 구한다는 셈 치고 아들이 서울과 같은 곳에서 머물 수 있도록 알아봐 달라고 부탁했다. 일찍이 이상재의 사람됨을 듣고 있던 이장직은 서울에 올라가 고모와 의논했다. 때마침 고모는 아들의 일을 도와줄 사람을 찾고 있다고 얘기해 주었다. 이장직은 죽천(竹泉) 박정양(朴定陽, 1841~1905)에게 이상재를 소개할 것이라고 아버지에게 바로 알려주었다.

이 소식을 들은 이상재는 서울에 올라갈 수 있다는 기대에 반갑

기도 했으나, 쉽게 결정하지 못했다. 이미 결혼한 몸으로 아내와 자식이 있는 상황에서 혼자만 기약도 없이 무작정 서울로 올라간다는 것이 대단히 무책임한 일이라고 여겼기 때문이다. 이와 함께 이제껏 한산 지역을 떠나 본 적이 없던 자신이 서울과 같은 넓은 곳에서 잘 적응하고 살 수 있을 것인가, 라는 미래에 대한 두려움도 작용했다.[20]

하지만 자식이 더 넓은 곳에서 뜻을 펼치기를 원하는 아버지의 기대 또한 저버릴 수 없는 일이었다. 또 농사지을 땅도 마땅히 없는 상태에서 농촌에서 계속 글공부만 하거나 농사를 지을 수도 없었다. 자신뿐 아니라 자녀들을 위해서라도 서울로 올라가야만 했다. 한산과 비교할 수 없는 서울에서 잘살 수 있을 것인가를 진지하게 고민했다.

이상재는 어떤 일이 일어날지, 무엇이 기다릴지 솔직히 두려움이 앞섰다. 그러나 그는 더 넓은 세상으로 가서 더 많은 사람을 만나 세상 견문을 넓히고 배우며 사는 것이 지금보다 낫겠다는 결론에 이르렀다. 그는 이렇게 결심하고 고향 한산을 떠나 서울로 올라갔다. 그의 인생에서 가 보지 않은 새로운 길을 나서게 되었던 것이다. 미래에 대한 불확실성을 뒤로 한 채 그는 자신의 결단을 믿고 서울로 향했다.

서울에서 이상재는 이장직의 소개로 박정양을 만났다. 이 자리에서 박정양의 질문에 당당하게 대답했다. 박정양은 이상재의 모습을 긍정적으로 보았고, 면담 이후 이상재가 자신의 집에 머물도록 허락했다. 드디어 박정양과의 운명적인 만남이 시작되었다.

제2장
조사시찰단으로 일본에 다녀오다

제1절 박정양과의 만남, '13년'간의 집사 생활

1867년에 상경한 이상재는 박정양의 집에서 집안일을 돌보는 집사가 되었다. 서울은 조선 사회 전 시기를 막론하고 행정과 권력의 중심 공간이었다. 조선 사회의 관료가 된 관인(官人)들이 주로 거주했다. 또한 전제정치 아래 실질적인 행정 요원으로서 왕권을 집행하는 소수의 선택된 집단이 거주하는 지역이었다.[21] 개항 이후에는 각국의 공사관과 외국인들 그리고 각종 근대 문물이 가장 먼저 들어온 곳으

사진 2 죽천(竹泉) 박정양(朴定陽) 1888년 주미 전권공사 시절 (출처: 박찬수 | 개인소장)

로, 정치·경제 및 사회·문화 방면에서 변화의 물결이 요동쳤다. 그의 상경은 격동하는 역사의 무대 중심에 들어섰음을 의미했다.

박정양은 이상재보다 9살 많았다. 나이뿐만 아니라 집안과 학문, 명성 등이 이상재와 비교할 수 없을 정도였다. 박정양은 1841년 12월 24일, 서울 서대문에서 태어났다. 그의 집안은 조선시대 전 시기에 걸쳐 번영을 누린 명문 가문이었다. 조선시대 200여 명의 문과 급제자를 배출했고, 영의정·좌의정·우의정 등을 역임한 인물이 7명이나 되었다. 박정양은 1866년에 문과 병과에 급제해 '주서'라는 관직에 올라서면서 이제 막 정계에 떠오르는 젊은 실력자로 주목을 받기 시작했다.[22]

이상재는 한산 지역을 떠나 31살까지 서울 중심의 박정양 집에서 무려 13년간 집사로 살았다. 이상재는 박정양의 '개인 비서'와 같은 역할을 했다. 박정양의 집을 찾는 손님이나 식객들을 접대하고, 담화를 통해 세상 물정을 보고하기도 하는 등 집안일 처리를 돕는 역할이었다. 뿐만 아니라 박정양의 개인 '심부름꾼'으로서 '허드렛일'을 하는 낮은 직책의 일을 맡아서 처리하는 것이 대부분이었다. 그는 무려 13년 동안, 박정양의 '집사 생활'을 하며 20대 청년기를 보냈다. 이를 두고 이상재의 전기를 쓴 전택부는 다음과 같이 서술했다.[23]

월남은 이러한 개인 비서 생활을 18세부터 31세까지 무려 13년간이나 계속했다. 권문대가의 서생(書生)들처럼 과거를 준비한 것도 아니고, 단순히 심부름꾼에 불과한 허드렛일을 13년간이나 계속했으니 어찌 보면 바보스럽기도 하다. 이 동안에 다른 동년배의 선비들이 정계에 진출하여 떵떵거리고 있었고, 우국지사들은 위국충정(爲國忠情)을 다하고 있었다. 그런데 월남은 13년간이나 하찮은 일을 하면서 대감집 사랑방에서 소일했으니, 위대한 인물의 경력치고는 너무나 보잘것없는 것이었다. …… 그러나 월남의 이러한 장기간의 침묵은 도리어 위대한 침묵이 아닐까? 월남은 이때부터 이미 그의 호연지기(浩然之氣), 불세출의 야인상(野人像), 해학(諧謔)의 초탈성을 여실히 보여 주었던 것이다.

위의 글에서 저자는 이상재의 13년간 생활을 한국 근대역사의 큰 인물치고 너무도 보잘것없는 '무거운 침묵의 시기'였다고 서술했다. 그러면서도 이상재의 이러한 장기간의 침묵이 그의 남다름을 보여 주기 위한 반전을 도모하는 시기라는 점을 주장했다.

그런데 전택부가 다 보지 못한 부분이 있다. 박정양의 집에서 집사로 일한 13년간의 시간을 침묵으로 설명하는 데는 미흡한 점이 있다. 그가 '침묵의 13년'을 '그냥' 보내지 않았기 때문이다.

이것은 박정양이라는 인물이 당시 어떤 위상이었는가를 알게 되면 이해가 더욱 빠를 것이다. 이상재가 박정양 집사가 되었을 때 박정양은 정치적으로 승승장구하며 출세가도를 달리고 있었다. 1870년대에는 승정원(承政院) 가주서(假注書)직을 역임했고, 경상도 암행어사로 크게 활약했다. 학벌과 문벌을 겸비한 사람이 아니고는 할 수 없는 주요 자리를 두루 역임했던 것이다.[24]

당시 박정양은 실학의 북학파(北學派) 학풍을 이어받으며, 고종(高宗)의 두터운 신임을 받는 젊은 개혁 관료 중 한 명이었다. 북학파는 조선 후기 청나라 문명의 우수성을 인식하고, 그것을 배우자고 주장한 일련의 실학자 그룹을 가리킨다. 홍대용·박지원·박제가 등이 참여했던 북학파에서는 백성의 일상적 생활에 이롭게 쓰이고 또 삶을 풍요롭게 하는 것이 실천적 학문이라는 이용후생(利用厚生)을 주장했다.[25] 이를 위해 상공업 진흥과 기술혁신에 관심을 기울였다.

박정양의 개화사상에 영향을 미친 사람은 바로 박규수(朴珪壽, 1807~1876)[26]였다. 박규수는 유길준, 김옥균 등 개화기 젊은 개화 지식인들에게 영향을 주었던 실학자다. 그는 북학파의 대가인 연암 박지원의 손자로서 북학파의 이용후생을 주장했는데, 백성의 일상적 생활에 이롭게 쓰이고 또 삶을 풍요롭게 하는 것을 주장하며 청국뿐 아니라 서학의 문물까지 배워야 한다는 안목을 갖고 있었다.[27] 박규수와 친척이었던 박정양은 그와의 만남을 통해 새로운 학문과 지식, 국가의 진로 등에 대해 의견을 나누며 개화 의식을 형성하는 데 많은 영향을 받았다.[28] 또한 1880년부터 정부의 개화 정책에 개화 관료로서 적극 참여하고 있었다.

이상재는 박정양의 집에 거주하며 개화(開化)에 관심을 두게 되었다. 박정양의 집에는 개화 의식을 지닌 인물들이 드나들고 있었다. 박정양이 승정원의 우승지가 되자 방문하는 사람들이 더욱 많아졌다. 이상재는 박정양의 집에 찾아온 개화 성향의 인물들과 접촉하면서 근대 문물의 필요성을 인식하며 이를 받아들이게 되었던 것이다. 박정양도 때때로 이상재를 친구처럼 대하며 나라 사정이나 읽은 책에 관해 이야기를 나누고는 했다. 이상재는 시간이 나는 대로 일본어나 중국어도 배우고, 역사와 문화에 대한 책을 읽었다. 그의 견문이 갈수록 깊어지고 또 근대 문물과 사회 현실에 대한 이해가 넓어졌다.

당시 조선을 둘러싼 급격한 정세 변화도 이상재의 개화 의식에 영향을 미쳤다. 이상재가 13년 동안 박정양의 집에 거처하는 동안 한반도의 패권을 놓고 제국주의 열강들간의 갈등이 첨예하게 일어났다. 1866년 병인양요(프랑스)와 1871년 신미양요(미국) 등 서구 제국주의 열강의 직접적인 침략이 있었다. 이에 대항해 격퇴했으나 동아시아의 급변하는 정세를 따라잡기에는 역부족이었다.

1873년에는 고종의 친정으로 흥선대원군이 물러났다. 고종의 집권 체제가 구축되면서 개항 및 개화의 움직임이 본격화되었다. 1876년에 강화도조약을 계기로 개항을 한 정부는 근대 문명을 수용하기 시작했다.[29] 개항은 19세기 중엽 청국과 일본의 변화를 목도하며 개화의 필요성을 제기하던 개화 지식인들에게 결정적인 힘이 되었다. 이들은 '서구의 과학기술과 근대 문물을 받아들여 나라의 경제력을 넉넉하게 하고, 군사력을 튼튼하게 하자'는 '부국강병'(富國强兵)을 추구했다. 당시 개화사상은 중국·일본의 근대화론에 영향을 받기는 했으나, 기본적으로는 근대 지향적인 실학을 그 바탕으로 했다는 특징이 있다.[30]

이렇듯 급변하는 시대상을 듣고 보면서 이상재의 의식에도 많은 변화가 일어났다. 그는 전통적 유교 세계관에서 부국강병을 위한 근대 문물의 필요성을 인정했다. 전통적인 유교적 가치관과 질서를 유지하면서도 서양의 기술을 수용해 국가의 힘을 키우자는 동도서기론적(東道西器論的) 개화 지식인으로 변모했다.[31] 즉, 박정양 집에서의 13년간 생활은 이상재에게 '보잘것없는 시간'이 아니라, 급변하는 시대상을 인식하며 개화 의식이 형성된 시기였던 것이다. 이는 그가 근대 문물을 조사하기 위해 일본에 파견된 조사시찰단에 박정양의 수행원으로 참여하는 결정적인 배경이 되었다.

한편, 박정양의 집사 역할이 쉬운 일은 아니었다. 이상재는 1년에 한 달 정도는 고향 한산에 내려가 가족과 시간을 보냈다. 결혼까지 한 가장이 가족과 떨어져 남의 집에서 1년 가까이 홀로 지낸다는 것은 여간 힘든 일이 아니었다. 무엇보다 박정양이나 집안 사람들이 자기를 하인처럼 쉽게 대하는 터라 섭섭한 느낌이 들 때가 많았다. 자존감이 유달리 강했던 이상재는 박정양뿐만 아니라 집안 사람들, 심지어 어떤 때는 하인들에게도 무시당하는 일이 빈번했다. 이때마다 그는 커다란 굴욕감과 좌절감을 느끼면서도 이를 용케 참았다.

하루는 박정양이 이상재를 불러 하인에게 함부로 하듯이 의원을 불러오라고 심부름을 시켰다. 심한 모욕감을 느꼈던 그는 의원 집으로 가서 '죽천 박대감 집에서 왔다'고 하면서 '의원을 찾는다'고 퉁명스럽게 말했다. 의원이 왔다 돌아간 뒤 박정양이 의원과 무슨 일이 있었는지를 묻자, 이상재는 "의원 심부름을 너무 잘하면 다음에 또 시키겠지요"라며 대답했다. 그제야 박정양도 그의 의도를 눈치채고, 이후로 그를 함부로 대하지 않았다고 한다.[32]

이렇듯 이상재가 박정양의 집에서 일을 보면서 사람들에게 자기 생각이나 감정을 표현하는 방법을 터득했다는 것이 주목된다. 그는 상대에게 시간을 두거나 기회를 봐서 해학과 유머로 표현할 줄 아는 방법을 알게 되었던 것이다.[33] 강직한 성품의 소유자들이 상대방에게 직접적인 표현으로 그 관계가 끊어지거나 부정적인 인간관계로 바뀌는 경우가 많다. 이상재가 그런 성향의 사람이었다. 처음에는 상대방에게 자신의 의사를 직접 표현하는 사람이었기 때문에 집안 사람들과의 관계에 어려움을 겪었다. 박정양의 집에서 일하며 부당한 일을 당하거나 곤란한 일을 겪을 때 직설적인 표현과 자존감의 상처로 인해 힘들어 했던 적이 많았다.

그러나 얼마 안 가 처신을 어떻게 해야 하는지, 상대방에게 자기 뜻을 어떻게 표현할 것인가를 알게 되었다. 그는 핵심을 잘 파악한 후 겉으로 유쾌하게 잘 표현하는 것이 중요하다는 것을 깨달았다. 시간이 갈수록 그는 상대편 급소를 날카롭게 짚어 내는 유머나 행동으로 자신의 의사를 표현했다.[34] 비타협적인 성품을 유지하면서도 이상재는 박정양의 집에서 유머와 익살로 자신의 의사를 표현하는 능력을 갖추게 되었다.

이처럼 박정양과의 만남은 이상재 인생의 큰 전환점이 되었다. 그는 상경한 후에 박정양의 집사 생활을 하면서 개화 의식이 형성되었고 또 개화 지식인으로 성장했다. 또한 박정양은 이상재의 든든한 정치적 후원자가 되었다. 이상재는 박정양과 개화 의식을 공유하며 부국강병의 목표를 향해 함께 나아가는 동지적 유대 관계를 형성했다.

제2절 조사시찰단 수행과 근대 일본 인식

개항 이후 조선 정부는 1876년에 정보 수집 및 군사기술 습득 등을 목적으로, 제1차 수신사로 김기수(1832~1894)를 일본에 파견했다. 이어 1880년 3월에는 김홍집을 제2차 수신사로 임명해 일본에 파견했다. 국제 정세, 특히 일본과 러시아의 침략 가능성을 살피는 동시에 일본의 근대 문물을 탐구했다.

귀국 이후 김홍집은 주일 청국공사 황준헌과 나눈 대화 내용을 정리한 『조선책략』(朝鮮策略) 을 고종에게 보고했다. 책의 핵심은 밖으로 힘의 균형을 맞추는 것과 안으로 힘을 키우는 것에 있었다.[35] 이 책은 서구 지향적인 부국강병의 필요성을 고종과 개혁·개방의 정부 관료들에게 인식시키는 계기가 되었다.

『조선책략』은 반개화 세력의 집중적인 공격을 당했다. 전국 유생들의 집단적인 저항운동이 일어났다. 특히 '중국과 친하게 지내고, 일본과 결속하며, 미국과 연대하라'는 내용이 강한 반발을 불러일으켰다. 일본과 미국에 함께해야 한다는 내용은 '사악한 것을 물리치고 올바른 것을 지킨다'는 위정척사(衛正斥邪) 세력들의 공격 목표가 되었다. 1881년 3월에는 영남 유생 이만손이 만인소를 올려 개화 정책 반대를 주장하며 외국과의 통상을 강하게 비판했다.[36]

그러나 그럴수록 정부의 개화 정책 의지는 더욱 강화되었다. 근대화를 위한 개화·개방의 흐름을 더 막을 수 없고, 오히려 빨리 앞당겨야 한다고 확신했다. 더욱이 일본의 앞선 근대 문물과 제도를 배우기 위해 사절단을 다시 파견하고자 했다.

1881년 4월, 이상재는 박정양의 수원(隨員-보좌관)에 포함되어 조사시찰단으로 일본에 갔다. 고종은 당시 찬판인 박정양을 불러 조사시찰단 조직을 비밀리에 지시했다. 박정양은 1870년대 암행어사 활동에 대한 현장 조사와 보고에서 날카로운 분석과 논리적 평가로 자신의 실력을 발휘한 적이 있다.[37] 고종은 박정양의 능력을 높이 평가해 그를 개화 관료로 신임하고 있었다. 조사시찰단의 '단장' 역할을 한 박정양은 당시 집사 생활을 하던 이상재를 자기 수원으로 전격 발탁했던 것이다.

조사시찰단은 조선 정부가 국가적 진로를 걸고 추진했던 '근대화 프로젝트'다. 이렇게 커다란 국가적 사업에 이상재가 수행원으로 참여했다는 것은 상징적인 의미가 있다. 박정양이 이상재에 대해 개화 의식 및 지식을 바탕으로 자신과 조사 활동을 함께할 수 있다는 신뢰가 없었다면 아마도 불가능했을 것이다. 이는 당시 이상재의 개화 의식이나 인식의 수준이 어느 정도 위치에 있었음을 상징적으로 보여 준다.

1881년 4월 10일(음), 조사시찰단은 동래부를 출발해 28일에 도쿄(東京)에 도착했다. 시찰단은 박정양·홍영식·어윤중·조병식 등 12명의 조사가 반장을 맡고, 각 반장 밑에 한두 명의 수원과 통사(通事, 통역사)와 하인 등 62명으로 구성되었다. 이들은 약 70여 일간을 머물며 조사를 마친 후 요코하마, 고베, 나가사키 등을 거쳐 7월 2일 부산에 도착했다.[38]

시찰단 조사들에게는 메이지유신(1868) 이후 변모한 일본의 내막을 철저히 연구·조사한 후 보고하라는 임무가 부여되었다. 즉, 일본의 실정 전반을 관찰·보고할 임무 이외에 일본 정부의 각 성과 세관의 운영 상황 그리고 육군의 조련 등에 관한 것 가운데 각자 한 가지를 전문적으로 조사·연구해 그 결과를 보고하는 임무가 부여되었다.[39] 이들은 귀국한 후 약 두 달 사이에 자신들의 임무 수행 내용을 보고서로 작성해 고종에게 제출했다.

사진 3 『일본농상무성시찰기(日本農商務省視察記)』1881년 신사유람단의 일원인 박정양이 일본 농상무성을 시찰한 후 작성한 보고서 (출처: 서울대학교 규장각한국학연구원)

조사들은 일본이 메이지유신 이래 추진된 각종 근대 시설과 육해군의 훈련 상황 등을 폭넓게 시찰·조사했다. 또 이 과정에서 정계·경제·교육계 등 각 분야의 인사들과 교류했다. 박정양과 이상재 등은 주로 내무성과 농상무성에 관련된 인사들을 접촉했다. 이들은 기회가 닿는 대로 일본의 근대 시설들을 둘러보았다. 이상재는 사실에 입각해 진리를 탐구하려는 자세로 일본의 근대 문물을 살펴보았다.

조사의 대상은 일본의 내무성과 농상무성 등의 행정 전반이었다. 내무성의 내국, 서무국, 도서국, 회계국, 경호국 등 12개국과 농상무성의 서기국, 농무국, 상무국, 공무국 등 9개국의 예산과 조례를 비롯한 행정 전반을 살펴보았다. 조사들은 일본에 다녀와서 1~2개월 사이에 조사팀별로 광범위한 분야의 보고서를 '문견사건(聞見事件)'과 '시찰기(視察記)' 두 가지 형태로 작성해 제출했다.[40] 조사시찰단이 제출한 보고서는 국내에 충격을 주었다. 근대 일본이 군사력 및 내정개혁 차원에서 놀라운 발전을 이루었다는 점을 파악했기 때문이다.

이상재와 함께 왕제응이 박정양의 수원으로 활동했다. 이상재는 박정양과 함께 도쿄와 요코하마 등지를 돌아보며 주로 일본의 정치 분야, 내무성과 농상무성에 대해 조사했다. 이상재는 박정양이 국왕에게 제출할 보고서로 『일본국문견조건』(日本國聞見條件) 등 다수의 보고서 작성 작업에 참여했다.

견문기(見聞記) 형태의 보고서에는 일본의 지리·역사·인구·항만 시설·교육·종교·법률·군사·외교 등 광범위한 주제에 대한 조사 내용이 담겼다. 이 보고서에서 일본의 정치에 대한 보고가 주목된다.[41] 3원(院) 10성(省)의 중앙정치제도를 삼권분립주의 관점으로 파악한 점, 국채가 누적되고 있는 일본의 재정 상황을 비판적으로 진단한 점, 일본의 관세 자주권 회복 노력 등을 기술했다.[42]

이처럼 이상재는 박정양을 수행하며 약 4개월간 일본의 근대 문물을 직접 체험할 수 있었다. 그 결과 근대 일본의 실상을 파악함과 동시에 조선의 개화 자강을 서둘러야겠다는 생각을 굳히게 되었다. 그는 일본이 근대 서구 문물을 받아들여 정치·경제·군사·산업·사회·문화·교육 분야 등에서 이룩한 성과들을 온몸으로 느낄 수 있었다.

이상재는 일본의 근대화 성과를 지지하면서도 다른 한편으로 유교적 가치나 도덕 윤리의 쇠퇴 등에 비판적이었다. 조사시찰단에 참가한 대부분의 사람들이 전통적인 유교적 가치나 유학의 쇠퇴 모습을 안타까워했던 것과 거의 동일하다. 이상재를 비롯해 조사시찰단의 대부분의 근대 일본에 대한 평가는 긍정과 부정이 공존하면서도 대체로 비판적이었다.

대부분의 조사처럼 박정양은 전통적인 가치를 보존하는 범위 내에서 국가의 생존과 백성들의 생활에 도움이 될 수 있는 군사 및 산업 기술 등을 선별적으로 수용해야 한다고 생각했다. 이는 '전통적인 유교적 가치관과 질서를 유지하면서 서양의 기술을 수용해 국가의 힘을 키우자'는 동도서기론적 개화 인식을 잘 보여 준다.

일본에서 체류한 4개월이라는 시간은 시찰단 참여자들에게 국가의 진로에 대해 고민하는 계기가 되었다. 향후 이들이 조선 문화와 제도를 온존시키는 범위 내에서 부국강병과 백성 후생에 힘이 되는 서양의 제도와 기술을 수용하자는, 이른바 '동도서기론(東道西器論)'을 바탕으로 한 국가 개혁을 주장하는 데 영향을 미쳤다.[43]

이상재의 일본 경험은 문화적 충격 그 자체였다. 외국 여행을 처음 했을 뿐 아니라 일본의 근대 문물을 직접 체험할 수 있었기 때문이다. 세상이 달라지고 또 국제 정세가 급변하는 상황을 체험했던 그는 개화를 통한 조선의 부국강병이 무엇보다 필요하다는 점을 강하게 인식하게 되었다. 그의 조사시찰단 활동은 근대 문물을 수용해 조선의 부국강병을 이루어야 한다는 인식 전환의 계기가 되었다.

제3절 첫 개화 관료 활동과 갑신정변

1882년 4월, 조선 정부는 청국의 이홍장 주선으로 조미수호통상조약(朝美修好通商條約)을 체결했다. 이 조약으로 조선은 미국과 처음으로 국교를 맺었다.[44] 여기에는 미국 세력을 끌어들여 러시아와 일본 양국을 견제하며 조선에 대한 종주권(宗主權)을 여전히 유지하려는 청국의 의도가 작용했다. 또 개항 이후 1880년에 황쭌셴의 『조선책략』이 국내에 유포되면서 미국에 대한 우호적인 인식이 확산한 것도 배경이 되었다.

1883년 7월, 조선 정부는 보빙사(報聘使)라는 이름의 사절단을 미국에 파견했다. 이는 1883년 5월, 통상조약을 체결한 이후 미국이 푸트 공사를 조선 주재 미국특명전권공사로 임명해 보낸 것에 대한 답례였다. 조선 정부는 민영익을 전권대신으로 위임하고, 홍영식을 부대신 그리고 서광범을 종사관으로 위임하는 사절단을 미국에 보냈다.[45] 이들은 조선이 미국의 승인을 받은 자주독립국가라는 것을 널리 알리고 또 미국인 고문관 및 군사교관의 초빙 문제를 교섭하는 한편, 근대 문물을 수용해 부국강병을 모색하고자 했다.[46]

1884년에는 개화파 내에 급진개화파와 온건개화파의 정치적 대립이 심화되었다. 이것은 단순한 정치적 갈등이 아니었다. 근대적 국가 건설의 모델에 대한 '균열'이었다. 개항 이후 정부의 근대 개혁이 지지부진한 상황에서, 근대 일본의 빠른 변화는 국내 개화 세력에게 큰 자극이 되었다. 게다가 1882년에 임오군란을 진압한 후 청국군의 정부에 대한 내정간섭이 심화되자, 청국이 아닌 일본을 근대국가의 모델로 삼아야 한다는 개화 세력의 움직임이 나타났던 것이다. 이들은 김옥균·박영효 등을 중심으로 형성된 급진개화파 세력들로, 근대 일본을 모델로 하는 근대 국민국가 수립을 주장했다. 반면, 김홍집·어윤중 등 온건개화파 세력은 청국의 내정간섭에도 불구하고 청국을 근대화의 모델로 삼고 개화 정책이 추진되어야 한다고 여전히 인식했다.

개화 세력 내의 정치적 갈등과 대립이 격화될 무렵, 이상재는 처음으로 관직 생활을 하게 되었다. 조사시찰단 시절에 그는 수행원으로서 일 처리를 탁월하게 함으로써 조사들로부터 능력을 인정받았다. 그것이 계기가 되어 홍영식의 추천을 받아 첫 개화 관료 생활을

사진 4 우정총국(서울시 종로구 소재)
(출처: 유리헌(柳李軒) 아카이브)

시작하게 되었다.

1884년 4월, 조선 정부는 보빙부사(報聘副使)인 홍영식의 주도 아래 우정총국(郵政總局)을 개설했으며, 홍영식을 협판에 임명했다. 그는 개화운동과 주권 회복의 일환으로 우정제도에 관심을 갖고 있었다. 그러므로 미국에 다녀온 뒤 고종에게 근대적 우정제도의 필요성을 강조하며, 근대적 통신제도가 개화 정책의 핵심이라고 주장했다.

1884년 8월에 이상재가 우정총국 사사로서 첫 관직 생활을 시작했다.[47] 함께 일본을 시찰한 경험이 있는 홍영식은 당시 이상재의 능력을 높이 평가하며 그를 눈여겨보았다. 그는 홍영식의 추천으로 신설된 우정총국의 사사에 임명되었다. 인천 우정국 분국에서 주사(主事)로 근무하며 개화 관료로서의 첫발을 내디뎠다. 그는 박정양의 집을 나와 인천으로 내려가 관직 생활을 시작했다. 첫 개화 관료로 나서게 되었다는 데 의미가 있었다. 아버지가 그토록 바라던 입신양명의 길에 들어섰던 것이다. 1883년 무기제조 기관인 기기국(機器局)의 총판(總辦)으로 활동하던 박정양[48]의 후원도 크게 작용했다.

당시 정치적 혼란 속에서 박정양과 이상재는 급진개화파와 온건개화파 어느 쪽에도 밀착되지 않고 적절한 거리를 유지하고 있었다. 오직 현실에 맡겨진 일에 충실하고자 했다. 사상적으로 보면, 박정양과 이상재는 급진개화파보다 온건개화파에 더 가까웠던 것이 사실이다. 그러나 이들은 1882년 임오군란 이후, 조선에 대한 청국군의 내정간섭이 극심해지는 상황에서 청국에 의존적인 입장을 취하는 온건개화파 입장에도 선뜻 동의하기 어려웠다.

1884년 12월에는 급진개화파가 주도하는 갑신정변(甲申政變)이 일어났다.[49] 그러나 갑신정변은 '삼일천하(三日天下)'로 끝나고 말았다. 박영효, 김옥균 등 정변의 주모자들이 일본으로 망명을 갔다. 하지만 홍영식은 고종을 끝까지 모시다가 피신하지 못한 채 체포되어 죽고 말았다.[50] 또한 야심차게 추진되었던 정부의 우정 업무도 결국 폐지되었다. 불행하게도, 이상재의 관직 생활은 1년을 넘기지 못하고 끝나고 말았다.

갑신정변이 실패한 이후 관련자들에 대한 대대적인 체포가 진행되었다. 이상재는 스스로 출두해 '홍영식의 추천으로 관직을 얻고 또 그의 아래에서 일한 사람이기 때문에 혹시라도 관련되어 국사범의 죄가 있는 것이 드러나면 언제든 체포해도 좋다'는 말을 남기고 고향으로 낙향했다.[51] 첫 관직이었지만, 이상재는 홍영식과의 의리를 생각해 이를 포기하고 말았다. 누가 시키지도 않은 일이었지만, 신뢰에는 행동이 반드시 뒤따라야 한다는 신의(信義)를 소중히 생각하는 그의 강직한 성품을 읽을 수 있는 대목이다.

고향으로 낙향했던 이상재는 이듬해 잠시 상경할 일이 있었다. 이때 그는 정승 중 한 사람인 좌의정 김홍집의 초청을 받아 잠시 그를 만난 적이 있다. 그 자리에서 김홍집은 당시 부패한 정계를 개탄하며 그 대책으로 '전국의 탐관오리 중 8명만큼은 꼭 죽여야 한다'고 이상재에게 말했다. 이는 곧 전국 8도 관찰사를 죽여야 한다는 뜻이다. 이 말을 들은 이상재는 "8명까지 갈 것 있소? 3명만 죽이면 될 것이오"라고 답했다.[52] 이는 3명의 정승을 먼저 죽여야 한다는 뜻이다. 그런데 이 말이 자기를 가리켜 하는 말로 알고, 김홍집은 아무 말도 못했다고 한다.

이처럼 이상재는 1881년에 조사시찰단으로 참여해 근대 일본을 직접 체험하고 온 뒤 근대 문물의 수용과 근대 개혁의 필요성을 강하게 인식했다. 조사시찰단 수행을 계기로 첫 관직에 오르고, 개화를 통한 부국강병을 꿈꾸는 개화 관료로 활동하기 시작했다. 그러나 갑신정변이 실패한 이후 개혁 정책이 표류하면서 그는 어쩔 수 없이 고향인 한산으로 낙향해 3년 정도 거주했다. 그에게는 오히려 그동안 부모님께 못했던 효도도 하고, 가정도 살필 수 있었던 재충전의 시간이 되었다.

제3장
친미적 개화 관료로 활동하다

제1절 주미 공사관 파견과 자주외교 활동

이상재의 낙향은 그리 오래가지 않았다. 관계(官界)에서 다시 한 번 활동할 기회가 찾아왔다. 1887년 8월 6일, 그는 박정양의 추천으로 정부의 친군후영(親軍後營) 문안(文案) 관직에 임명되었다.[53] 오늘날 군(軍) 기관의 총무과장에 해당하는 낮은 관직이었으나, 갑신정변 이후 낙향해 고향에 머무르던 이상재가 다시 정부에 복귀하는 뜻깊은 자리였다. 그는 그 다음 날인 8월 7일, 주미 공사관 서기관에 다시 임명되었다.[54] 하루 만에 새로운 관직에 임명되었던 것이다. 여기에는 남다른 배경이 있었다.

초대 주미 전권공사로 발탁된 박정양은 이상재를 주미 공사관의 관리로 추천하고자 했다. 그런데 아무 관직도 없는 인물을 국가를 대표하는 공사관 관리로 파견할 수 있는가, 하는 문제가 제기될 수 있었다. 논란을 피하고자 박정양은 이상재를 친군후영 문안에 우선 임명했다가 그 다음 날 주미 공사 서기관에 바로 임명하도록 추천했던 것이다.

갑신정변 이후 조선 정부는 청국의 노골적인 간섭에서 벗어나고자 했다. 대외적으로는 조선의 독립을 알리고, 대내적으로 개화 자강을 추진했다. 이를 위해 미국의 수도 워싱턴에 공사관을 설치하기로 결정하고, 그곳에 부임할 초대 전권대사로 박정양을 임명했다.[55] 이 때 박정양은 이상재를 주미 공사관의 서기관(書記官)으로 추천했다. 이로써 이상재는 주미 공사관의 관료 신분으로 박정양과 함께 미국에 갈 수 있는 기회를 얻게 되었다.

1887년에 주미 공사관 개설과 함께 관료의 미국 파견은 청국의 내정간섭에 맞서 국제사회에서 조선의 독립 주권을 확보하려는 조치였다는 데 중요한 의미가 있다. 당시 청국의 이홍장은 조선을 실질적인 보호국으로 만들기 위해 1885년 11월, 위안스카이(遠世凱)를 주차조선총리교섭통상사의(駐箚朝鮮總理交涉通商事宜)에 임명했다. 그는 조선의 외교 통상은 물론 내정까지 간섭했다. 스스로 '국감'(國監)을 자처하며 고종에 버금가는 권한을 행사했다.[56] 이에 맞서 조선 정부는 미국에 공사관을 개설해 전권공사를 파견함으로써 청국에 대응하고자 했다.[57] 이는 미국 땅에서 청국과 대등한 주권을 행사하며 국제사회에서 조선의 자주적 독립 주권을 확보하려는 자주외교 정책의 일환이었다.

그러나 초대 주미 전권공사의 파견은 순조롭게 진행되지 못했다. 청국이 사전 양해를 얻지 않았다는 이유로 주미 공사 박정양의 미국행을 반대했고, 전권공사의 파견이 속방 체제에 어긋나는 행위라며 반발했기 때문이다.[58] 그러나 청국 측 반발에 맞서 미국 측이 국제 외교 침해라며 거세게 항의했다.

이에 청국은 타협안으로 이른바 '영약삼단(另約三端)'[59]의 준수를 조건으로 내세우며 박정양 전권공사의 미국 파견을 인정했다. 영약삼단이란 "① 조선 공사가 미국에 도착하면 먼저 청국 공사관에 알리고, 청국 공사에게 청해 국무성에 같이 간다. ② 조회(朝會)나 공사(公私) 연회(宴會)에 참석할 때 조선 공사는 청국 공사 다음 자리에 앉는다. ③ 중대 교섭 사건이 있으면 조선 공사는 마땅히 청국 공사와 미리 협의한다"라는 내용이었다. 이는 미국에서 박정양 공사의 활동에 많은 제약을 가하는 것으로, 조선 외교의 자주권을 명백하게 침해하는 행위였다.

우여곡절 끝에 1887년 11월 12일, 이상재는 박정양 공사와 함께 미국의 주미 공사관을 향해 출발했다.[60] 초대 주미 공사관에는 전권공사 박정양, 참찬관 이완용, 서기관 이하영·이상재, 번역관 이채연

사진 5 박정양 주미공사관 일행(앞줄 왼쪽부터 이상재, 이완용, 박정양, 이하영, 이채연) (출처: 월남이상재선생기념사업재단)

의 수원(隨員) 강진희·이헌용, 하인 이종하·김노미, 미국인 참찬관 알렌(Horace N. Allen) 등이 포함되어 있었다.[61] 이들 주미 공사관 일행은 부산항에 집결한 후에 출발했다. 이들은 요코하마항을 거쳐 12월 18일에 샌프란시스코에 도착했다.

주미 공사관 일행이 미국의 수도인 워싱턴에 도착한 것은 이듬해인 1888년 1월 9일이었다. 초대 주미 공사 박정양은 "서울을 떠나 육로 및 해로로 3만 9,215리의 거리를 여행한 끝에 드디어 워싱턴에 도착했다"라고 감동적인 소감을 밝혔다.

주미 공사 일행은 워싱턴에 도착하자마자 발빠르게 움직였다. 이튿날 박정양 주미 공사 일행은 한문으로 된 고종의 국서(신임장)를 영어로 번역한 후 알렌을 대동하고 미국 국무부를 방문했다. 이들은 조선 정부의 국서 전달에 관해 논의했다. 박정양 공사는 미 국무차관에게 청국이 요구하는 영약삼단에 대해 설명했다. 당시 시벨론 브라운 국무차관은 영약삼단을 자주적 독립국가에 대한 "국제적 외교 관례에 어긋나는 행위"라고 비판했다.

1월 13일, 박정양 공사는 국무부를 방문해서 대통령에게 정식으로 국서(신임장)를 전달하기 위한 면담 일정을 잡기로 합의했다. 그런데 이 때가 최대의 고비였다. 청국이 강요한 '영약삼단' 조항에 따르면, 초대 조선 공사 박정양은 미국 정부에 신임장을 제출하기 전에 청국 공사를 반드시 만나 협의해야 했기 때문이다. 그러나 박정양 공사는 청국의 '영약삼단'을 끝내 따르지 않았다. 박정양 일행은 청국 공사관에 연락도 하지 않았다. 일행은 미 국무부를 바로 방문해 국서(신임장) 및 영문 역본을 교부했다.

1월 17일에는 미국 대통령 클리블랜드(Grover Cleveland)를 만나 국서 제정식을 진행했다.[62] 미국 대통령에게 국서와 신임장을 전달함으로써 조선의 자주독립을 선양하는 데 '성공'했다. 이어 미국 정부의 지원 아래 건물을 임대해 주미 공사관을 개설했다. 건물에는 자주독립국을 상징하는 국기(태극기)를 게양했다. 국기는 워싱턴에 도착하기 전까지 탑승했던 기선과 함께 지나온 부두, 정거장, 기차, 호텔에도 게양함으로써 조선이 자주독립국임을 과시했다.[63]

이 사실을 뒤늦게 알게 된 청국 공사가 "영약삼단을 왜 지키지 않았느냐"라며 펄펄 뛰었다. 이에 박정양 공사는 "조선을 출발할 때 천진(天津)에서 온 전보가 위안스카이에게 도착했다는 소식을 들었으나, 출발 날짜가 너무 촉박해서 영약삼단과 관련된 우리 정부의 공문을 받지 못했다"라고 설명했다. 그러자 할 말이 없어진 청국 측은 일단 후퇴할 수밖에 없었다. 청국은 이후 이 문제를 끈질기게 거론하며 박정양 공사 개인은 물론 조선 정부까지 괴롭히기 시작했다.

이상재는 약 1년 동안 초대 주미 전권공사관 서기관으로, 가장 가까운 거리에서 박정양 공사의 공식·비공식 업무의 수행을 전담했다. 즉, 공사의 '수행 비서' 역할을 담당했던 것이다. 그는 주미 공사관의 공적·사적인 업무와 관련된 각종 문서를 취합해 보관하고, 관련된 참고 사항을 정리했다. 『미국공사왕복수록』[64]이라는

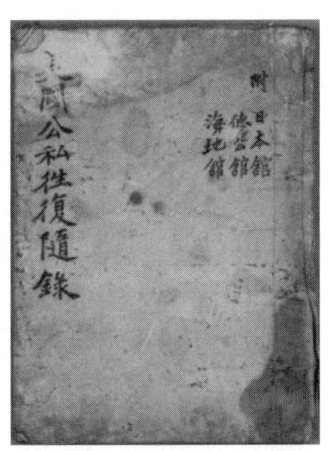

사진 6 『미국공사왕복수록(美國公私往復隨錄)』 공사관의 업무 편람 형태로 되어 있으며, 이상재가 정리한 문서철. (출처: 국립고궁박물관)

문서철은 그가 박정양 공사의 수행원으로서 일을 얼마나 꼼꼼하게 처리했는지를 잘 보여 준다. 이 책은 이상재가 직접 엮은 일종의 비망록 혹은 편람 형태로 되어 있다. 최근에 발굴·번역되어 초기 외교

관련 자료로 높이 평가받고 있다.

또한 이 책에는 박정양이 주미 전권공사로 임명된 이후 미국 정부뿐 아니라 각종 관련 인물과 기관들 사이에 주고받은 문서들이 담겨 있었다. 개인적으로는 공사 업무를 효율적으로 파악하기 위해 참고할 자료들도 포함되었다. 크게 보면, 미국 정부와 주고받은 문서들과 박정양 공사 재임 중 추진했던 각종 사업 관련 문서들, 공사관 업무 수행에 필요한 문서들, 미국 이외의 각국 공사관과 주고받은 문서들로 구성되었다. 이 자료들은 당시 주미 공사관이 악조건 속에서도 미국을 상대로 자주적 독립 외교를 어떻게 펼쳤는지를 잘 보여 준다.

한편, 청국은 박정양 공사가 자신들을 배제하고 미국 정부를 직접 상대하며 국서를 봉정한 것에 대해 그대로 넘어가지 않았다. 청국의 이홍장이 직접 나서서 조선 정부를 상대로 주미 공사의 소환을 요구했다. 박정양 공사는 청국의 집요한 항의에 대해 조선이 '자주독립국가'라는 차원에서 일축했다. 이상재도 청국 공사의 간섭에 시달리다가 앓아누운 박정양 공사를 대신해 청국 측에 '영약삼단'의 요구가 부당하다는 점을 주장했다. 박정양 공사는 자기 때문에 정부가 곤란해질 것을 우려했다. 그것이 원인이 되어 병에 걸리고 말았다. 1888년 11월 19일, 박정양 공사는 이하영 서기관에게 공사의 모든 업무를 위임하고, 이상재와 함께 워싱턴을 떠나 조선으로 돌아올 수밖에 없었다.[65]

그러나 이것으로 미국 국서 봉정 사건이 끝났던 것이 아니다. 박정양 공사와 이상재가 일본에 도착했을 무렵, 박정양은 본국 정부의 지시가 있을 때까지 일본에 머물러 있어야 했다. 박정양은 처벌을 요구하는 청국의 집요한 항의로 귀국할 수 없었기 때문이다. 어쩔 수 없이 이상재가 먼저 입국해 국내 정치의 동향을 살피면서 박정양의 귀국을 교섭해야 했다. 얼마 후 박정양의 귀국이 허용되었으나, 또다시 70여 일이나 성 밖에서 무작정 대기해야만 했다. 1889년 7월 24일(음력)이 되어서야 비로소 박정양은 고종을 뵐 수 있었다.[66]

청국의 압력은 상상 그 이상이었다. 결국 박정양은 '영약삼단'을 어겨 고종 및 조선에 폐를 끼쳤다는 죄목으로 관직에서 물러나야만 했다. 반면, 정부는 이상재에게 그동안 힘들었던 노고를 위로하며 지방의 벼슬자리에 임명하고자 했다. 그러자 그는 박정양이 벌을 받고 고초를 당하는 마당에 자신이 관직에 나아가는 것이 도리가 아니라고 보았다. 그는 정부의 제안을 정중하게 거절하고 고향 한산으로 내려가 칩거했다.[67]

주미 공사관 시절 이상재는 국제 무대에서 청국이라는 외세의 힘에 휘둘리는 조선의 처절한 모습을 확인할 수 있었다. 국가의 자주적 독립의 권위가 훼손되는 상황을 뼈아프게 체험했던 것이다. 국제 무대에서 국가의 자주적 독립권을 회복하고 유지할 수 있는 외교적 힘이 무엇보다 중요하다는 사실을 몸소 깨닫게 되었다. 19세기 말 이상재는 국제 무대에서 국가의 자주적 독립권을 유지하고 강화해 가는 것이 무엇보다 중요하다는 것을 깨달은 소수의 지도자 가운데 한 사람이었다.

제2절 미국 근대사회의 체험과 인식

이상재가 미국에 체류했던 1년은 짧은 기간이었지만, 바깥에서 조선의 현실을 객관적으로 볼 수 있는 기회가 되었다. 동시에 미국 근대사회를 직접 체험해 볼 수 있는 계기가 되었다. 주미 공사관 서기관으로 활동하면서 그는 미국의 사회적 분위기와 문화를 직접 경험하며, 미국 사회의 여러 부분을 두루 인식할 수 있었다. 그는 당황스럽고 힘들었던 미국 문화에 대한 체험을 다음과 같이 회고했다.[68]

그중에서도 우스운 것은 미국의 시골 사람들은 감히 공사 일행인 우리를 가리켜 동양 어떤 나라의 여자라고 하는 것이었다. 그것은 다른 까닭이 아니라 미국의 여자는 실내에서도 모자를 흔히 쓰고 있고 또 의복도 사치스러운 비단옷을 입으며 수염도 간혹 있는 여자가 있는데, 우리 일행은 실내에서 갓을 쓰고 있고 또 입은 의복이 대개 좋은 비단이요, 「동다리」의 관복이 울긋불긋하여 여자의 의복같이 보이고 또 일행 중에 수염 많은 사람이 별로 없으며 혹 있다 하여도 미국 여자의 수염만도 못한 까닭이었다. 그리하여 우리를 대할 때도 예의범절을 꼭 자국의 부인을 대하는 것과 같이 하는 일이 많았다. 지금에 그 생각을 하여도 참으로 우스운 일이 많았다.

그는 미국의 의복이나 인사 문화를 잘 몰라 국서를 봉정할 때 대통령을 몰라보거나 큰절을 올려 당황하기도 했다. 사모관대 차림으로 다니다가 가끔 웃음거리가 되기도 했다. 또한 식당에서도 젓가락을 가지고 다니며 식사를 하다가 놀림의 대상이 되기도 했다. 그가 무엇보다 힘들었던 것은 영어의 사용이었다. 영어를 거의 하지 못해 공사관 관리로서 공식 업무를 하는 데 통역관에 의존할 수밖에 없었고, 개인적인 활동을 하는 데도 그 어려움은 이루 말할 수가 없었다. 이 때문에 '반벙어리'의 외교 활동을 할 수밖에 없었다. 그러나 통역관의 수준도 쉬운 영어를 간단히 할 정도였기 때문에 미국인과 의사소통을 하는 데 더욱 답답했다.

이런 어려움 속에서도 이상재는 우리의 생활 방식으로 당당하게 사는 데 주저하지 않았다. 식당에서도 젓가락으로 꿋꿋하게 식사를 하거나 한복을 입었을 뿐 양복을 입은 적이 없었다. 그는 젓가락과 숟가락, 조그만 요강, 지필묵 등은 반드시 지니고 다녔다. 남들이 흉을 보든 말든, 남에게 피해를 주는 것이 아닌 이상 자기 고유의 문화적 풍속을 버리고 남의 흉내만 내며 살 필요가 없다고 생각했다. 그는 조금 불편하더라도 문화적 자존감을 지키려고 노력했다.

이와 함께 그는 미국 사회에 궁금증을 갖고 구체적으로 조사하고 또 다양한 정보를 습득했다. 이 과정에서 그는 미국 사회에 대해 많은 것을 배우고 체험할 수 있었다.

이런 경험은 당대 그 어떤 조선인이나 아시아인도 쉽게 가질 수 없는 특별한 것이었다. 그는 박정양 공사와 함께 각종 외교 행사와 연회에 참석하는 한편, 국무·농무·재무·육해군·체신부 등 행정 부서와 의회·대법원(입법·사법부) 등 미국의 주요 기관들을 방문했다. 이외에도 대학교 및 교회, 육군사관학교, 영화관, 박물관, 기념관 등을 관람하기도 했다.[69]

사진 7 『미속습유(美俗拾遺)』
박정양이 미국 근무와 시찰을 하면서 습득한 정보를 바탕으로 서술한 견문기 (출처: 한국학중앙연구원 한국민족문화대백과사전)

한편, 박정양 공사는 미국에서 근무·시찰을 하면서 습득한 정보를 바탕으로 『미속습유(美俗拾遺)』[70]라는 견문기를 집필했다. 이상재가 그의 저술 작업을 직접 도왔다는 점에서 박정양 공사와 이상재의 서술 인식이 거의 동일했다고 봐도 무방하다. 이 책은 미국의 지리 역사는 물론 정치, 경제, 사회, 교육, 종교 등을 광범위하게 소개하고 있다.[71] 당시 조선인이 저술한 미국 관련 논저 가운데 가장 상세하고 치밀한 서술 체계를 갖추고 있다는 데 그 의미가 크다.

1887년에 이상재는 미국에 도착하기 전에 동양의 도덕이 세상 문명의 중심이라는 인식을 갖고 있었고, 도착 직후에도 크게 변하지 않았다.[72] 1888년 6월, 그가 미국에서 아들에게 쓴 편지에서도 이런 부분이 잘 나타나 있다.

… 현금 천하가 분분하여 총칼로 정치를 삼고 이해로서 풍속을 삼아, 전자가 아니면 후자로, 후자가 아니면 전자로서 일을 삼아 서로 강령을 숭상하여, 바다에는 기선이 있고 육지에는 철로가 있어 만 리를 지척으로 보고 사해를 이웃으로 여기고 있는데, 그들의 문화가 아니며, 그들의 도덕은 다 사학(邪惡)이다. 그러므로 우리 유가의 전통이 거의 다 말살될 지경이 되었으니, 이것이 어찌 글을 읽어 도덕을 배우는 자가 크게 두려워할 바가 아니며, 크게 분발할 바 아니랴 …

윗 글에서 보듯이 이상재는 동양의 문화 및 도덕이 사람답게 사는 세상의 중심이 되어야 한다고 생각하면서 서양 문화와 동양 문화를 별개로 인식했다. 그는 미국에 체류하면서도 동양 문화의 우월성을 중심으로 유교적 가치를 고수하려고 했다.

이런 점에서 그는 서양 문명의 근원지가 된다는 서양의 도(道), 기독교를 문명의 도(道)로 인정하지 않았다. 왜냐하면 그가 동양의 유교적 도덕 윤리를 불변하는 것으로 파악하고, 공간을 초월해서 미국의 가치 체계에도 그대로 적용될 수 있는 것으로 보았기 때문이다.[73] 그는 유교적 도덕 윤리가 '시공(時空)'을 넘어 존재할 수 있다고 인식하면서, 동양의 유교적 도덕 윤리가 불변하고 또 미국이 지닌 서구적 가치, 즉 기독교가 동양의 유교적 도덕과 일정 부분 공유될 수 있다고 여겼다.

미국 체류 당시, 이상재는 청국 공사관 관리로부터 미국 문명이 기독교의 성경에 근거하고 있다는 말을 듣게 되었다. 그 관리로부터 한문 신약성경을 건네받았던 그는 미국 문명의 부강한 비결을 배우기 위해 많은 기대를 하고 성경을 읽기 시작했다. 성경 속에 부국강병을 위한 구체적이고 현실적인 전략 및 방법이 있으리라고 생각했다. 그러나 성경 속에 기록된 이야기들이 어리석게 느껴졌고, 그래서 기독교가 문명의 근원적인 도(道)라는 것은 한계가 있다고 생각하게 되었다.[74]

그런데 이상재가 미국 사회를 본격적으로 체험하고 난 뒤에 그의 미국관에도 변화가 나타났다. 이는 박정양이 『미속습유』에서 미국이 영토가 광활하므로, 타국 영토를 획득하는 데 별 관심이 없어 청국·일본·러시아 세력을 견제하고 또 조선의 자강과 자주를 도와줄 수 있는 나라로 기대를 걸고 있던 데서 드러난다.[75]

또한 『미속습유』에서는 주권재민과 삼권분립을 기초로 해서 미국의 공화정치제도, 정치기구의 구성과 기능, 예산·군사·형법 등 각종 제도를 비교적 정확히 파악하고 또 긍정적으로 이해했다. 이와 함께 예수교의 교리를 '권선징악의 규범'이라고 칭하며 도덕적인 문명 종교로 이해하기 시작했다.[76]

이런 인식은 이상재도 마찬가지였다. 그는 여기서 한발 더 나아가 미국이 단순히 물리적 힘만을 숭상하는 나라가 아니라, 정신적 가치 체계와 도덕이 작동하는 나라임을 인정하게 되었다. 그는 미국 문명의 근원이 무엇인지를 탐구하기 시작했고, 물질문명을 낳게 한 정신문명이 무엇인지에 대해 관심을 두게 되었다. 그러면서 정신적 가치와 제도를 기반으로 해서 미국 사회의 물질문명이 나오고 있다는 점을 받아들였다.[77] 그래서 이상재는 기독교가 근원적인 도는 아니지만, 동양의 유교적 도덕과 일정 부분 공유하고 있다는 생각을 하며 기독교에서 비롯된 가치나 제도가 조선 사회에 필요하다고 인식했다.

이상재는 미국을 도덕과 윤리에 기반해 부국강병을 추구하는 국가로 인식하기 시작했다. 이와 관련해 아들에게 보낸 편지 글에서 그는 "미국의 사농공상(士農工商)이 각기 직분을 지켜 힘써 일하며, 사회적 기준으로 형법이나 제도를 엄격히 적용하고 있어서 결과적으로 부국강병을 이룩할 수 있었다"라고 강조했다.[78] 즉, 그는 미국 근대사회가 객관적으로 존재하는 도덕규범을 자기 내부의 도덕력과 일치시키는 도덕적 윤리 공동체로 보았고, 부국강병의 힘이 곧 사회적인 도덕 윤리의 힘에 기초하고 있다는 것을 인식했다.

이상재는 미국의 사회체제와 그 운영이 동양의 문명 세계에 속하는 조선보다 우위에 있고, 미국의 근대 문명이 국가적 가치나 도덕을 기반으로 해서 나오는 사회라고 보았다. 또한 단순히 서양의 근대 기술 및 무기만이 아니라 서양 기술의 바탕이 되는 정치사회제도를 수용해야 할 필요성을 미국 사회를 통해 인식하게 되었다.[79] 이는 이상재가 근대국가 건설의 모델을 일본이 아니라 미국을 설정하는 중요한 원인이 되었다.

이렇게 미국 근대사회를 체험하면서 서양 기술에 국한해 근대 문명을 수용해야 한다는 상재의 동도서기론적 이해에 변화가 나타나기 시작했다. 그것은 그가 동양의 유교적 가치를 유지하면서도 서양 기술의 단순한 도입을 넘어서 기술의 바탕이 되는 정치사회 체제 및 제도 등을 함께 수용해야 한다는 변법론적(變法論的) 인식을 드러낸 것이다. 즉, 이상재는 동양적 가치를 근본으로 하면서도 미국을 근대국가건설의 모델로 삼아 근대 문물과 사회 가치도 수용하고자 했다. 근대 일본의 체험을 통해 개화의 필요성을 절감했던 그는 미국 사회를 직접 경험한 뒤에 미국 사회를 근대사회의 모델로 확실하게 인식했던 것이다. 그는 조선 사회에 이를 적용해 현실 사회 속에서 유교적 이상(理想)을 재발견하고 또 이를 더욱 확장하고자 했다.

제3절 갑오개혁기 근대 교육정책 추진

이상재는 미국의 근대 문물을 직접 체험하면서 그 실상을 파악할 수 있었다. 그는 미국에서 귀국한 이후 박정양과 함께 국내 '미국통(美國通)' 혹은 '친미개화파(親美開化派)' 인물로 부각되었다. 당시 일본이나 미국에 다녀온 조선인이 거의 없었고, 미국에서 1년여 동안 체류하며 활동한 조선인은 더욱 찾아보기 어려웠기 때문이다. 또한 그가 국가의 부국강병을 위한 근대국가 건설의 모델로 청국이나 일본보다 미국을 염두에 두고 있었던 것도 영향을 미쳤다.

미국에서 귀국한 이상재는 고향 한산으로 내려가 머물렀다. 고종이 총애하던 박정양을 문책하는 분위기는 그리 오래가지 않았다. 1889년에 홍문관부제학으로 복귀한 박정양은 1892년에 전환국관리(典圜局管理)직을 맡게 되었다. 이상재는 박정양의 추천으로 전환국 위원이 되었다.[80] 이상재의 성품은 낮은 관직이든, 높은 자리에 올랐든 달라지지 않았다. 그는 불의나 부패에 타협하지 않고 강경하게 저항했다. 누군가 외형적 것에 집착하는 태도를 보인다면, 고하를 막론하고 지적하는 강직함을 드러냈다.

1894년 초에 아버지가 세상을 떠났다. 아들의 성공을 평생 기원했던 아버지의 죽음은 그에게 큰 충격이었다. 늘 든든한 지원자였던 아버지에게 효도 한번 제대로 못했다는 미안한 마음이 그를 힘들게 했다.[81] 잠시 낙향했던 그는 45살이 되던 해인 1894년 7월, 승정원(承政院) 우부승지(右副承旨)와 경연각 참찬을 겸직하게 되었다.[82] 과거에 낙방한 지 27년 만에 처음으로 높은 자리에 올라 국정을 논하는 자리에 참여할 수 있게 되었던 것이다.

이상재는 이른바 '개화'니 '개혁'이니 하면서 떠들고 다니는 정치꾼들의 허세와 불의 그리고 부패를 보면 고하를 막론하고 쏘아 댔다. 당시 윗사람인 박제순(朴齊純, 1858~1916)이 경연위원 자리를 파는 행위에 이상재를 끌어들이려고 했던 적이 있다. 그가 이를 알고 거부하면서 오히려 돈을 달라고 했다. 그리고 이렇게 말했다. "대감께서는 늘 관직을 팔아 드시니까 돈이 많을 것 아니오. 나는 돈을 받고 팔 자리도 없으니 말이오." 이렇듯 이상재는 정부 고관들이 뇌물을 받고 사람을 채용하는 매관매직과 같은 부정부패를 보고 일침을 가했다.[83] 그는 부정부패나 불의를 보면 침묵하거나 외면하지 않았다. 매관매직과 부정부패가 판을 치는 현실에서 이상재는 비타협적으로 대응했다.

한편, 이상재의 관직 생활은 1894년 '갑오개혁'(甲午改革)이라는 제도 개혁이 단행되면서 탄력을 받기 시작했다. 1894년 봄에 터진 동학농민운동을 계기로 청일전쟁이 일어나고, 1894년 6월에 일본군이 경복궁을 점령한 상태에서 김홍집 내각이 들어섰다. 이를 계기로 반청·친일·친미 개화파 관료들이 중심이 되어 미증유의 제도 개혁을 빠르게 추진했다.

김홍집 내각에서 박정양이 학부대신에 임명되었다. 이상재는 학부대신 아래 학부참사관으로 기용되었다.[84] 그리고 학무아문참의(學務衙門參議) 겸 학무국장(學務局長)이 되었으며, 신설된 외국어학교 교장직도 겸직했다.[85] 그의 학부 관련 관직 임명은 박정양의 입김이 작용했지만, 일본과 미국의 근대적 교육제도에 대해 당대 어떤 인물보다 전문 지식과 안목(眼目)을 갖고 있었던 것도 한몫을 했다.

이상재는 교육개혁을 위한 근대식 교육제도를 수립하는 데 적극적으로 참여했다. 이 시기 그가 황해도(黃海道) 수안군(遂安郡) 군립(郡立) 진명학교(進明學校) 개교에 축하의 글을 보낸 적이 있다. 이 글은 그의 근대적 교육개혁의 방향을 잘 보여 준다.[86]

대체로 나라의 뿌리와 터전은 무엇이냐? 그것은 곧 인민이다. 장차 어떻게 튼튼히 하고 북돋아 주면 되는 것인가? 그것은 교육이 아니면 되지 않는다. 그런 까닭에 세계열강의 흥하고 망한 것과 성하고 쇠한 것을 의논하자면 먼저 그 교육을 잘하고 못한 것을 보면 알 수 있을 것이니 잘한 자는 흥하고 성할 것이요, 잘못한 자는 쇠하고 망하는 것은 이치의 떳떳한 것이다.…오직 바라건대 총명하고 준걸스러운 여러 학생은 진정한 학업을 탐구하고 그 문명한 새 기운을 빨아들여 사람마다 모두 희망과 용기를 불어넣는 지경에 도달한다면, 어찌 교육이 떨치지 못하는 것을 근심할 것이며, 또 우리나라가 망하는 것을 바꾸어서 일어나고 쇠하는 것을 바꾸어서 성하게 되는 것이 모두 여기에 있을 것이다.

윗 글에서 그는 교육이 한 국가의 뿌리이자 터전이라고 강조하며, 서구 열강의 성패가 교육에 달려 있음을 알 수 있다고 말했다. 아울러 서구의 근대 문명을 수용해야 하는 필요성을 설명하면서, 근대 문명을 배우고자 하는 열망이 곧 국가의 성패를 좌우한다고 역설했다. 그는 일본과 미국을 직접 체험하며 근대 문명의 힘을 분명히 알고 있었다. 조선의 생존을 위해서는 근대 교육을 통해 근대 문명을 점진적으로 수용해야 한다는 점을 강조했던 것이다.

1894년 7월, 개혁 추진 기관으로 군국기무처(軍國機務處)가 설립되며 갑오개혁기 근대 교육제도의 개혁이 시작되었다.[87] 군국기무처는 교육행정사업을 전담하는 학무아문(學務衙門)을 독립시켜[88] 근대적 합리성과 실용 위주의 교육제도를 수립해 부국강병에 기여하고자 했다. 이 시기에 교육제도의 개혁을 추진했던 세력은 이상재를 비롯해 박정양·이완용·윤치호 등 이른바 친미 개혁 세력이었다. 이들은 갑오개혁 이전에 외교사절 혹은 유학생으로 미국에 체류하면서 근대적 교육을 통한 국민 계몽과 인재 양성의 필요성을 절감했던 인물들이었다.[89]

이상재는 근대 국민교육의 중요성을 역설하고, 신분의 귀천이 없는 소학교 입학을 권고했다. 그리고 장차 각 지방에 소학교를 세울 것을 주장하며, 전문학교·대학교의 설립 계획 등을 담은 「학무아문고시」(學務衙門告示)를 발표했다.[90] 이어 그는 학교 교과서가 우선 편찬되어야 한다는 생각을 하고, 자신이 책임을 지며 소학교 설립과 동시에 한글교과서편찬사업에 착수했다. 군졸을 대상으로 한글 교과서를 편찬·출판해 그들에게 매일 몇 시간씩 가르치도록 하는 근거도 마련했다.

1895년 4월 19일에는 학무국(學務局)이 통합·신설되었는데, 그는 학무국장으로서 일련의 교육개혁을 추진했다. 또 같은 해 5월에는 우리나라 최초의 근대식 학교 관제로 교원 양성을 목표로 하는 「한성사범학교관제」(漢城師範學校官制)를 반포하는 데도 관여했다.[91] 아울러 같은 해 6월에는 근대적인 제도와 문물을 적극적으로 받아들이고 외교 활동에 필요한 인재를 배출을 목표로 하는 「외국어학교관제」(外國語學校官制)를 반포하는 과정에서 실무 책임을 담당했다.[92]

서구 열강과의 외교 관계가 중요해짐에 따라 더욱 체계적인 외국어교육이 요구되었다. 이상재는 조사시찰단과 주미 공사관 시절에 언어 문제로 인해 많은 어려움을 당한 경험이 있었다. 외국어학교 설립을 논의할 무렵, 일본의 이노우에 공사가 외국어학교 교사에 일본인만 고용할 것을 조선 정부에 요구하며 압력을 행사했다.

학무국장인 이상재는 굴복하지 않았다. 그는 비타협적으로 응대하며, 이를 분명히 거절하고 각국의 교사들이 자국의 언어를 가르치는 것이 타당하다는 논리를 내세웠다. 그러면서 언어 사용 국가의 교사들을 골고루 임용하는 조치를 밀고 나갔다. 이로써 인천의 일어학교와 서울 법어학교를 비롯해 러시아어학교, 한어학교, 덕어학교 등이 순탄하게 설립되었다. 이렇듯 이상재는 근대 교육정책을 시행하는 실무책임자로서 국가의 부국강병과 자주독립을 달성하는 데 필요한 인재 양성교육에 열정적으로 활동했다.

한편, 갑오개혁기 개혁 관료로 활동했던 이상재는 당시 개화의 상징이 된 단발을 단행했다. 김홍집 내각은 1895년 12월 30일(음력 11월 15일), '위생에 이롭고 편리하다'는 이유로 성년 남자의 상투를 자르라는 단발령(斷髮令)을 전격 시행했다. 이에 고종은 단발령을 반포한 당일 태자와 함께 단발을 실시했고, 각 관료 대신들도 따라서 단발을 했다. 이때 학부참사관을 맡고 있던 이상재도 단발했다.

이상재는 근대 문명의 수용을 주장하면서도 동양적 가치의 우월성을 포기하지 않았던 인물이다. 이 때문에 그의 단발은 상당히 의외였다. 당시 유교적 사회에서 신체와 머리카락은 부모로부터 물려받은 것이니, 이를 훼손하지 않는 것이 효의 출발이라고 여겼다. 그러면서 상투가 성인 남성의 자존심을 상징한다며 망건을 착용하고 그 위에 갓을 썼다. 이렇듯 동양의 유교적 가치를 강조하던 그가 전통적인 유교적 이념과 사회적 관습에서 중요한 의미를 지닌 상투를 잘랐던 것이다.[93]

그의 단발은 그가 왕을 위해 충성을 다하는 근왕주의적(勤王主義的) 태도를 지니고 있었음을 보여 준다. 개혁이라는 이름 아래 강압적인 분위기 속에서 단발령이 시행되었으나, 군주인 고종이 직접 나서 단발을 강행했기 때문에 신하인 관료들은 이를 따라야 한다는 충군(忠君)의 입장이었다. 그의 근왕주의적 태도는 박정양과 동일한 것이었다. 그가 박정양과 함께 고종의 총애를 받으며 관직에 등용되었던 중요한 배경이기도 했다.

하지만 그것이 올바른 길이 아니었다면, 아무리 고종이 시행했다고 하더라도 강직한 성품의 소유자였던 이상재는 그것을 따르지 않았을 것이다. 그의 단발은 서양 문명의 토대가 되는 사회적 정신이나 윤리와 도덕 등도 수용해야 한다는 인식의 전환과 깊은 관계가 있었다. 그는 동양의 도덕이나 윤리에 대한 상대적 우월감을 여전히 포기하지 않으면서도 상투를 자르는 행위에 대해 서구 문물의 수용 관점에서 실용적이고 또 합리적으로 접근했던 것이다. 이는 국가의 발전이나 국민의 각성 및 계몽을 저해하는 전통적 사회 관습과의 결별을 의미하는 것이었다. 즉, 그는 전통적 관념 및 구습(舊習)과 동양적 가치를 분리해 인식했다.

이상재는 아관파천 기간에 단발령이 철회되자, 고종 및 관료들과 함께 머리카락을 다시 기르고 상투를 틀며 갓을 썼다. 그런데 얼마 안 가서 광무개혁(1897)이 진행되면서 고종이 다시 단발하자, 관료들 대부분이 단발하자는 분위기가 다시 강하게 형성되었다. 이에 맞서 이상재는 단발을 거부한 채 그대로 상투를 틀고 또 갓을 쓴 상태로 활동했다.

그 이유에 대해 그는 한참 지나서 당시를 회고하며, "머리는 하나인 것을 가지고 깎았다가 길렀다 하는 것이 너무 우스워서"[94] 남들이 어찌되었든 간에 그대로 단발을 하고 지냈다는 점을 밝혔다. 그는 정치권력의 눈치를 보며 근대개혁 정책에 마치 못해 따라가는 관료들의 비주체적 행태를 비판했던 것이다. 이는 개화·개혁에서 주체적인 의지와 결단이 무엇보다 중요하다는 그의 비판적 문제의식을 보여준다.

그가 스스로 결단해 단발을 했듯이, 상투를 틀고 지내는 것도 스스로 의지를 갖고 한 것이었다. 주체적인 결단에 기초한 문화적 자존감은 그의 행동을 지탱하는 힘이었다. 독립협회운동이 좌절되고 난 뒤 그는 관직을 사퇴한 후 스스로 다시 단발했다. 이후에는 단발을 유지한 채 평생을 살았다.

제4절 아관파천기 내각 참여

일본은 청일전쟁(1894~1895)의 승리로 막대한 배상금과 함께 요동반도를 점유했다. 이에 남하 정책을 추진하던 러시아는 요동반도를 청국에 반환하라고 일본에 요구하는, 이른바 삼국간섭(三國干涉)

을 했다.[95] 러시아의 요구를 거절하기에 국력이 부족한 것을 느낀 일본은 요동반도를 중국에 반환했다. 이때 국내에서는 명성황후가 러시아의 힘을 이용해 일본 간섭에서 벗어나려는 움직임을 보이자, 위기감을 느낀 일본이 명성황후를 시해하는 사건이 일어났다.

또 정부의 단발령이 시행되자, 전국 각지에서 의병이 일어났다. 갑오개혁기에 김홍집 내각은 이를 진압하기 위해 중앙군을 전국에 보냈는데, 이 때문에 왕실 호위가 약화될 수밖에 없었다. 이 틈을 이용해 고종을 러시아 공사관으로 옮기려는 시도가 있었다. 이를 주도했던 정치 세력은 친러·친미 세력이 중심을 이룬, 이른바 '정동파 세력'이었다.

이들은 러시아 삼국간섭 직후인 1895년 6월 말을 전후로 해서 반일·친미·친러 정책을 표방하는 정치 세력으로 등장했다. 이들은 서울 정동에 서울 주재 외교관들 및 조선 관료들이 중심이 되어 결성된 정동구락부(貞洞俱樂部)[96]를 중심으로 형성된 정치 세력이었다. 당시 서울 정동은 미국·러시아·영국 등의 공사관이 자리 잡고 있었다. 정동구락부를 통해 개화 인사들은 세계의 정세를 살피며 서양 문물과 자연스럽게 접촉했다. 서구 열강의 외교관들은 이 모임을 통해 외교의 치열한 각축전을 펼쳤다.

친교 단체로 출발했던 정동구락부는 일본의 내정간섭이 본격화되면서 점차 일본의 이권 독점과 일본인 고문관 채용에 반발하는 반일적인 색채를 띠었다. 당시 일본의 압력을 받던 고종은 서양 열강의 힘을 빌려 일본을 견제하려는 정동구락부에 우호적인 태도를 보이고 있었다.

정동파 세력은 몇 개의 세력이 연합해 구성된 정치 세력이었다. 먼저 초대 주미 공사단원이었던 이상재를 비롯해 박정양·이완용·이하영·이채연 등을 중심으로 한 '친미 개화 세력'이다. 이외에도 윤치호·서광범·서재필 등 갑신정변 이후 미국으로 망명 혹은 유학한 갑신정변세력으로, 정동구락부에 드나들면서 정동파에 합류하게 되었다. 다음으로는 친러파로 불리던 이범진·이윤용·민영환·민상호 등의 왕권 측근 세력이다. 이들은 왕권 강화를 도모하며 배일 정책 차원에서 미국·러시아 등 주한 외국 공사관과 연락 및 접촉 활동을 지원했다.

사진 8 1900년경 러시아 공사관의 모습
(출처: Wikipedia Commons)

1896년 2월 10일, 러시아 측은 공사관을 보호한다는 구실로 인천에 정박 중인 러시아 군함의 수군 120여 명을 무장시켜 서울에 주둔하도록 했다. 다음 날, 친러파를 중심으로 하는 정동파 세력은 이 틈을 이용해 미국 대리공사 알렌과 러시아 공사 베베르의 지원을 받아 고종을 러시아 공사관으로 옮기는 아관파천(俄館播遷)을 단행했다.[97] 명성황후 시해사건으로 인해 일본에 두려움을 느낀 고종이 러시아 공사관으로 몸을 피신했다. 이후 고종은 친러·친미 세력을 신뢰하며, 그들에게 정부의 요직을 맡겼다.

고종은 러시아 공사관으로 옮긴 당일에 김홍집 내각을 해산하고, 친러세력을 중심으로 하는 내각을 조직했다. 고종은 이때 박정양을 내부대신에 임명했는데, 총리대신으로 임명된 김병시가 취임에 응하지 않자 박정양을 총리대신 서리 자리까지 겸직하게 했다. 박정양은 특정 세력을 떠나 고종의 신임을 받던 근왕주의적 관료로서 내각에 적극 등용되었다. 친러 세력이 내부·외부·군부·법부 등의 중요 요직을 차지하고 또 친미 세력이 일부 요직을 맡았다.[98] 이들은 혼란한 민심을 수습하기 위해 유림계의 반대에 부딪혔던 단발령 실시를 보류했다. 그리고 포고문을 내려 동학농민운동, 청일전쟁 전후 전국 각지에서 일어난 의병들을 달래고자 했다.

    이 시기 이상재는 정동구락부에 출입하면서 개화파 인물들이나 외국인 선교사들과의 사적인 모임에도 참석하고 있었다. 박정양과 함께 정치적 노선을 같이하는 이상재도 정동파의 핵심 인물로 자리를 잡았다. 그리고 이상재는 새롭게 구성된 내각에서 내각총서(內閣總書)에 임명되었다.[99] 이와 함께 학부참사관과 외국어학교 교장을 겸임했다. 이후 단행된 직제 개편을 거치며 내각총서에서 중추원(中樞院) 일등의관(一等議官), 의정부(議政府) 총무국장(總務局長)으로 임명되었다.[100]

    낯선 기대감을 갖고 처음에 상경했던 그가 박정양의 집에서 13년간 집사 생활을 하며 과연 이런 높은 자리에 오를 수 있을 것이라고 상상할 수 있었을까? 비록 비상시국이라도 하더라도, 내각총서의 임명은 그에게 꿈만 같은 일이었다. 내각총서와 의정부 총무국장은 직제 개편으로 이름만 바뀐 것이지 직무와 직위는 동일했다. 이른바 최고위직에 해당하는 당상관(堂上官) 자리로, 고종의 신임이 없이는 임명될 수 없는 요직이었다. 정부 내 모든 서류는 일단 이상재를 거쳐야만 왕에게 올라갈 수 있었다. 다시 말해, 왕에게 올리는 모든 서류를 검증하는 막중한 자리인 동시에 왕의 지시를 아래로 전달하는 자리이기도 했다. 오늘날의 대통령 비서실장이나 행정안전부 장관의 역할이었다.

　새 내각에 임명된 인물들을 보면, 이상재를 비롯해 박정양·이완용·이하영·이범진·이윤용·윤치호 등 정동파 인사들이 주축이었다.[101] 이상재의 내각총서 임명은 박정양의 배려와 후원도 컸지만, 그가 국정을 논하는 자리에서 자신의 정치적 견해를 주장할 정도로 정치적 능력을 발휘했을 뿐 아니라 고종의 신임이 그만큼 두터웠기 때문에 가능한 일이었다. 그는 1896년 초부터 1898년 말까지 약 3년간 이 자리를 지키면서 대한제국(大韓帝國) 선포 및 고종의 황제 즉위(1897. 10. 12.) 등 이른바 광무개혁(光武改革)과 독립협회(獨立協會)를 중심으로 전개된 개혁운동에서 박차를 가했다.

　이상재는 관직의 낮고 높음에 상관없이 집권 내각이 누구든 박정양과 깊은 신뢰를 쌓으며 행동했다. 이상재의 집무 태도 역시 늘 준엄하고 당당했다. 내각총서에 이은 의정부 총무국장 때도 마찬가지였다. 그 자리는 유혹이나 압력이 많은 자리였으나, 부정 및 불의에 비타협적인 그의 성품은 오히려 강점으로 작용했다.

　어느 날 이상재가 러시아 공사관에 있는 고종 앞에 나아가니, 자신이 보지 못한 상소문이 책상에 수북이 쌓여 있는 것을 확인했다. 그 상소들 대부분은 개인의 관직과 이권을 청탁하는 내용이었다. 모든 상소문이 의정부 총무국장인 자신을 거쳐 고종에 올라가게 되어 있는데, 신하들이 절차를 무시한 채 고종을 만날 일이 있을 때 상소문을 고종의 책상 위에 슬쩍 올려놓고 간 것이었다. 그날도 신하들이 의정부 총무국장인 자신을 배제하고 고종에게 상소문을 그대로 올렸다. 이에 이상재는 상소문을 모두 들어 고종이 보는 앞에서 화로 속에 집어넣어 버렸다. 그것은 한 나라의 국왕이 궁을 떠나 러시아 공사관에 옮겨 와 궁색하게 살아가는 상황에서 국가의 미래보다 자신의 개인적 영달을 도모하는 신하들을 꾸짖기 위한 행동이었다. 고종도 이상재의 의도를 알아차리고 오히려 잘했다고 칭찬할 정도였다.[102]

이렇듯 이상재는 주미 공사관 서기관으로서 미국에 다녀온 뒤 친미 개화 세력의 중요한 인물로 부각되었으며, 박정양과 함께 갑오개혁을 이끈 개화 관료로서 그 역할을 담당했다. 아관파천과 같은 비상시국에서 정동파의 주요 구성원으로 활약한 그는 고위직에 올랐으나 부정과 불의에 대한 비타협적인 태도와 행동으로 일관하며 고종에게 직언하는 등 고종을 보필하며 국정 전반에 걸친 지도력을 발휘했다.

제4장
독립협회와 정치 개혁을 주도하다

제1절 독립협회 조직과 주도적 참여

아관파천 이후 국내는 고종의 러시아 공사관 체류와 일본군의 주둔으로 인해 정치적 혼란이 쉽게 가라앉지 않았다. 정부는 새롭게 집권한 내각의 정당성과 정부의 정책을 홍보할 필요가 있었다. 이때 일본의 한 민간지가 고종의 아관파천을 비난하며 조롱하는 기사를 보도했다. 이를 계기로 정부는 국민들에게 정확한 정보를 제공하고 이를 확산시키기 위해 신문 간행을 추진했다.

당시 박정양과 이상재는 대중 계몽을 위한 신문 매체의 정치사회적 역할을 무척 잘 알고 있었다. 1881년에 그들이 조사시찰단으로 일본에 갔을 때, 이들은 이미 신문의 역할과 필요성을 인식했다. 또한 1887년에 주미 공사관에 머물며 미국의 근대 문물을 체험하면서 미국 사회에서 신문이 어떤 역할과 영향력을 갖고 있는지를 경험할 수 있었다. 그래서 그들은 신문 매체의 필요성을 누구보다 절감하고 있었다. 박정양은 정부를 대표해 신문의 역할을 잘 이해하고 추진할 수 있는 인물로 서재필(徐載弼)을 선정하고 그에게 신문 발행을 의뢰했다.

서재필은 갑신정변이 실패한 뒤 미국에서 망명 생활을 마치고 귀국한 상태였다. 그는 갑신정변이 국민의 지지를 받지 못해 실패했다는 점을 교훈 삼아 점진적인 교육과 계몽을 통한 근대개혁운동을 추구했다. 즉, 그는 고종이나 정부가 주도하는 '위로부터의 개혁운동'보다 '아래로부터의 개혁운동'을 통해 근대적 민주국가의 건설이 가능하다고 보았다. 여기에서 정부와 국민 사이의 이해와 상호 신뢰감을 형성하는 게 무엇보다 중요하다고 생각했다.[103]

1896년 4월 7일, 정부의 지원 아래 서재필은 한글과 영문으로 『독립신문』을 창간했다.[104] 제물포·원산·부산·파주·송도·평양·수원·강화 등지에 분국(分局)까지 마련하는 등 기본적인 준비 끝에 최초의 근대적 민간 신문인 『독립신문』이 세상에 나오게 되었다.[105] 신문이 창간되자 정부는 신문의 보급을 적극적으로 지원했다. 한글 전용 체제를 채택한 사실에 특별히 많은 가치와 의미를 부여했다.[106] 정부의 전폭적인 지원 아래 『독립신문』은 정부의 정책을 국민들에게 전달하고 또 국가의 자주독립을 확산시키는 데 기여했다.

이런 분위기 속에서 이상재는 '건양협회'(建陽協會)에 가담해 활동했다. 이 단체는 서재필이 귀국하자 김가진과 함께 결성한 단체였다. 단체 이름은 1896년을 맞아 자주의 표상인 건원(建元)을 처음 사용하기 시작한 건양(建陽)이라는 연호[107]에서 따왔다. 그리고 단체는 '새로운 정치 문화의 조성'[108]을 목표로 결성되었다. 이 단체는 외세 의존적 태도를 극복하고 조선의 자존을 살리면서 개혁적 사회 결사를 조직하고자 했다. 이상재는 발기인 47명 중 한 명으로 참석했다. 이때 김윤식(金允植)이 부회장에 선출되었고, 평의원과 간사원 등 위원이 선출되었다.[109] 건양협회는 2월 11일에 일어난 아관파천으로 공개 결성을 미루다 끝내 정식 출범하지 못하고 말았다.

한편, 정부는 지속적인 개혁을 위해 정치적 기반이 무엇보다 필요하다고 보았다. 당시 고종이 러시아 공사관에 머물고 있었기 때문에 국가의 자주적 독립을 주장할 명분이 약했다. 이때 국민적 공감대를 형성할 수 있는 상징적 사업으로 계획된 것이 바로 독립기념물 건립사업이었다. 정부는 독립기념물 건립이라는 명분 아래 수구파의 정치적 영향력을 견제하며, 이를 추진할 독립협회의 결성을 계획했다. 이를 통해 대외적으로 독립의 기초를 마련하는 한편, 내정 개혁을 진행할 정치적 기반을 마련하고자 했다.

당시 서재필은 정부의 지원을 받으며 자유주의와 민주주의적 개혁 사상을 고취하며 민중을 일깨워 민주적 국민을 육성하고, 민주적 역량을 지닌 국민의 힘으로 진정한 자주적 독립국가를 만들고자 했다. 이를 뒷받침할 '정치사회 세력'이 필요하다는 생각에 '독립협회'의 창립을 주도했다.[110]

이상재는 1887년에 주미 공사관에 파견되었을 때, 청국의 무례한 간섭과 방해로 인해 자주적 독립국가의 위상이 추락한 것을 뼈저리게 체험한 적이 있었다. 이 때문에 그는 국가가 대외적 외세 의존 상태에서 벗어나 자주적 독립의 의지를 굳건히 확립하고 또 실질적인 능력을 확보하는 것이 무엇보다 중요하다고 보았다. 이를 위해 갑신정변이나 갑오개혁과 같은 '위로부터의 개혁'도 중요하지만, 국민이 주도하는 '아래로부터의 개혁'이 더욱 중요하다고 보았다. 이상재는 국민의 광범위한 지지 속에서 점진적인 '내정 개혁'을 추진할 '새로운 정치사회 세력'의 필요성을 주장하는 서재필의 의견에 동조하고, 자주적 독립을 표방하는 독립문건립사업에 적극 참여했다.

1896년 7월, 독립협회가 '충군애국'과 '자주독립'을 외치며 창립되었다. 이상재는 독립협회의 창립에 주도적으로 참여했다. 7월 2일에 외부(外部) 건물에서 독립협회의 창립총회가 개최되었고, 협회 규칙의 제정·공포와 함께 임원진이 선출되었다.[111] 독립협회는 민주적 운영 방식을 채택하고 전 국민에게 협회의 문호를 개방함으로써 국민적 사회단체로 성장할 수 있는 토대를 마련했다.

독립협회 초대 임원에는 고문 서재필, 회석의장 겸 회계장 안경수, 위원장 이완용을 비롯해 위원에 김가진·이채연·이상재 등 8명, 간사원에 남궁억 등이 선출되었다. 이상재는 8명의 위원에 선출될 정도로 독립협회 창립의 핵심 인물로 활약했다. 내각의 실무를 총괄하는 중견 관료로서 입지를 단단히 다진 그는 독립협회에서 그의 지도력을 발휘했다. 독립협회 준비와 창립 초기부터 이상재는 현직 관료의 신분임에도 불구하고 주도적으로 참여했다.

독립협회의 초기 임원들은 이상재, 이채연 등 친미개화파 인사들이 주축을 이루었다. 임원 대부분이 이상재처럼 외교 혹은 문화사절단, 유학생 등으로 청국과 일본, 미국 등을 시찰한 경험이 있거나 개혁 기관에 근무하면서 외국 사정에 밝고 또 실무 능력을 갖춘 개혁 지향적인 인물들이었다. 또 내각총서인 이상재가 참여하고 있듯이,

임원진 대부분이 전·현직 개혁 관료 출신이었다. 이런 점에서 독립협회는 이상재 등 친미개화파 관료들이 주축이 되었고, 정부와 친화적인 사회단체라는 성격을 띠게 되었다.¹¹²

사진 9 독립문 (출처: 문화재청)

독립협회는 매주 정기회의를 개최해 독립기념물 건립을 논의했다. 청국 사대(事大)의 상징인 영은문(迎恩門)을 헐고 그 자리에 독립문을 세우며, 청국 사신을 영접하던 모화관을 새로 꾸며 독립관을 만들고, 그 일대를 독립공원으로 조성하려는 독립기념물 건립을 추진했다. 그 결과, 1896년 11월 22일에 독립문 정초식이 진행되었고,¹¹³ 1897년 5월 23일에는 독립관의 현판식을 거행했다. 그 해 말경에는 독립문 완공식이 드디어 이루어졌다.

이렇게 독립기념물건립사업이 마감됨에 따라 독립협회는 1897년 8월 23일부터 매주 개최하던 정기집회를 토론회 방식으로 바꾸었다.¹¹⁴ 창립 초기에 대부분의 전·현직 관료들이 대거 가입하면서 독립협회가 다양한 정치 세력이 혼재된 관료들의 사교 모임으로 변질될 우려가 높아졌다. 이에 이상재와 서재필·윤치호 등 주도 세력은 독립기념물건립사업이 종료됨에 따라 단체를 대중적 사회단체로 전환하는 것을 논의하고, 매주 일요일에 토론회를 개최하기로 결정했다.¹¹⁵

독립협회는 제1회 토론회에는 회원 76명이 참가했으며, 제2회에는 방청객만 200여 명이 넘는 대성황을 이루었다. 토론회는 1898년 12월까지 총 34회에 걸쳐 진행되었는데, 독립협회는 매주 토론회를 개최했다. 토론회는 주제를 정해 놓고 찬성 토론자와 반대 토론자 각각 2명이 토론을 한 뒤에 방청객들이 다수결에 의해 결정하는 방식으로 진행되었다. 교육 진흥, 산업 개발, 위생, 미신 타파, 신문 보급, 여성 계몽 등의 대중 계몽적 성격의 주제들이 주류를 이루었다. 토론회에는 방청인이 수십 명에서 수백 명이 참석할 정도로 많은 인기를 얻었다.[116]

1897년 8월 29일, 독립협회 제1회 토론회가 처음으로 개최되었다, 매주 개최되던 독립협회의 정기집회가 토론회로 전환되면서 독립협회의 지도부 조직도 개편되었다. 위원장 및 위원제를 폐지하고 회장·부회장·서기로 구성되는 집행부 기능을 강화했다. 이때 이상재는 안경수 회장, 이완용 부회장에 이어 윤치호와 함께 서기에 임명되었다.[117] 특히 이상재는 윤치호와 함께 서기로 선출되어 토론회를 이끄는 주도적 리더십을 발휘했다.

토론회는 다양한 의견을 모으는 공론(公論)의 장으로서 근대 민주 사회의 꽃으로 불린다. 회원과 민중에게 사회의 당면 문제를 인식시키고 또 회원들에게 대중 연설의 훈련 기회를 제공했으며, 독립협회를 민중계몽단체로 전환시키는 계기를 마련했다. 다양한 주제에 대한 서로 다른 의견들이 대립되는 현장을 조정하고 정리한다는 점에서 토론회 사회자의 역할은 무엇보다 중요하다.

그의 지도력 진가는 토론회 사회에서 더욱 빛을 발했다.[118] 이상재는 토론회 사회를 거의 도맡아 보았는데, 회원들이 서로 의견을 교환하며 집단의식과 연대감을 갖도록 토론회를 이끌었다. 이는 방청객을 포함해 민중을 계몽하고 또 정치사회 의식을 고양시키는 효과를 거두었다. 토론회 과정에서 독립협회가 고위 관료나 임원들에서 벗어나 교사나 상인, 전직 및 하위 관료들의 참여가 두드러지게 증가할 수 있는 밑거름이 되었다. 이는 독립협회가 민중의 입장을 대변하는 사회단체로 성장할 수 있는 기반을 제공했다.

이처럼 이상재는 토론회에서 누구도 흉내 낼 수 없는 사회적 능력을 발휘함으로써 토론회 현장이 다양한 사람이 소통할 수 있는 공간이 되는 데 기여했다. 더욱이 그의 소통 리더십은 그가 현직 관료임에도 불구하고 독립협회의 윤치호와 함께 대표적 리더로 자연스럽게 인식되는 중요한 계기가 되었다.

제2절 구국 상소와 만민공동회운동

독립협회는 정치적 격동 속에서 1898년 초에 이완용·안경수 등 초기의 독립협회 지도자들이 임원의 임기가 만료되어 물러났다. 같은 해 2월 27일, 독립협회는 회원과 수백 명의 방청객이 지켜보는 가운데 민주적 방식으로 임원을 다시 선출했다. 회장에 이완용, 부회장에 윤치호, 서기에 남궁억, 회계에 이상재와 윤효정, 제의(提議)에 정교·양홍묵·이건호 등이 선출되었다.

이날 회의에서는 러시아의 석탄고기지 조차요구에 대한 반대 성토가 열렸다.[119] 이 자리에서 이상재는 절영도 조차문제의 전말(顚末)을 정부에 문의하는 총대위원으로 선출되었다. 이를 두고 윤치호는 비로소 "민주주의 물결이 조선 정치에 작용하기 시작했다"[120]고 평가했다. 이런 조직 개편은 독립협회가 일종의 사교단체에서 정치개혁단체로 바뀌어 가는 결정적인 계기가 되었다.

1897년 2월 20일, 고종이 환궁하자 러시아는 숨겨 둔 정치적 본색을 드러냈다. 러시아는 친러 세력을 앞세워 고종을 압박하며, 이권 획득을 위한 내정간섭을 본격화하기 시작했다. 1898년에 들어서는 조선 정부에 대한 압박을 더욱 가했다. 그러나 독립협회를 이끌던 이상재는 이를 결코 좌시하지 않았다. 그는 국가의 자주적 독립권에 대한 명백한 도전이라고 주장하며, 독립협회의 이름으로 러시아반대운동을 전개하기 시작했다.

당시 러시아는 군사교관을 증파하며 대한제국에 대한 장악력을 높였다. 열강의 추가 개항 요구를 반대하고, 친러 인사들을 요직에 기용하도록 조선 정부에 압력을 공공연하게 행사했다. 또 이에 비판적인 이완용과 박정양을 관직에서 해임하도록 강요했다. 러시아의 압력은 한반도를 둘러싼 열강 간의 세력 균형과 동아시아 정세를 대단히 위태롭게 할 수 있었다. 이는 열강의 세력 균형을 통해 대한제국의 독립국 지위를 확보하려던 독립협회의 구상과 크게 다른 것이었다.

이상재의 투쟁 방식 중 하나는 전통적인 정책 건의 수단인 상소(上疏)운동이었다.[121] 상소란 전통 사회에서 유학자가 왕에게 올리는 글로, 국가권력과 소통하는 중요한 언론 형식이었다. 이 방식은 이른바 '공론정치'(公論政治)로서 독립협회 회원과 민중이 새로운 정치 문화를 형성하며 자신들이 정치에 참여하는 폭을 크게 넓히는 효과를 가져왔다. 이상재는 독립협회를 대표해 상소문을 여러 차례 제출했다.

'구국선언문'은 이상재가 참여한 대표적인 상소문이었다. 이 상소문은 이상재를 주도로 하는 5인 위원의 연대 서명으로 작성한 것으로, 러시아의 국권 침탈을 정면으로 비판했다. 상소문[122]은 총 135명의 이름을 적어 고종에게 전달되었다.[123]

이 상소문에는 조선 정부가 재정·군사·인사권 등을 상실했을 뿐 아니라 법률을 제대로 실행하지 못하고 있다는 점을 비판하면서 황제권의 자주(自主)와 국권의 자립(自立)을 촉구하는 내용을 담고 있었다. 대외적으로는 자주 국권의 수호를, 대내적으로는 자유 민권의 보장을 목표로 하는 자주민권운동의 선언이었다. 이는 독립협회가 정치단체로 출발한다는 선언이기도 했다.

당시 상소문에는 자주독립에 대한 이상재의 생각이 잘 정리되어 있다. 그는 이 글을 통해 일본·청국·러시아 혹은 미국과 같은 외세에 의존하기보다 국민과 함께할 것을 강조했다. 군민(君民)이 일치해 협력하는 것만이 외세의 내정간섭을 물리칠 수 있는 유일한 방안이라고 보았다. 밖으로 다른 나라에 의지하지 않고 자주(自主)하며, 안으로는 법치를 실시하고 발전한다면 아무리 강대국이라고 할지라도 조선을 마음대로 할 수 없다는 사실을 지적하며 국가의 자주독립이 얼마나 중요한가를 강조했다.

이런 상황에서 독립협회는 민의(民意)를 모아 고종과 친러 집권 세력에 대한 근대 개혁의 압력을 행사하고자 했다. 그 일환으로 이상재는 윤치호와 함께 '민회'(民會) 형태의 만민공동회(萬民共同會)를 개최했는데, 러시아의 침략적 간섭을 물리치고 완전한 자주 국권의 확립을 목적으로 했다. 1898년 3월 10일, 종로에서 우리나라 최초의 근대 정치 집회인 제1차 만민공동회가 개최되었다.[124] 시전 상인 현덕호가 만민공동회 회장으로 선출되었고, 이승만 등 배재학당 및 경성학당 학생들이 러시아의 내정간섭을 침략 정책이라고 규탄하며 조선의 자주독립을 역설하는 연설을 진행했다.

이상재는 러시아의 부산 절영도 석탄고기지의 조차, 한러은행의 설립 등을 강력히 비판했다. 이를 통해 구국을 위한 반러운동 및 사회정치운동을 전개해 나갔다. 그는 대외적인 자주 국권의 수호와 대내적 자유 민권의 보장을 지향하는 자주민권운동을 전개하는 데 주도적으로 참여하는 동시에 내정간섭을 강화하는 러시아반대운동을 펼치는 데 지도력을 발휘했다.

그 결과, 만민공동회를 통해 독립협회는 러시아의 군사교관과 재정고문이 철수하도록 만들었다. 이어 러시아의 절영도 석탄고기지 조차 요구도 철회시켰다. 이 조차 요구의 근거가 된 일본의 절영도 석탄고기지도 반환케 했으며, 러시아의 재정 간섭 우려가 있던 한러은행도 폐쇄하는 데 성공하는 등 많은 성과를 거두었다.[125]

만민공동회의 집회는 광화문 앞, 재판소 앞, 경무청 앞, 종로 네거리 등에서 개최되었다. 종로 네거리에서 개최되었을 때 사람들이 제일 많이 모였다. 집회의 운영 방식이 독특했는데, 주장이 담긴 연사의 제안을 듣고 찬반(贊反) 양론(兩論)으로 나뉘어 토론하고 난 뒤, 토론의 승부는 참석한 회원과 방청인의 다수 의견에 따라 결정되었다.[126]

이런 회의 방식은 전통 사회에서 매우 낯선 것으로, 독립협회가 처음으로 실시한 근대적인 회의 방법이었다. 이상재는 만민공동회를 개최할 때마다 현장의 중심에서 참석자들과 방청객들이 늘 소통할 수 있도록 분위기와 환경을 조성하는 사회자로서 만민공동회를 이끌

사진 10 만민공동회 집회를 인도하는 이상재
(출처: 월남이상재선생기념사업재단)

어 가는 조타수 역할을 담당했다.

또한 이상재는 독립협회가 민권 보장 및 참정권획득 운동을 본격적으로 전개하는 데 기여했다. 1898년 3월 15일, 황제의 특명으로 무고에 의해 독립협회 회원 4명을 투옥시키고, 재판도 열지 않은 채 10년 유배형을 내리는 사건이 발생했다.[127] 이에 독립협회는 이상재를 중심으로 총대위원을 파견해 이들에 대한 불법체포 행위를 규탄하고, 정부의 경무사와 법부대신에게 항의 공문을 보내기도 했다.[128] 이상재의 주도 아래 전개된 독립협회의 강력한 대응 끝에 체포된 회원들이 모두 무죄로 석방되었다. 그는 독립협회가 법률과 재판에 의한 신체의 자유권과 재산권 보호 등을 요구하는 민권운동을 지속적으로 펼쳐 나가는 데 가장 앞장서서 든든한 버팀목 역할을 했다.

이렇게 이상재가 전면에 나서 반러운동을 전개하고 또 만민공동회를 주도하면서 독립협회의 토론회 성격에도 많은 변화가 나타났다. 초기 토론회의 주제 및 내용이 대중을 대상으로한 근대 의식의 고취 및 각성을 계몽하는 것이었다면, 반러운동 및 만민공동회 이후에는 열강의 이권 획득 반대를 비롯해 의회 설립, 민권 확대, 참정권 획득, 개혁 내각 수립 등 당면한 정치사회 개혁의 주제들이 토론의 현안들로 바뀌었다. 또 만민공동회에 약 1만여 명의 인원이 참여했음에도 불구하고 집회가 질서 정연하게 진행되었는데,[129] 사회를 보던 이상재의 지도력이 발휘된 결과라고 볼 수 있다.

한편, 이상재는 1898년 7월 14일에 의정부 총무국장을 사퇴하는 상소를 제출했다.[130] 내용은 다음과 같다.[131]

… 요새 정국이 돌아가는 것을 가만히 살펴보옵건대 조약을 체결한 여러 나라가 서로 눈을 흘겨보며 총칼과 전함(戰艦)과 포차(砲車)가 국경 근처에서 부단히 왕래하며 서로 이익을 다투어 각각 토지를 점령하고 있는데, 오래지 않아 전쟁이 일어날 것이 분명하옵니다. 이런 때를 당하여 편안함만 일삼고 발분할 것을 생각하지 아니하고 있을 것 같으면, 입으로 형언할 수 없는 무궁한 화(禍)가 반드시 올 것이옵나이다. 그러므로 오늘날을 어찌 그저 평안한 때라고 하겠습니까. 이것은 우부(愚夫)나 우부(愚婦)도 밝히 근심하는 것이옵니다. 이런 까닭으로 며칠 전에 인민들이 모여 공동 협의하옵고 정부에 대해 반대 성명서를 보내었는 바, 신(臣)의 의사도 또한 이와 꼭 같은지라 가담하였습니다. 이것은 정부의 속료로서 정부를 공격하는 행동이 신(臣)이 어찌 감히 국록(國祿)을 탐하여 이 자리에 편안히 앉아서 마음 가는 대로 양편에 걸쳐 행동한다는 책망을 듣는 과오를 범할 수 있겠사옵니까. …

윗글에서 이상재는 조선을 둘러싸고 벌어지는 열강들의 패권 경쟁이 물리적인 전쟁으로 이어질 수 있는 위험한 상황에 놓여 있다는 현실을 언급했다. 또한 위기 상황에 아무것도 준비하지 않고 대응하지 않는 것은 대단히 어리석은 행위라고 지적했다. 때마침 독립협회를 비롯해 민중이 자발적으로 모여 개혁 내각과 함께 이런 난국을 타개하고자 했다. 이상재는 이에 동의해 자신도 독립협회운동에 적극 참여하게 되었음을 밝히고 있다.

그러나 독립협회운동이 진행되는 과정에서 정치 문제를 놓고 정부와 충돌하는 과정이 속출하면서 현직 관료인 그의 내적 갈등이 심해졌다. 그는 고종에게 사직 의사를 밝히며 관직 사퇴 상소를 올렸지만, 고종의 총애를 받던 그의 사퇴는 받아들여지지 않았다.

이처럼 이상재는 1898년 2월부터 개최된 만민공동회에서 민중에게 근대 개혁의 진로를 제시했다. 이어 그는 민주적 방식의 토론을 거쳐 채택된 개혁안을 고종과 정부에 직접 전달하는 총대 역할을 맡는 등 이른바 만민공동회의 '야전사령관'으로 활약하며, 선두에서 단체와 민중을 이끌었다.

제3절 중추원의 개편과 의회설립운동

1898년 8월 28일, 회장에 윤치호, 부회장에 이상재, 서기에 박치훈·한만용, 회계에 이일상, 사법위원에 이채연·남궁억·정교 그리고 평의원 20명을 선출했다. 명실상부한 민중 대변 체제로 임원진을 구성했다.[132] 이상재는 이날 독립협회 부회장에 선출됨으로써 윤치호와 함께 핵심 인사로 자리를 잡았다. 그는 '대한제국이 전진하자'는 내용이 부회장 수락 연설을 해 참석한 많은 사람에게 큰 감동을 주었다.

이상재는 자신보다 14살이 아래였지만, 일본과 미국에서 유학한 당대 최고의 근대 지식인인 윤치호를 독립협회 회장으로 받들며 호흡을 맞추어 나갔다. 윤치호가 회장으로서 독립협회운동의 방향을 제시했다면, 이상재는 현장의 선두에서 회원과 민중을 진두지휘하면서 독립협회운동을 끌고 나갔다. 이상재와 윤치호는 독립협회를 끌고 가는 쌍두마차의 역할을 했다.

이상재는 1898년 3월에 반러운동을 성공적으로 끝내는 과정에서 의회 설립에 관한 문제를 윤치호와 논의하기 시작했다. 그해 4월, 독립협회 토론회에서는 「의회원을 설립하는 것이 정치상에 제일 긴요함」이라는 주제로 의회 설립의 필요성이 공식적으로 거론되면서 의회설립운동이 표면화되기 시작했다.[133] 독립협회 지도부는 입헌군주제(立憲君主制)를 지향하는 정치 개혁 차원에서 의회설립운동을 추진했다. 이들은 중추원 기관에 의회 기능을 더해 궁극적으로 국민에게 참정권을 부여함으로써 전제군주제(專制君主制)를 입헌군주제로 개편하려는 것이었다. 이런 계획은 박정양 개혁 내각이 수립되면서 의회식 중추원 설치를 위한 운동으로 전개되었다.

1898년 9월 11일에 김홍륙 독차 사건을 계기로 독립협회는 만민공동회를 개최했다. 이 사건은 러시아 공사관 통역관으로서 정권을 농단하다 유배를 간 김홍륙이 하수인을 시켜 고종에게 독차를 올리게 한 '국왕암살미수사건'이었다.[134] 이에 수구 지배층은 이 사건을 빌미로 갑오개혁 때 폐지되었던 노륙법과 연좌법의 부활을 시도했다. 연좌법은 죄인의 가족에게 중형을 내리는 법이었고, 노륙법은 죄인의 스승·아들·남편·아비를 죽이는 법이었다. 이에 독립협회는 만민공동회를 통해 민권 차원에서 노륙법과 연좌법의 부당성을 비판하고, 이와 관련해 정부 7대신의 부패 및 무능을 규탄하기 시작했다.[135] 그러면서 이들의 파면과 새로운 내각의 수립을 강력하게 요구했다. 그 결과, 10월 12일에 7대신이 모두 해임되었고, 박정양을 중심으로 하는 개혁 내각이 수립되었다.

이에 독립협회는 정부 자문기관인 중추원을 실질적인 의회로서 기능하는 조직으로 개편하는 운동을 전개했다. 우선, 의회 설립을 추진하기 위해 정부에 관민(官民) 협상을 제안했다. 10월 15일에 독립협회 대표와 정부 대표가 만나 의회 설립과 내정개혁 문제를 협의했다. 이 자리에서 독립협회는 중추원을 의회식으로 개편할 것과 의관의 반수를 독립협회에서 선출하도록 할 것을 제의해 정부의 호의적인 반응을 얻었다.

이상재는 갑오개혁 때 유명무실하게 된 고위직 관료들의 자문기구 또는 관직대기소였던 중추원(中樞院)을 개편해 근대적인 의회(議會)로 활용하자는 안을 주도적으로 준비했다.[136] 좀 더 구체적으로, 그는 중추원 의원 50명 중에 25명을 독립협회에서 선거한 의관(議官)으로 충원함으로써 그때까지 기능이 없던 중추원을 서구 각국의 상원(上院)과 같은 민주주의적 대의기구(代議機構)로 활용할 것을 제시했던 것이다.

이상재가 구상한 의회는 독립협회 회원 중심의 상원을 개설하고 난 뒤에 하원을 점차 개설하자는 것이었다.[137] 그가 군권과 민권이 동시에 강화되어야 한다고 생각했으나 당시 현실이 여기에 미치지 못한다는 현실 인식에서 비롯되었다. 이상재가 민(民)을 강조했으나, 독립협회는 지방에서 수구보수파에 비해 민의 지지를 받지 못하는 현실이었다. 이 때문에 민을 대표하기 위해서는 하원을 개설해야 했지만,

하원을 개설하게 되면 수구파의 정치 권력이 강해진다는 현실적 판단으로 인해 상원 개설에 머무를 수밖에 없었다.

독립협회는 의회설립운동이 진전되자, 국정 개혁의 기본 방향을 협의할 목표로 정부에 관민공동회(官民共同會)의 개최를 제의했다. 고종과 박정양 내각이 이를 받아들임에 따라 1898년 10월 29일에는 역사적인 관민공동회가 개최되었다.[138] 정부에서는 박정양 대신을 비롯해 전·현직 대신들이 참석했고, 민간에서는 독립협회를 비롯해 사회단체 회원과 일반 시민과 학생 등 1만여 명이 참석했다. 이 자리에서 국정 개혁에 관한 항목을 담은 '헌의 6조'가 결의되었다. 이상재가 독립협회의 중추원 개편안을 주도적으로 작성했던 것이다.

이상재는 관민공동회에 참가한 박정양을 설득해 6개 항에 '가(可)'자를 쓰게 하고, 이를 고종에게 상소했다. 이에 따라 다음 날 고종은 '헌의 6조'의 결정을 존중하면서 정치 개혁을 다짐하는 '조칙 5조'를 반포했다. 조칙 5조에는 독립협회의 요구에 부응하는 중추원 장정 개정, 협회와 신문 규칙 제정, 상공학교 설립 등의 내용이 포함되었다.[139] 헌의 6조의 내용은 다음과 같다.[140]

첫째. 외국사람에게 의지하지 말고 관리와 백성이 한마음으로 힘을 합하여 전체적인 황제의 권력을 튼튼히 할 일.

둘째. 광산·철도·석탄·삼림과 차관과 군대를 빌리는 일 그리고 정부와 외국인이 조약을 맺는 모든 일은 만일 각부 대신과 중추원 의장이 합동으로 서명하고 도장을 찍지 않으면 시행하지 못할 일.

셋째. 전국의 재정은 어떤 세금을 막론하고 모두 탁지부에서 관장하되

다른 부(府)와 부(部) 및 사적인 회사(會社)에서 간섭할 수 없으며, 예산과 결산을 인민들에게 널리 알릴 일.

넷째. 이제부터는 모든 중대한 범죄인의 경우 따로 공개재판을 시행하되, 피고가 철저히 설명하여 마침내 스스로 자백하고 복종한 뒤에 시행할 일.

다섯째. 칙임관(勅任官)은 대황제 폐하께서 정부에 자문을 구하여 그 과반수에 따라 임명할 일.

여섯째. 규정(章程)을 실천할 일.

관민공동회에서 제기된 헌의 6조에는 이상재의 정치 개혁에 따른 인식이 잘 드러났다. 그는 전통적인 권력 체제인 절대군주제를 영국이나 일본처럼 실현 가능한 입헌군주제로 개혁하고, 한편으로는 군주의 전횡을 막고 또 다른 한편으로는 민중의 참정권을 확대해 국가의 국력을 극대화하고자 했다.[141] 이는 국가의 운영 원리가 민권(民權)과 군권(君權)을 동시에 강화해야 한다는 군민동치(君民同治)의 입장에서 비롯되었다.

군민동치란 국가의 근본이 국민이라는 인식에 따라 국민의 민권이 상승하면 군권도 강화될 수 있다는 것을 말한다. 이상재는 국가 권력의 기반인 민권 상승을 통해 군권을 향상시키고, 강화된 군권을 바탕으로 국가의 자주독립을 지키고자 했다. 독립협회 내에서도 민권과 군권 중 어느 하나를 강조하는 견해가 있었으나, 독립협회는 현실적으로 중도적인 위치를 유지했다. 이런 중도적 위치는 이상재의 지도력에 많은 영향을 받고 있었다.

이렇듯 당시 이상재는 민권과 군권이 모두 중요하다고 보았다. 국권을 공고히 하려면 군권을 존중해야 하며, 국민의 힘이 없이 정부가 독단적으로 권력을 발동한다고 해도 군권이 공고해지는 것도 아니고 또 국권이 공고해지는 것도 아니라고 주장했다. 즉, 민권과 군권이 강화될 때 비로소 의미가 있다고 파악했다.[142] 다시 말해, 그는 민권과 국권을 같은 맥락에서 파악했다. 그는 국민이 국가의 기초이며, 하늘이 내려 준 천부의 권리와 의무를 갖고 있음을 인식하고, 이를 향유해야 비로소 사람이라고 볼 수 있다고 여겼다.

이런 차원에서 그는 민권과 국권을 동등한 위치에 두었고, 어느 하나를 다른 하나보다 아래에 두지 않았다. 독립협회의 소수 진보적 인사들이 군권보다 민권에 방점을 찍고 있었다면, 그는 민권과 국권의 균형에 방점을 찍고 있었던 것이다. 이처럼 이상재는 민권과 군권이 균형을 이루어야 한다는 차원에서 중추원 개편과 의회 설립을 추진했던 것이다.

1898년 11월 2일, 이상재는 박정양 내각에 의회 설립안을 제출해 내각의 동의를 얻었다. 고종이 바로 재가함으로써 11월 3일에 '중추원신관제(新官制)'가 공포되었다.[143] 이어 박정양 내각도 독립협회의 중추원 개편안을 적극 수용해 '중추원관제'를 공포하면서 독립협회에 중추원 의관의 반수인 25명의 의관을 뽑아서 명단을 통보해 줄 것을 요청했다.[144] 이에 따라 독립협회는 11월 5일에 민선 의관 25명을 독립관에서 선출하기로 결의했다. 이로써 의회식 중추원의 실시를 목전에 두게 되었다. 마침내 박정양 개혁 내각과 민선 의회의 합작으로 근대적 정치 개혁이 실현될 단계에 이르게 되었다.

이렇듯 이상재를 비롯한 독립협회의 지도부는 우리 역사상 최초로 대의민주주의제도를 도입하는 근대개혁운동을 벌인 결과, 이를 실현하는 단계로 나아가는 데 성공했다. 정부의 내각이 의회 설립을 수용한 데는 내각의 책임자인 박정양과 이상재의 특별한 관계도 중요한 배경이 되었다. 이들의 관계는 앞서 언급되었지만, 그동안 정치적 노선이 거의 같았다는 점도 무엇보다 크게 작용했다. 이들은 일본과 미국을 직접 체험한 뒤에 미국을 근대국가 건설의 모델로 설정한 친미개화 세력의 대표적인 인물들로, 교육 등의 점진적 방법을 통한 근대개혁운동을 추진했다.

특히 의회 설립 부분에 대해서는, 1881년에 조사시찰단으로 일본에 갔을 때부터 박정양과 이상재 모두 긍정적으로 인식하고 있었다.[145] 1887년에 주미 공사관으로 파견되어 두 사람이 함께 갔을 때도 미국 사회가 민주적으로 움직이는 이유 가운데 중요한 요소 중 하나가 미국 사회의 중심에 의회정치가 그 역할을 하고 있다는 점을 긍정적으로 인정하고 있었다. 그리고 의회와 같은 정치제도의 수용이 필요하다는 의견을 제시하기도 했다. 이런 점에서 이상재가 독립협회의 대표적인 지도자였고 또 박정양이 개혁 내각의 대표자였다는 점에서 독립협회의 의회설립운동은 급물살을 탔던 것이다.

제4절 정치개혁운동의 좌절

독립협회의 의회설립운동은 불행하게도 고종의 재가가 난 직후 좌절되고 말았다. 친일·친러 수구 세력이 독립협회의 의회 설립을 가만히 두고 볼 리가 없었다. 그들은 독립협회가 추진하는 정치개혁제도가 실시되면 자신들의 정치적 기득권이 무너져 내릴 것을 우려했다.

1898년 11월 4일 밤, 유기환·조병식 등 수구 세력은 독립협회가 공화정을 추구한다는 익명의 고시(告示)를 독립문 석벽에 붙이도록 하고, 그날 밤 이를 증거로 내세우며 고종에게 독립협회를 모함했다. 독립협회가 11월 5일에 독립관에서 대회를 열고 군주제를 폐지할 것이며, 그 대신 공화제(共和制)를 수립해 대통령에 박정양, 부통령에 윤치호, 내부대신에 이상재를 임명하려고 한다는 것이었다.[146] 완벽한 '가짜 뉴스'였으나, 안타깝게도 고종은 이를 믿고 말았다.

그날 밤, 고종은 이상재를 비롯한 독립협회 간부 20명에 대한 체포령을 내리고, 다음 날에는 독립협회를 혁파하라는 조칙을 내렸다. 독립협회의 회장 윤치호는 집에서 극적으로 탈출해 선교사 아펜젤러의 집에 은신해 체포를 면했으나, 이상재는 독립협회 간부들과 함께 체포·투옥되고 말았다.[147] 모두 17명의 독립협회 지도자가 11월 4일 밤과 5일 아침 사이에 모두 체포되었다. 결국 익명서 사건으로 독립협회가 한순간에 혁파당했고, 박정양 내각도 붕괴되었으며, 의회식 중추원의 출발도 무산되고 말았다.

이에 만민공동회는 연일 농성을 하면서 이상재를 비롯한 17명의 지도자들의 석방을 끈질기게 요구했다. 독립협회가 해산된 뒤에 만민공동회는 수시로 개최되는 집회에서 일종의 상설 단체로 발전했다. 그리고 11월 5일부터 정부와 고종을 상대로 강력한 정치투쟁을 벌였다. 익명서 사건과 독립협회 해산에 분개한 독립협회 회원들과 민중은 대규모 만민공동회를 계속해서 열었다. 수구 정권과 고종은 이들을 무력으로 진압하고자 했으나, 이들은 투쟁의 열정을 끝까지 잃지 않았다. 그러자 이들의 위세에 눌린 고종은 11월 10일, 독립협회 지도자 17명 전원을 석방했다.[148]

한편, 체포된 이상재는 옥중에서도 의연히 대처하며 투쟁했다. 경무청에 투옥되었을 때 그는 경관의 문초를 받았다. 경관의 무수한 공갈과 협박에도 불구하고 그는 의연하게 버텼기 때문에 경관들도 그를 어떻게 할 수가 없었다. 그래서 만들어 낸 것이 죄를 자복하는 거짓 자백서였고, 이상재에게 도장을 찍으라고 강요했다. 이에 그는 "죽어도 내 손으로 도장을 찍지 못하겠으니, 찍으려거든 너희들이 집어서 찍으라"라고 말했다.[149] 이에 경관들도 더이상 강요하지 못했다.

이상재를 비롯해 17명이 석방된 뒤에도 만민공동회는 투쟁을 계속했다. 이상재는 테러의 위협 때문에 집에 가지도 못하고 농성장에서 밤을 보내야만 했다. 그러면서 5차례에 걸친 상소와 계속적인 민중대회를 통해 조병식 등 5흉의 처벌, 헌의 6조 실시, 독립협회의 복설 등을 요구했다. 그러자 수구 정권은 11월 21일, 2천여 명의 보부상단을 동원해 만민공동회를 물리적으로 공격했다.[150] 이에 만민공동회 내에는 다수의 희생자가 발생했으나, 굴복하지 않았다. 그 다음 날에는 흥분한 군중이 자발적으로 모여 대규모의 민중대회를 개최해 보부상단에 맞서 대응했다. 이에 고종은 민중의 압력에 굴복해 독립협회의 복설을 허락하게 되었다.

그리고 11월 26일, 수만 명의 민중이 참가한 대규모 만민공동회가 개최되었다. 이상재는 독립협회의 회장 윤치호와 만민공동회의 회장 고영근 등과 함께 총대위원으로 선출되어 집회 근처로 직접 찾아온 고종을 만났다. 그는 그 자리에서 고종에게 5흉의 처벌, 신임받는 대신의 임명, 헌의 6조 실시 등을 요구했다. 그러자 고종은 이를 수용하겠다고 약속했다. 그러나 이에 대한 조치는 이루어지지 않았다. 수구 정권은 당시 비판받던 심상훈, 박제순 등을 다시 중용하면서 이상재를 비롯한 만민공동회의 요구를 철저하게 묵살했다.

이런 상황에서 새로운 관제에 의해 소집된 중추원회의에서는 최정덕·이승만 등이 주도해 정부 대신급에 임명할 인사로 박정양·윤치호·서재필·박영효 등 11명을 투표로 선출해 추천했다. 사실상 개혁내각을 요구했던 것이다. 또한 '역적'으로 몰려 일본에 망명 중인 박영효의 사면과 소환을 요구하는 안(案)을 동의해 가결시키는 일을 동시에 진행했다.[151]

그러나 청년 지도자들이 중심이 된 박영효의 사면 및 소환 요구는 만민공동회 측의 전략적인 큰 실수가 되고 말았다. 박영효가 억울하게 탄압받은 측면이 있기는 했으나, 고종과 정부 측 그리고 주한 외국 공사들에게도 큰 경계심을 불러일으켰기 때문이다. 독립협회 내에도 윤치호와 이상재 등의 온건파 뿐 아니라 만민공동회에 우호적이었던 일반 대중으로부터 큰 반발을 사고 말았다.[152] 일반 대중은 박영효가 외세의 힘을 빌려 국내 정치를 여전히 농락하려고 했다는 의심을 거두지 않고 있었기 때문이다. 이로써 박영효 소환운동은 결과적으로 만민공동회 반대파에게 탄압의 구실을 제공하는 기회가 되고 말았다. 이상재와 윤치호 등도 만민공동회의 청년 지도자들을 만류해 보았으나, 만민공동회의 결정을 막기에는 역부족이었다.

정부는 박영효 소환운동을 빌미로 12월 22일과 23일에 군대와 보부상을 동원해 만민공동회를 강제로 해산시켰다. 아울러 독립협회와 만민공동회 지도자들에 대한 대대적인 탄압을 진행해 관련자 340여 명을 체포했다. 또 1898년 12월 25일에는 11개조의 민회금지령을 내려 만민공동회 자체를 불법화함으로써 모든 민회 활동을 금지시켰다.[153]

이상재는 또다시 경무청의 체포를 피해 진로를 모색해야 하는 암담한 처지가 되고 말았다. 독립협회 17명 체포 사건 때 투옥되었다가 석방된 이상재는 의정부 총무국장 자리에 더 이상 출근하지 않고 있었다. 그는 만민공동회 현장이나 집에서 지낼 뿐 의정부 총무국장의 일을 하지 않았다. 1899년 1월 30일에 그는 총무국장에서 공식적으로 면직되었다.[154] 이때 그의 나이가 50살이었다.

결국 이상재가 윤치호와 함께 의욕적으로 추진했던 의회설립운동도 무산되고 말았다. 그는 미국 체험과 갑오개혁 활동 등을 통해 수용한 입헌군주제에 기초한 입헌군주국가를 건설하고자 했으나 결국 실패하고 말았다. 근대 대중운동의 기치를 올리며 출발했던 독립협회가 정부의 탄압으로 혁파되면서 이상재의 근대적 개혁운동도 좌절되고 말았다.

제 2 부

민족 개조의
기틀을 마련하다

제1장
감옥에서
기독교를 수용하다

제1절 한성감옥에 투옥

1898년 12월 말, 고종은 독립협회·만민공동회를 불법 단체로 규정하고 이를 강제로 해산시켰다. 이와 함께 정부의 강경 조치가 취해졌고, 독립협회와 만민공동회의 간부들이 대대적으로 체포·구금되었다. 1899년 1월 초부터 지방에 있는 독립협회 지회가 해산되었다. 19세기 말 열강의 침략 소용돌이 속에서 자주 부강한 근대 국민국가를 건설하고, 민권을 신장시켜 열강의 침략에서 국가의 주권을 세우려고 했던 독립협회·만민공동회는 이렇게 강제로 해산당하고 말았다.

독립협회·만민공동회를 주도했던 지도자들이나 회원들이 체포되어 투옥되거나 잠적 또는 망명했다. 독립협회의 창립을 주도했던 서재필은 해산명령이 떨어지기 6개월 전에 추방 명령을 받고 이미 미국으로 돌아간 상태였다. 그 무렵 보수 대신들과 유림들은 윤치호와 이상재 등 독립협회·만민공동회 관련자들을 처벌해야 한다는 상소를 계속 올렸다.

윤치호는 당시 세력가였던 아버지 윤웅렬의 발 빠른 대처로, 1899년 1월에 함경도 덕원(德源)의 감리(監理) 겸 부윤(府尹)에 임명되어 피신했다.[155] 결국 탄압의 칼날은 이상재에게도 다가왔다. 1월 하순경 보수파 길영수가 이상재의 죄상을 날조해 체포하고자 했다. 다행히 그는 고종의 총애를 받는 후원자 박정양이 독립협회 해체 후 잠시 내부대신에 발탁되었기 때문에 징계를 겨우 피할 수 있었다.

독립협회가 강제로 해산당한 뒤 정부 내 개혁 관료들이 모두 파면되었다. 그리고 부패함과 무능함으로 독립협회의 규탄을 받던 인물들이 권력의 중요 자리에 다시 임명되었다.[156] 근대개혁운동의 좌절을 목도하면서 이상재의 분노는 더욱 끓어올랐고, 현실 정치에 대한 희망은 사라져 갔다. 현실을 한탄해 보았지만, 자신이 할 수 있는 일이란 없었다. 서울에 더이상 머물 이유가 없었다.[157] 그는 나라의 자주독립을 지키기 위한 개혁의 꿈을 접으며 고향 한산으로 내려갔다.

한편, 고종과 수구파 정권의 기대와 달리 국내 정치와 사회는 계속 불안정했다. 크고 작은 정치적 사건들이 계속해서 일어나 정치범들이 양산되었기 때문이다. 이들 중에는 일본에 망명 중인 박영효·유길준 등과 연결되어 쿠데타를 기도했다는 혐의를 받는 사람들이 많았다. 박영효는 1895년 7월, 반역음모 사건 혐의로 인해 일본으로 망명했고, 갑오개혁을 주도했던 유길준은 1897년 고종의 아관파천 직후 일본으로 망명했다. 이들과 연계된 국내 정치 세력은 고종과 수구파 세력에게 최고의 위험 대상이었다. 독립협회 기간뿐 아니라 해산을 당한 뒤에도 국외 세력과 연계된 사건들이 계속 일어나자, 고종과 수구파 세력은 당황했다. 그럴수록 개혁 세력에 대한 탄압의 강도가 높아졌다.

수구파 정권은 개혁 세력에 대한 감시와 단속을 담당할 기관으로 경위원(警衛院)이라는 특무기관을 신설했다. 당시 이완용의 심복이었던 이근택을 총관(總管)에 임명해 개혁 세력에 대한 감시와 탄압을 계속했다.[158] 그는 궁중에 상주하며 고종의 거동까지 감시할 정도였다. 조금이라도 혐의가 있는 인물은 말할 것도 없고, 심지어 죄를 조작(造作)해 마구 잡아 가두고 재산을 탈취했다. 특히 독립협회 및 만민공동회에 적극 참여했던 인물이나 일본에 다녀왔던 인물 또는 정부를 비판한 인물 등에 대해 가차 없는 투옥이 이어졌다.[159]

이상재는 개혁 세력에 대한 무차별 투옥과 불법을 자행하는 '공포정치'에 맞서며, 상소를 통해 정부의 각성을 촉구했다.[160]

… 대체로 국가는 백성으로 인해서 이루어지는 것이니 백성이 능히 살지 못하면 국가가 능히 보존하지 못하는 것이다. 국가가 자주하려면 마땅히 이 백성의 자유를 힘써야 하는 것이니 자유라고 하는 것은 무엇을 말하느냐? 그 속박과 질곡을 풀어 주는 것이다. 어떻게 해서 풀어 주느냐? 정치와 형법을 마땅히 공평하게 하도록 힘써야 하는 것이다. 정치와 형벌을 어떻게 하면 공평하게 하느냐? 두셋의 권세가나 두셋의 간사한 무리로 하여금 맘대로 휘두르게 하지 말고 나라 안 사람이 모두 옳다고 하거나 모두 옳지 못하다고 한 뒤에 취사(取捨)해야 하는 것이니, 현재 문명한 각국의 이른바 헌법(憲法)이 곧 이것인 것이다. 진실로 이와

같이 하면 정치와 형법을 아무도 제 맘대로 하지 못하고, 스스로 공평하게 되어 백성도 자유롭고 국가도 자주할 수 있을 것이니 나라 안의 근심이나 밖에서 업신 여기는 것을 무엇을 근심하겠는가? …

윗글에서 이상재는 정치와 형법이 공평하게 시행되지 못함에 따라 백성들이 자유롭지 못하고 국가도 자주할 수 없다고 지적했다. 그러면서 그는 대안으로 서양 국가들처럼 헌법을 제정해 국가 통치의 강령으로 삼아야 한다고 주장했다. 그는 헌법을 제정해 통치하면 소수의 무리들이 국가의 정치와 형법을 제멋대로 하지 못하고, 정치와 형법이 공평하게 되면 백성들이 자유롭고 또 국가도 자주할 수 있다고 역설했다. 즉, 그는 근대 자주독립국가의 중심을 헌법으로 인식하고, 국가가 헌법을 제정해 공평하게 행사해야 한다고 주장했던 것이다.

1902년 4월 말, 이상재는 이른바 '유길준 쿠데타 사건'으로 체포되었다.[161] 이때 둘째아들 승인(承仁)도 함께 체포되어 수감되었다. 이상재의 나이 53살이었다. 이상재와 함께 전 승지 이원긍, 유길준의 동생으로서 전 농상공부 및 회계국장 유성준(兪成濬), 전 참서관 홍재기, 전 경무관 김정식, 강화진위대 장교 유동근 등 저명한 정치적 개혁 인사들 역시 동일한 죄목으로 체포되어 경위원에 수감되었다. 죄명은 일본에 망명 중인 유길준, 박영효 등의 쿠데타 세력과 연락하며 체제를 무너뜨리고자 공모했다는 것이다. 즉, 이상재 등이 민영환을 회장으로, 박정양을 부회장으로 하는 조선협회(朝鮮協會)를 조직하고 또 독립협회 세력을 다시 결집해 일본의 부일 세력과 연락·결탁해 황제를 시해한 후 새로운 정부를 수립하려고 했다는 것이다.[162] 그러나 이상재는 이 일을 추진한 바가 없었을 뿐 아니라 아는 바도 없었다. 단지 유길준 등이 그들을 포섭 대상으로 삼고 있다는 것이 신문과정에서 드러났을 뿐이다. 이는 수구파 정권이 개혁파 세력을 탄압하기 위해 자기 멋대로 사건을 조작했던 전형적인 '공작 사건'(工作事件)이었다.

한편, 경위원 이근택은 이상재와 그의 아들 승인을 체포하고, 유길준의 쿠데타 음모 사실을 자백하라며 이상재보다 그의 아들 승인을 구타하며 고문했다. 승인은 견디다 못해 여러 차례 기절할 정도였다. 계속되는 구타와 고문으로 인해 이상재 역시 힘들었으나 자기 때문에 죄 없이 고통당하는 아들을 보는 것은 부모로서 견디기 힘든 일이었다. 이상재는 자신이 모든 것을 책임지는 대신 아들 승인을 풀어 주는 조건으로, 그들이 원하는 문서에 도장을 찍어 주었다. 심한 고문 끝에 완전한 국사범(國事犯)으로 몰린 이상재에게는 15년형이 선고되었다.

1902년 8월, 이상재는 한성감옥(漢城監獄)[163]으로 이감되어 정치범 신분으로 아들과 함께 옥중 생활을 하게 되었다. 결국 아들을 풀어 주겠다는 약속은 끝내 지켜지지 않았다. 1902년 후반 무렵, 주로 일반 죄인들을 수용하던 한성감옥에는 약 340명 이상 투옥되어 있었는데,[164] 특히 이상재와 같은 개혁적 정치범들이 많이 수감되어 있었다.

한성감옥은 원래 정치범이 갇히는 일이 거의 없었으나, 고종은 이들의 죄를 심각한 것으로 보고 한성감옥에 가두었던 것이다. 1898년에 독립협회가 해산되었고, 이어서 정치적으로 불안정한 시기에 정치범 수감자가 빠르게 늘어 갔다.

제2절 독서 활동과 현실 인식

한성감옥에 수감되었을 때 이상재는 자유를 잃고 신체를 구속당한 채 탄식과 낙담의 시간을 보내야 했다. 그를 더욱 고통스럽게 한 것은 조작된 사건으로 억울하게 정치적 탄압을 받고 있다는 절망감, 수구파 정권에 대한 적대감이 커질수록 자신의 내면에서 터져 나오는 분노였다. 아무것도 할 수 없는 현실에서 무기력한 자신을 볼 때마다 실의에 빠졌다. 더욱이 그가 수감된 직후 콜레라가 발생해 수십여 명이 죽어 나가는 상황이었다.[165]

그와 함께 투옥되었던 김정식이 당시 상황을 "옥중에서 허다한 고초로 무정한 세월 보낼 때에 원망(怨望)하며 세상을 탄식(歎息)하는 맘이 가슴에 가득하고 창자에 얽힐 때마다 몸이 독수(毒手)에 팔린 바 됨을 생각하면 분한 마음이 폭발해야 머리털이 위로 솟구치고 더운 기운이 목에 막혀 적은 음성도 내일 수 없을 때에 그 원통(冤痛)한 심사(心事)가 어떠하리오."[166]라고 회고했다. 이렇듯 이상재 역시 무기력한 자신을 바라보며 세상을 탄식하거나 분한 마음이 일어날 때마다 원통한 마음을 추스르기 힘들 지경이었다.

이런 상황에서 이상재는 외국인 선교사들이 감옥을 방문해 수감자들을 위로하고 또 질병을 적극적으로 치료해 주는 것을 보고 감동을 받았다. 정부도 못 하는 일을 선교사들이 하는 것을 보면서 문화적 충격을 받았던 것이다. 당시 감옥에 직접 방문했던 선교사들은 아펜젤러(H.D. Appenzeller)와 벙커(D.A. Bunker) 부부를 비롯해 헐버트(H.B. Hulbert)[167], 에비슨(O.R. Avison), 언더우드(H.G. Underwood), 게일(G.S.Gale), 존스(G.H.Jones) 등이었다. 이들은 감옥의 정치범들을 면회하고 전도하는 한편, 감옥 내 환경 및 처우 개선은 물론 이들의 석방을 위해 노력했다. 특히 질병으로 고통받는 죄수들을 헌신적으로 치료했다.

한편, 옥중에서 절망에 빠진 이상재를 흔들어 깨운 것은 무엇보다 독서였다. 청년 죄수들의 노력과 감옥서장의 배려로 한성감옥 안에 개설된 학교와 도서실은 이상재에게 많은 위로가 되었다. 죄수 신분임에도 불구하고 그는 학교를 세워 계몽 활동을 하

사진 11   1903년, 한성 감옥에 투옥된 이상재 선생(앞줄 오른쪽에서 두번째). 앞줄 오른쪽부터 이정식, 이상재 선생, 홍재기, 강원달. 뒷줄 오른쪽부터 부친 대신 복역했던 소년, 안국선, 김린, 유동근, 이승인(이상재의 아들), 이승만. (출처: 월남이상재선생기념사업재단)

는 청년 지식인들을 바라보며 희망을 발견했다. 더욱이 선교사들이 전해 준 감옥 밖의 소식을 들으며 세상의 변화를 이해할 수 있었다. 또한 그는 책을 읽으며 새로운 지식을 습득할 수 있었다. 이를 통해 자신과 나라의 미래에 대한 새로운 가능성을 발견하기 시작했다.

이승만·신흥우 등 청년 지식인들이 감옥 안에 학교를 개설했다.[168] 이들은 동료 죄수들과 함께 글을 알지 못하는 어린이 13명과 어른 40명(옥리 포함)에게 한글 및 한문과 영어, 성경, 국사 등을 가르

치기 시작했다.[169] 이상재는 학교를 개설해 사람들을 가르치는 청년 지식인들의 계몽 활동에 큰 감동을 받은 반면, 같은 죄수 신분임에도 불구하고 현실에 대한 원망으로 실의에 빠져 있지 않고 계몽 활동을 하는 청년 죄수들의 모습을 보며 부끄러움을 느꼈다. 이를 계기로 열악한 환경과 억울한 누명에 괴로워하던 자신의 모습을 깊이 반성하며, 삶의 방향을 새롭게 고민하기 시작했다.

그는 혼자가 아니라 둘째 아들과 함께 투옥되었다는 점도 많은 영향을 미쳤다.[170] 그는 평생의 유교적 생활 습관으로 자식들에게 제대로 공부할 것을 주문하던 엄격한 아버지였다. 둘째 아들이 꿈도 제대로 펼치기도 전에 아버지로 인해 억울한 옥살이를 하고 있다고 생각하니 이상재는 아들에게 너무도 미안한 마음뿐이었다. 그래서 그가 감옥 안에서 아들에게 보여 줄 수 있는 것은 자신이 하루를 신중하게 살며 열심히 책을 읽는 올바른 삶의 자세라고 생각하게 되었다.

이상재는 옥중에서 성서공회에 직접 보낸 편지를 통해 이런 현실 속에서 자신에게 어떤 변화가 일어나고 있는지를 다음과 같이 언급했다.[171]

옥사 가운데에 갑자기 오천 년 동안 없던 학당을 설치했고, 또 정동성서공회에서 수백 종류의 신학문 서적을 제공하여 국문과 한자로 된 책들이 차례로 갖추어 있어 비로소 눈을 붙여 울적함을 배제할 수 있었고, 계속하여 잠심하여 탐구하기를 하루이틀 하니 깊이 빠져듦이 마치 물이 점점 젖어들 듯, 자기 마음을 스스로 묻고 자기의 죄를 스스로 인정하여 뚜렷이 어떤 사상이나 이념을 깨달았으니, 이전과 같지 않음이

다소 있었다.

윗글에서 이상재는 성서공회의 도움으로 옥중에서 독서를 할 수 있었고, 많은 위로와 격려가 되었음을 서술했다. 그는 감옥 안에 개설된 도서실에서 책을 빌려 읽기 시작했다. 옥중 도서실은 이승만의 주도로 1903년 1월 중순경에 개설되었다. 주한 선교사들과 중국 상해 및 일본에 거주하던 외국인 선교사 및 성서공회의 자발적 지원이 결정적인 힘이 되었다. 이들은 투옥된 젊은 한국 청년 지도자들의 지원요청을 듣고 발을 벗고 나섰다. 그 결과 옥중 도서실은 약 250여 권의 한문·국문으로 된 개화·자강 서적 및 기독교 서적 등을 갖출 수 있었다.[172]

당시 도서실에는 『감옥서도서대출부』가 비치되어 있어 도서 대출을 관리하고 있었다. 이는 옥중의 죄수들이 어떤 책들을 빌려 읽었는가를 잘 보여 준다. 1903년 1월부터 1904년 8월까지 20개월간 책을 빌려 본 사람은 229명이고, 대출 도서는 약 2,020권에 이르렀다. 대출자는 이상재를 비롯한 죄수들뿐 아니라 간수 등의 감옥 관리들도 있었고, 심지어는 외부인도 명단에 있을 정도였다. 이상재는 그의 아들과 함께 도서실을 관리하는 일을 했는데, 그의 아들 승인이 도서실의 운영 업무를 도맡아 담당했다. 도서실의 대출과 대출부 작성은 이상재를 비롯해 이승만, 이원긍, 유성준, 김규일 등이 3~4일 간격으로 돌아가면서 담당했다.

이상재는 한글과 한문으로 된 역사 및 서양 정치·철학에 관한 책 등을 폭넓게 읽었다. 그의 대출 목록을 보면 『신정책』(新政策), 『아국정치통고』(俄國政治通考), 『미극열부기략』(米克列夫紀略), 『영흥기』(英興紀),

사진 12 『태서신사람요(泰西新史攬要)』 (출처: 한국학중앙연구원 장서각)

『열국변통·흥성기』(列國變通興盛記), 『대동학』(大同學), 『태서십팔주사략』(泰西十八周史略), 『태서신사람요』(泰西新史攬要), 『중동전기』(中東戰紀), 『인도개요』(印度史槪要) 등 세계 각국의 역사와 인문지리 및 개화·자강을 다룬 책들이었다.

그는 옥중에서 서로 돌려가며 읽은 책의 목록을 꼼꼼히 정리하는 등 책 읽는 일에 집중했다. 평생 읽어야 할 책을 감옥에서 다 읽겠다는 생각으로 책을 읽었다. 밖에서 제대로 하지 못한 독서를 옥중에서 제대로 할 수 있었다는 점에서 그의 독서 활동은 짧은 시간 내에 그의 지적 성장을 빠르게 향상시킬 수 있는 기회가 되었다.

감옥 생활은 이상재를 사회로부터 철저하게 고립시켰다. 그러나 그의 지적 호기심과 사회 현실에 대한 관심은 그를 가두어 둘 수 없었다. 독서와 사유는 그를 사회적 단절을 넘어 세상과 소통하는 통로가 되었다. 그는 세계 각국의 역사와 문화, 근대화 등을 다룬 책들을 읽으며 서양의 근대 문물을 더 잘 이해할 수 있게 되었다. 또 독립협회·만민공동회 등 정치적 격변기 속에서 자신을 돌아볼 수 있는 기회가 되었을 뿐 아니라 자신만의 생각들을 정리할 수 있는 시간이 되었다.

한편, 이상재는 감옥 밖의 세상 돌아가는 소식을 들으며, 이에 대한 자신의 생각을 논리적으로 정리한 글을 남겼다. 독서를 기초로,

그는 감옥 밖의 현실에 대한 인식들을 글로 표현했다. 그는 감옥을 방문한 선교사들이나 차입된 잡지, 신문들을 통해 국내외 정세를 인식하며 나라의 진로에 대해 끊임없이 고민하고 있었다. 수감 기간에 그가 한문으로 직접 집필한 『공소산음』에는 당시 그가 어떤 현실 인식을 갖고 있었는가를 잘 보여 준다. 이 책에는 그가 직접 쓴 5개의 글이 실려 있다.

「러시아인의 유태인학살을 논함」[173]과 「러시아 사람들이 유태인을 학살한 것을 논함」[174]이라는 글에서는 러시아인이 유태인을 학살했다는 소식을 듣고 러시아의 비인도적 처사를 비판하는 동시에 유태인에게도 책임이 있다는 점을 지적했다. 이 글들은 일본인들에게 멸시당하는 조선인들의 상황을 러시아인들에게 학살당하는 유태인 사건에 빗대어 쓴 것이다. 이상재는 조선인들이 위기 상황을 스스로 판단하고 주체적으로 행동하지 못한다면 유태인처럼 타국인에게 학대당할 것이라고 경고했다.

또한 「한인이 전차를 타는 것을 논함」[175]과 「전차사건을 논함」[176]이라는 글들에서는 전차와 관련해 벌어진 일을 소개하며, 그는 나라의 성쇠(盛衰)와 안위(安危)가 정략(政略)에 달려 있고 또 백성의 생명과 재산 또한 법률에 달려 있음에도 불구하고 일반 조선인들이 오랫동안 입을 다물고 분개하면서도 정부에 항의하지 않았다고 지적했다. 그 결과가 외국인이 조선인을 멸시하고 핍박하는 원인이 되었다고 보았다. 이에 그는 우리가 외국인과 사귈 수는 있어도 믿을 수 없으며 또 친할 수는 있어도 의지할 수 없다는 점을 분명히 인식해야 하며, 한 나라의 자유와 권리가 엄연히 존재함으로 외국인이 그 독립을 간섭하지 말아야 한다고 주장했다. 이를 통해 그는 외세의 내정간섭과 정부의 불법에 대해 국민들이 각성하고 대응해야 한다는 것을 강조했다.

또한 「서울 호구의 감소를 논한 글」[177]은 문답 형태로 되어 있다. 이 글에서 그는 '서울의 호구와 인구가 예전에 비해 점점 감소하는 현상이 어디에 있느냐는 질문에 대해 '호구의 증감은 국세(國勢)의 성쇠에 달려 있는데, 호구의 감소 현상이 서울을 비롯한 전국에 모두 해당된다고 보았다. 이어 그는 강성한 나라의 부강이 인민(人民)의 개명(開明)에 있고, 인민의 개명은 학문 발달에 있으며 또 학문 발달은 정부의 교육에 달려 있다'고 지적했다.

이어 그는 대한제국이 개명(開明)과 진보(進步)를 외치고 있으나 이름뿐이며 실체가 없다고 비판했다. 그러면서 어느 나라 할 것 없이 스스로 판단해 주체적으로 행동하지 못한다면, 결국 외국의 노림과 침략을 피할 수 없다고 주장했다. 즉, 인민과 국가의 개명 및 진보의 내용이 실체가 있기 위해서는 교육을 기초로 이루어져야 한다고 강조했다.

이상재는 감옥 안에서도 밖의 소식들을 주의 깊게 듣고 있었다. 이를 통해 그는 국내 및 국제 정세에 대한 정보를 토대로 위기적인 현실을 능동적으로 인식하고, 이에 대한 주체적인 대응이 무엇보다 필요하다고 역설했다.

제3절 기독교로 개종

한성감옥에 수감 중이던 이상재는 평소 구국의 방책으로 연구할 만한 가치가 있다고 생각하던 기독교로 개종했다. 훗날 그는 "독립협회가 실패한 이후 세계정세를 보니 야소교(기독교)가 아니면 부국강병을 이룰 수 없다고 생각해, 그 결심으로 야소교를 연구했다. 그런데 어느 때인지 그 결심은 딴전이 되어 버리고, 신앙을 얻게 되어 야소교 신자가 되었다"[178]라고 회고했다. 이는 그가 국가의 부국강병을 위해 기독교 성경을 연구하고 또 기독교 관련 서적을 읽는 과정에서 기독교를 종교로 수용하게 되었음을 알려 준다.

감옥에 수감된 후 얼마 안 있어 이상재는 감옥 내 성경 모임에 참석하기 시작했다. 부국강병을 위해 근대 문명의 기초가 된다는 기독교를 본격적으로 연구하기 위해서였다. 이 모임은 이승만의 주도로 운영되고 있었다. 이에 대해 황성기독교청년회(YMCA) 총무를 지냈던 브로크만(F. Brockman)은 다음과 같이 언급했다.[179]

그는 감옥에 있는 동안 성경연구반에 참여할 기회를 얻었다. 작았지만 진지한 이 모임은 날마다 성경을 연구했으며, 성경을 공자의 사상과 불교의 고전과 비교함으로써 역사상 위대한 성경연구반의 하나임을 증명했다. 그 결과 모임에 참여한 모든 이는 이후 한국 교회에 많은 영향을 미치게 되는 열정적인 기독교인이 되었다.

윗글은 이상재가 이승만이 주도하는 성경 모임을 통해 기독교 교리를 이해하고 또 기독교로 개종할 기반을 마련하게 되었음을 잘 보여준다. 옥중 성경 모임은 철저한 비교종교 차원에서 진행되었다. 기본적으로 기독교의 교리를 탐구하는 한편, 이를 동양의 유교 경전이나 불경과 비교 검토하며 공부를 했다. 이상재는 이 모임을 통해 유불교의 장단점을 비교하며 기독교를 이해하고자 했다. 이는 사물의 이치(理致)를 탐구해 자기의 지식을 확고히 한다는 유교의 학문 방법인 격물치지(格物致知)의 방법론을 따랐던 것이다. 즉, 기독교에 대한 연구가 본격적으로 진행되면서, 그는 동양의 종교를 바탕으로 서양의 종교와 문화에 대한 전반적인 지식을 폭넓게 섭취한 기독교인으로 빠르게 변화되어 갔다.

비교종교 차원에서 이상재는 도서실에 비치된 기독교 관련 서적들을 집중적으로 탐독하기 시작했다. 당시 그가 옥중에서 가장 많이 대출해서 본 기독교 관련 서적은 『경학불염정』(經學不厭精), 『격물탐원』(格物探原), 『신약전서』(新約全書), 『기독실록』(基督實錄) 등이었다. 이 책들 가운데 이상재가 가장 많이 본 책이 『경학불염정』과 『격물탐원』이다.[180]

특히 『경학불염정』(1898)은 독일 선교사 파버(Ernst Faber)가 저술한 책이다. 이 책은 기독교가 유교보다 우위에 있으며, 기독교가 모든 나라에 통용되지만 유교는 중국에서만 통한다고 전제했다. 또한 유교의 삼강오륜을 비판적으로 서술하거나 서양 국가가 운영하는 정치제도가 유가의 이상적 정치제도에 오히려 더 가깝다고 서술하면서 서양이 동양에 비해 우세한 이유로 기독교 신앙을 꼽았다.[181] 이상재는 이 책을 되풀이해 읽으면서 기독교와 유교의 논리들을 비교 검토했고, 전통적 사회윤리나 가정윤리의 장점이나 문제점들을 파악하게 되었다.

또한 『격물탐원』(1880)도 중국 선교를 목적으로, 영국 선교사 윌리암슨(Alexander Wiliamson)이 서양의 천문학·지리학·광물학·지질학·동물학·인체학 등을 설명한 책이다. 서양의 기초과학기술을 설명하며, 기독교 교리와 중국 전통 사상의 차이점을 비교해 서술했다.[182] 그는 이 책을 통해 서양 근대 과학기술이 기독교와 떼려야 뗄 수 없는 불가분의 관계를 맺고 있음을 파악했다. 이를 통해 서양 문명의 기초가 되는 기독교에 대한 이해의 폭을 넓혀 갔다.

이상재의 기독교 신앙에 대한 인식에도 변화가 나타났다. 자신과 함께 투옥된 김정식·홍재기·이원긍 등이 기독교 서적을 읽고 또 성경을 읽으며 신앙적으로 변화되는 모습을 직접 목도했다. 옥중 동지들의 변화는 이상재의 내면에 많은 충격을 주었다. 예를 들면, 김정식은 성경을 8번이나 읽었고, 존 번연의 『천로역정』이나 무디 목사의 설교집 등을 읽으며 마음의 변화를 크게 겪었다. 그는 훗날 「신앙의 동기」라는 제목으로 "하나님께서는 나를 용서하시고 나를 용납하시고 내 영혼은 평안을 얻게 되었소이다"[183]라고 밝히며, 자신의 신앙적 변화 과정을 극적으로 설명했다.

이렇게 옥중 동료의 변화를 직접 지켜본 이상재는 기독교의 내용을 인정하기 시작했다. 그동안 허황된 이야기로 가득 찼다고 여겼던 기독교의 성경에는 한 인간을 변화시키는 데 엄청난 힘이 내재되어 있다는 것을 알게 되었다. 기독교가 지닌 변화의 힘이 무엇인가를 깨닫기 시작했다.

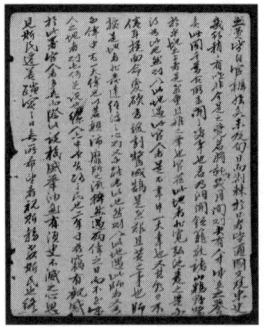

사진 13 『옥중잡기(獄中雜記)』 (출처: 연세대학교 이승만연구원)

이상재의 기독교 인식에는 이승만·신흥우 등 청년 지식인들의 기독교 개종과 전도 활동도 많은 영향을 미쳤다. 비참한 옥중 환경 속에서 죄수들이 병에 걸려 죽는 모습을 보면서 이승만과 신흥우 등은 자기의 지난 삶을 반성하게 되었고, 이 과정에서 기독교 신앙을 받아들였다. 이후 감옥 내에서 이들은 동료 죄수들에게 기독교를 적극적으로 전도했다. 특히 이승만은 대단히 열정적이었는데, 약 40명 이상의 죄수 심지어 옥리(獄吏)까지 기독교로 개종시켰을 정도다. 그는 이상재를 비롯해 옥중 동지인 이원긍·홍재기·김정식·유성준 등과 기독교 개종을 위한 전도 활동도 했다. 더욱이 이들은 도서실의 기독교 관련 책들을 적극 추천하기도 했다. 도서실에 비치된 기독교 관련 책들을 읽으며 기독교에 대한 이해의 폭이 더욱 깊어졌다.

성경은 그가 기독교로 개종하는 데 결정적인 계기가 되었다. 그는 마태복음의 '산상수훈'을 읽으며, '성경에도 진리가 있구나!'라고 생각하게 되었다. '너희 원수를 사랑하며 너희를 핍박하는 자를 위해 기도하라. 이같이 한즉 하늘에 계신 너희 아버지 아들이 되리니'라는 말씀을 읽은 뒤에는 기독교가 '관용'과 '박애' 정신이 충만한 종교라고 생각하며 스스로 감탄하기도 했다.[184]

그러던 그가 1903년 6월 한 달 사이에 도서실에서 신약성서를 세 번이나 빌려 집중적으로 읽기 시작했다. 그것은 어느 날 꿈에 위대한 임금이 보낸 사람이라는 기인(奇人)이 나타나 그에게 호통을 쳤던 것이 계기가 되었다. 이에 대해 브로크만은 당시 이상재가 겪은 '종교적 체험'을 다음과 같이 언급했다.[185]

그 당시 이상재 씨는 자신의 생애에 아주 이상한 체험을 했다고 기록하고 있다. '위대한 왕이 보낸 사자'가 와서 자신에게 이렇게 말했다는 것이다. "나는 몇 년 전 당신이 워싱턴에 있을 때 성경을 주어 믿을 수 있는 기회를 주었지만 그대는 이를 거절했다. 이것이 첫 번째 죄다. 또 나는 그대가 독립협회에 있을 때도 기회를 주었지만 당신은 반항했을 뿐만 아니라 다른 사람들이 믿는 것까지도 방해를 했다. 이런 식으로 당신은 인민들이 앞으로 나갈 길을 막았으니 이것이 더욱 큰 죄다. 나는 그대의 생명을 보존하고자 감옥에 그대를 두었는데, 이것이 내가 그대에게 믿을 수 있는 또 다른 기회를 주는 것이다. 만일 지금도 그대가 회개하지 않는다면, 그 죄는 이전보다 더욱 큰 것이 될 것이다." 그 이후 그는 주님을 두려워하게 되어 성경 읽기를 게을리 하지 않았다.

생생한 체험 이후 그는 두려움 속에서 성경을 읽기 시작했다. 이상하게도 성경의 의심스러운 부분이 자연스럽게 이해되기 시작했다. 허무맹랑하게 들리던 오병이어(五餠二漁) 이야기, 죽은 자의 부활 등 수많은 이적(異蹟)을 믿게 되었던 것이다. 그는 성경의 말씀과 유교적 지식을 비교하기 시작하며 스스로 질문했다.[186] 평생 유교 가르침 이외에 그 어떤 것도 비교할 수 없다고 생각했던 그의 인식에 변화가 일어났던 것이다. 그는 성경의 빛에서 유교의 가르침과 그 뜻을 더 깊이 이해할 수 있게 되었다. 이렇듯 종교적 체험 이후 이상재에게는 내적 변화가 크게 일어나기 시작했다.

　이런 상황에서 이상재는 어느 날 감방 안에서 우연히 발견한 『요한복음』을 읽게 되었다. 옳은 말씀이라고 생각하다 보니, 30번 이상을 읽게 되었다. 그리고 제21장에 이르러서 '하나님의 음성'을 듣게 되었다. 21장에는 부활한 예수가 시몬 베드로를 보고 "네가 이 사람들보다 나를 더 사랑하느냐?"라는 물음에 베드로가 "주여, 그러하외다. 내가 주를 사랑하는 줄을 주께서 아시나이다."라고 대답하는 장면이 나온다. 이상재는 이 구절이 마치 하나님이 자기에게 "내 양을 먹여라. 내 조선 백성들을 먹여라."라고 말하는 것으로 들렸다. 이에 그는 그 자리에서 하나님이 자신을 예수의 제자로 부르셨다는 것을 고백하고, 하나님의 자녀와 예수의 제자로 평생 살며, 나라와 민족을 위해 헌신하는 삶을 살기로 결심했다.

　이상재의 종교적 체험과 개종의 결단은 그의 내면 세계에 많은 변화를 일으켰다. 그는 분노와 울분을 억누르며 정치적 보복을 다짐했던 사람들에 대한 강한 미움과 증오심에서 벗어나 마음의 평화와 안정 그리고 자유를 얻게 되었다. 그는 성서공회에 보내는 편지글에서 "자비로운 아버지가 그 아들을 독실히 사랑하여 옷을 입혀 춥지 않게 하고, 먹이고 마시게 하여 배고픔과 목마름을 면하게 할 뿐 아니라 그 허물 있음을 반드시 책망하여 허물이 없게 하니, 그 꾸짖음의 사랑이 옷을 입히고 먹이고 마시우게 하는 사랑보다 도리어 크다"[187]라고 하며 사랑과 용서의 마음을 표현하기도 했다.

　이상재는 자신이 그토록 거부하던 하나님의 존재를 인정하며, 예수를 믿는다고 결단한 이후 새벽마다 성경을 읽고 외우며 기도했다.

더욱이 옥중의 죄수들에게 전도하며, 자신과 같이 기도와 묵상하기를 권하는 등 누구보다 적극적이었다. 그러면서 그는 이전과 달라진 삶을 살기 시작했다.[188]

수감 이전에 그는 기독교의 유용성을 인정하면서도 유교적 세계관을 고집하며 기독교와 엄격한 거리를 두었다. 그러나 수감 이후 선교사들의 전도 활동과 감옥 안에서 기독교 서적의 탐구 및 종교적 체험 등을 하며 내적 변화를 경험했다. 그 결과, 그는 기독교를 종교적 신앙의 대상으로까지 수용하게 되었다.

제4절 기독교의 보유론적 이해

이상재는 개항 이후 부국강병을 통한 근대 국민국가를 건설하기 위해 서구 근대 문물을 적극적으로 수용해야 한다는 것을 인정했다. 그는 동양의 도(道) 관점에서 근대 문물을 이해했다. 그는 유교적 가치를, 즉 문명의 근원 진리를 도(道)로 인식하면서도 기독교를 기(器)의 한 부분으로만 인정했다. 이는 동양의 도(道)가 동양과 서양에 걸쳐 초월적이며 보편적인 가치를 지니고 있는 반면에 서양의 도인 기독교가 서양에만 국한되어 있다는 인식에서 비롯되었다.

앞서 보았듯이, 이상재가 한성감옥에서 기독교를 처음 접한 것이 아니었다. 1887년에 그가 주미 공사관에 파견되어 미국에 갔을 때 성경을 읽은 경험이 있다. 미국이라는 나라가 부국강병의 국가가 된 이유를 찾고 싶었기 때문이다.[189] 그러나 성경을 읽고 그는 논리적으로 이해되지 않는 부분이 너무 많아 기독교가 문명의 근원적인 도(道)가 되기에 한계가 많다는 결론을 내렸던 적이 있다.

이런 인식은 독립협회 활동을 할 때도 그대로 표출되었다. 당시 서재필이 독립협회 활동의 근거를 기독교 논리에서 찾으려는 것에 대해 이상재는 정면으로 비판했던 적이 있다. 서재필이 강연을 하며 기독교 원리를 전파하자, 이상재는 민중이 요구하는 것이 기독교라는 종교가 아니라 근대적 의미의 '개인 권리'임을 지적하며, 종교와 근대 문물의 분리를 주장했다. 즉, 그는 개인의 권리에 기초한 미국의 민주주의제도가 기독교에 많은 영향을 받고 있다는 것을 인식하면서도 문명의 도(道)로서 기독교를 끝까지 받아들이지 않았다. 이는 그가 초월적이며 보편적 가치로 인식하는 동양의 도덕에 대한 우월성을 여전히 포기하지 않고 있었기 때문이다.

그러나 옥중에서 개종한 이후 이상재의 인식에도 변화가 나타났다. 그는 문명의 관점에서 기독교가 서양뿐만 아니라 동양의 도덕을 보완해 주고 완성하는 초월적이고 보편적인 가치를 지녔다는 인식의 전환을 보여 주었다. 즉, 동양의 도가 동양에만 제한되어 있는 것에 비해 서양의 도인 기독교는 서양뿐 아니라 동양에서도 그대로 나타나고 있다는 점을 인정했다. 서양의 도인 기독교가 유교적 가치보다 더 우위에 있으며, 그 범주와 대상도 더욱 초월적이고 또 보편적이라고 인식했던 것이다.

이같은 인식 전환에는 옥중에서 대출해 비교종교학 차원에서 읽었던 『경학불염정』, 『격물탐원』 등과 같은 기독교 관련 책들이 많은 영향을 미쳤다. 그는 지적 탐구와 종교적 체험을 경험하면서, 유교와 기독교를 서로 모순되는 것으로 보지 않고, 오히려 기독교가 동양 문명의 도덕을 보완 혹은 완성한다는 인식을 드러냈던 것이다.

이로써 이상재는 문명의 차원에서, 기독교 안에서 동양의 도덕도 훌륭한 도(道)라는 통합적인 관점을 드러냈다. 또한 그는 기독교 가치 속에서 유가적 이상(理想)과 동도(東道)의 원형과 실천 그리고 완성이 있다는 것을 발견했던 것이다. 그는 이에 기초해 기독교가 유교의 세계관을 완성시켜 줄 것이라는 확신을 갖게 되었다. 즉, 그는 문명의 관점에서 동양의 도를 부정하거나 거부한 것이 아니라, 기독교 안에서 새롭게 재해석했다. 다시 말해, 기독교를 바탕으로 하는 초월적이고 보편적인 도덕의 수준을 높이며, 그 범주 및 개념을 확장시켰던 것이다.

그는 옥중에서 기독교 신앙을 체험한 후 두려움 속에서 성경을 읽기 시작했다. 허무맹랑하게 들리던 오병이어 이야기, 죽은 자의 부활 등을 통해 수많은 이적을 믿게 되었던 것이다. 유교 지식인이었던 그는 성경의 말씀과 유교적 지식을 비교하기 시작하며 스스로 질문했다. 평생 유교의 가르침 이외에 그 어떤 것과도 비교할 수 없다고 생각하던 그에게 결정적인 변화가 일어났다. 성경의 빛에서 볼 때 유교의 가르침을 더 깊이 그리고 그 뜻을 제대로 이해할 수 있게 되었다는 점이다.

이처럼 그는 그동안 유교적 세계관에서 지향한 도덕의 가치와 이상이 기독교적 가치 안에서 연속되고 통합되어 있다는 결론에 도달했다.[190] 즉, 그는 '유교적 이상과 가치의 실현이 기독교 안에서 성취(成就)되고 있다'는 '보유론적(輔儒論的)'인 인식을 드러냈다. 이런 차원에서 이후 이상재가 언급하는 도덕의 개념은 단순히 전통적인 유교 개념에 머무르지 않고, 기독교적 가치와 통합된 보편적 의미로 전환되었다. 이상재는 문명의 관점에서 유교적 이상과 가치를 포함하는 기독교 세계관에 기초한 도덕 담론을 초월적이고 보편적이면서도 근대적인 개념으로 받아들였던 것이다.

이런 변화는 이상재의 실천적인 관점에 그대로 반영되었다. 그는 미국을 체험하고 난 뒤 미국 사회가 단순히 힘만을 숭상하는 나라가 아니라, 합리적 가치 체계와 도덕이 작동하는 나라임을 알았고 또 그 핵심이 기독교임을 인식했다. 그는 미국 사회를 이끌어 가는 정신적 가치와 제도의 기초에 기독교가 작동하며, 이를 기반으로 해서 미국 사회의 물질문명이 나오고 있다는 점을 인정했다. 그러면서도 그는 기독교를 문명의 도로 인정하지 않았기 때문에 동양의 도덕과 일정 부분 공유한다는 인식에 머물렀다.

그러나 그는 개종을 전후해 기독교 서적의 탐독과 연구 끝에 기독교가 문명의 근원적인 도(道)라는 결론에 도달했다. 그는 동양 도(道)의 이상적 실체가 미국의 사회체제에 그대로 존재한다는 확신을 갖게 되었다. 아울러 합리성과 공평성, 사민평등의 인간관, 개인의 자유와 권리, 책임, 공공성 등에서 비롯된 근대적 가치 및 도덕이 작동하는 민주 사회의 바탕에 기독교의 도와 성경의 진리가 작동하고 있다는 것도 확신하게 되었다.[191] 즉, 그는 미국이라는 구체적인 사례를 경험하며 또한 근대국가가 발휘하는 힘의 원천이 바로 기독교에 기초한 도덕에 있다고 보았다. 또한 그는 근대 도덕적인 힘이 사회체제 전반에 기초로 자리 잡아야만 문명국으로서 진정한 힘이 나타날 수 있다고 인식하게 되었다.

이런 인식은 개종 이전과 많은 변화가 있음을 보여 준다. 동양의 도덕적 우월성 차원에서 그는 근대 문명과 기독교를 구별해 인식했다. 반면, 옥중에서 개종한 후 동양의 도덕을 기독교 안에서 근대적 가치와 통합된 것으로 이해하고, 도덕의 힘으로 나라와 사회를 새롭게 재건하자는 논리를 공개적으로 주장했다.[192] 이상재는 기독교적 차원에서 전통적인 동양의 도덕 개념을 근대적 의미로 새롭게 해석해 통합하고자 했다. 그는 도덕을 개인과 개인, 국가와 국가, 사회와 사회, 민족과 민족 등 마땅히 지켜야 할 인식과 행동의 기준으로 삼고, 그 개념을 근대적 의미로 새롭게 변화시켰던 것이다.

제5절 집단적 개종과 '평생 동지'

이상재는 옥중 생활을 하던 중 그 안에서 인생의 벗이 된 '평생 동지'들을 만났다. 이들은 이상재와 함께 한성감옥에서 기독교로 개종한 인물들로, 주로 양반 출신의 전직 고관 및 지식인들이었다. 당시 한성감옥에는 이승만을 비롯해 신흥우, 전 승지 이원긍, 농공상부 전 회계국장 유성준, 전 참서관 홍재기, 전 경무관 김정식, 내부 토목국장 남궁억, 일본 유학생 출신 안국선 등이 투옥되어 있었다.

가장 먼저 언급할 인물이 이승만이다. 이상재와 이승만의 관계가 처음 형성된 것은 옥중이 아니었다. 독립협회 활동 당시 선두에서 진두지휘하던 이상재는 청년 지도자로서 만민공동회를 이끌던 이승만을 잘 알고 있었다. 이승만은 독립협회 회원과 함께 일본의 박영효와 연락해 고종 폐위를 계획한 혐의로 1899년 1월 초에 체포·투옥되었다. 이후 최정식(崔廷植), 서상대(徐相大)와 함께 탈옥하려다 실패한 뒤 그 과정에서 옥리(獄吏)에게 총상을 입힌 죄로 종신 징역수가 되었다. 옥중에서 이상재는 이승만의 지도력을 존중하며 아우처럼 그를 위로했고, 이승만은 그런 이상재를 마음을 나누는 형처럼 신뢰했다. 이후 두 사람의 관계는 평생 피를 나눈 어떤 형제보다 끈끈한 형과 아우의 관계를 이어 갔다.

또한 학생 신분으로 독립협회에 참여한 바 있는 신흥우(申興雨)는 1901년 덕어학교 재학 중 한 강연회에서 일본에 망명 중인 박영효를 영입해야 한다는 말을 듣고 신고하지 않았다는 혐의로 투옥되어 있었다. 그리고 김정식, 유성준, 홍재기 등은 이상재와 같이 유길준 쿠데타 사건에 연루되어 투옥되었다. 1910년대 이후 YMCA 활동을 하며 이상재는 신흥우의 든든한 후원자 역할을 담당했다.

이외에도 크고 작은 정치적 사건에 연루된 인물들이 체포·수감되어 있었다. 이준(李儁), 이종일(李鍾一), 이동녕(李東寧), 안국선(安國善) 등이 대표적이다. 이준은 1902년에 개혁 인사를 중심으로 비밀결사를 조직한 혐의로 투옥되었다.[193] 제국신문사 사장 이종일은 정부에 대한 비판적 기사가 문제가 되어 옥에 갇혔다. 『금수회의록』이라는 소설의 저자이자 처형당한 안경수의 양자인 안국선도 수감되어 있었다. 또 덕어학교 사건으로 신흥우와 함께 박용만(朴容萬), 양의종(梁義宗), 성낙준(成樂駿) 등 젊은 학생들 상당수가 한성감옥에 투옥되어 있었다.[194]

이들의 나이는 대개 20~40대가 대부분이었다. 당시 50대 초반이었던 이상재와는 차이가 나는 편이었다. 옥중 생활 중 나이를 초월한 교제는 석방 이후 이상재에게는 YMCA운동과 독립운동, 사회운동 등을 펼치는 데 든든한 버팀목 역할을 했다.

한편, 감옥이라는 특정 공간에서 이상재를 비롯한 양반 관료층의 집단적 개종은 한국의 근대 역사상 특별한 문화 현상이었다.[195] 개항 이래 양반 관료층이 기독교를 집단적으로 수용한 사례가 거의 없었기 때문이다. 이원긍의 아들로서 한성감옥의 옥중 개종 현장을 직접 목격했던 이능화(李能和)는 『조선기독교급외교사』(朝鮮基督敎及外交史)에서 이런 상황을 "지옥 즉 천당"이라는 제목으로 다음과 같이 표현했다.[196]

3년 동안의 철창생활은 괴롭고 참담한 일이어서 고통이 항상 따르더니 다행히 감옥 규칙상 종교 서적의 차입이 허가되고 간혹 서양인이 찾아와 포교할 수 있게 되었다. 이에 미국인 선교사 벙커(D.A.Bunker, 房巨)가 감옥에 찾아와 전도하니, 이때 감옥에 있던 여러 양반이 서로 협력하며 신약전서를 연구했다. 이를 마음에 결심을 굳혀 세례 입교하니, 이것이 관리와 양반 신사들 사회에서 기독교 믿음을 갖는 최초의 일(官紳社會新敎之始)이 되었다.

윗글에서는 '지옥'과 같았던 감옥이 기쁨과 평안의 '천국'이라는 공간으로 변했다는 점을 강조한다. 이상재를 비롯해 이들은 감옥 안에 도서관이 설치된 이후 1년간 많은 책을 읽었다. 그 뒤에는 성경을 읽는 데 집중했고, 그 과정에서 기독교인이 되었던 것이다. 즉, 이상재를 비롯한 양반 관료 출신들이 세례를 받기 전에 신약전서를 연구했다는 점과 이들이 기독교 신자가 된 것이 양반 관료 사회에서 처음 있는 일이라는 것을 종교적 용어로 표현한 것이다.

특수한 상황이었지만, 높은 관직을 지낸 고위 관료 및 양반층의 집단적 개종은 이상재를 비롯한 개종자들이 유학적 기반을 지닌 지식인으로서 당시 사회에서 그 파장이 클 수밖에 없었다.[197] 이들의 집단적 개종 사건은 기독교가 한국사회의 상층 및 지식인층에 수용되었을 뿐 아니라 이를 통해 한국 사회가 근대 문물의 수용과 문명 개화의 저변을 확대할 수 있는 기반으로 작용해 리더십의 역량을 지닌 지도자 집단을 확보했다는 점에서 그 의미가 컸다.

한편, 이상재는 옥중에서 '평생 동지'라고 부를 수 있는 새로운 인적 관계를 형성했다. 이상재는 이승만·신흥우 등 젊은 옥중 동지들과 함께 리더십을 발휘했다. 이 과정에서 그는 옥중 동지들과 깊은 인격적 관계를 맺었다. 여기에는 독립협회에서 활동한 기호 지역 출신의 양반 개혁 관료층 지식인들이 대거 포함되어 있었다. 정치범으로 투옥되었던 이들은 옥중에서 기독교로 개종했다. 기독교를 구국의 방편 정도로 생각하던 사람들이 종교적 체험을 통해 기독교 신앙을 내면화했던 것이다.[198]

따라서 이상재와 옥중 동지들 사이에는 지연·학연과 옥중 신앙 모임을 통해 신앙적 연대감이 공통적으로 형성되었다.[199] 이상재와 이들 사이에는 믿고 신뢰하는 관계 속에서 내면적인 유대감을 가지는 인격적 관계가 형성되었다. 즉, '평생 동지'의 연대 의식이 깊이 뿌리내리게 되었다.

이상재가 집필한 『공소산음』은 옥중에서 이들이 어떤 교류를 하고 있었는지를 잘 보여 준다. 이 책에는 감옥 안에서 동지들과 주고받았던 한시(漢詩)들이 들어 있다. 운에 따라 여럿이 함께 지은 시들로 「스스로 회포를 적다」, 「비를 기뻐하다」, 「서간에 투옥된 여러 공의 원운에 공경히 차운하다」, 「서간에 투옥된 여러 공의 시에 다시 차운하다」, 「유리등」, 「미친 듯 절규하다」 등 총 43수의 한시가 들어 있다. 이 시의 주인공은 이상재를 비롯해 이승만, 유성준, 이원긍, 홍재기, 이승인 등이었다. 이들은 당시 옥사의 남간과 서간으로 나뉘어 수감되어 있었는데, 옥사에 함께 투옥된 이들이 서로 운을 떼며 시(詩)를 주고받았다.

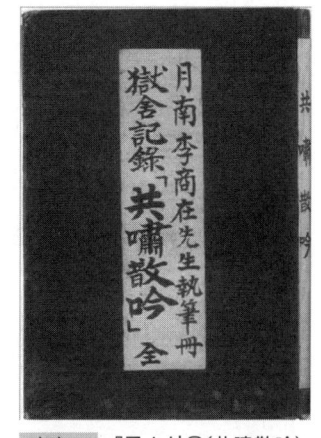

사진 14 『공소산음(共嘯散吟)』
(출처: 숭실대학교 한국기독교박물관)

이들 시 가운데 이상재가 쓴 시는 모두 8수다. 예컨대, 이승만이 「미친 듯 절규하다」라는 제목의 시에서 "태평 시절이라면 너는 술을 마시고 있을 텐데/비분강개가 내 노래가 되었구나/고개 돌려 어디로 갈 것인가?/창랑에는 안개 속에 파도가 넘실대는데"라고 하자, 이상재가 "미치지 말고 절규하지도 말게나/술자리에도 적당하고 노래 부르기에도 적당하니/창랑의 물결을 말할 게 뭐 있나?/바람이 없어도 절로 파도가 일거늘?"이라고 받아 주며, 부조리한 현실에 대한 격정적 울분을 토해 내는 이승만을 달랬다. 이는 곧 이상재가 인생의 선배로서 '너무 조급하게 생각하지 말 것'이라는 뜻을 전하며 격려했던 것이다.[200] 이렇게 이상재를 비롯한 동지들은 옥중에서 나이를 초월한 상호 신뢰와 우의, 기독교 신앙 안에서 긴밀한 정서적 연대가 이루어지고 있었다.

이와 함께 이상재는 옥중 동지들과 함께 나라와 민족의 진로를 놓고 책을 읽으며 사상적으로 연구하고 토론했다. 특히 이승만이 옥중에서 집필한 『독립정신』을 같이 읽고 토의하기도 했다. 이상재는 이 책의 마지막 교정을 보았다. 이승만은 옥중 동지였던 박용만, 정순만, 신흥우, 이동녕 등에게 이를 보여 주고, 끝으로 이상재의 비평을 듣고 다시 교정을 보았다. 이승만은 일찍이 일본과 미국을 직접 경험하고 국제 무대에서 자주독립의 의미를 누구보다 절박하게 의식하던 이상재의 식견을 높이 평가했던 것이다. 이상재는 국제사회 차원에서 자주독립의 문제를 고민하던 이승만의 옥중 집필을 누구보다 적극 지원했다.

『독립정신』은 정치평론서 혹은 계몽사상서로 손색이 없는 내용이었다. 책에는 "오랫동안 전제정치 체제에서 살아온 한국인을 기독교로 교화시킨 후 서양의 정치와 제도 그리고 법률을 받아들여 내정개혁을 하는 한편, 만국공법을 지키고 중립 외교를 통해 한국의 독립을 보장받는다"는 방안이 한국이 살 길이라고 제시되었다. 이에 대해 이상재는 '정신은 기독교로, 제도는 서양 정치와 법률로, 만국공법 준수와 중립 외교의 외교적 방법으로 독립하자'는 데 적극 동의했다.[201] 이렇게 이상재는 독립협회의 실패로 인해 끝나 버렸다고 생각했던 서양 민주정치제도의 도입 문제를 옥중에서 동지들과 깊이 논의했다.

　이처럼 이상재와 옥중 동지들의 만남은 인격적 만남과 신뢰를 넘어 정치사상 차원에서도 상호 깊은 공감을 이루고 있었다. 이른바 '평생 동지'라는 유대감을 기초로 새로운 정치사회 세력이 형성되었음을 의미하는 것으로, 광범위한 인적 관계를 중심으로 새로운 정치사회 세력이 형성되는 출발점이 되었다. 즉, 이상재가 1900년대를 전후로 급성장한 기독교회와 기독교 단체를 거점으로, 국내외 서울과 경기·충청 지역 출신이 주도하는 기독교 세력의 지도자로 등장하는 배경이 되었다.

제2장
국권회복운동에 나서다

제1절 러일전쟁 직후 석방과 대정부 상소

이상재는 1904년 4월 27일, 수감된 지 2년 1개월 만에 함께 체포·투옥되었던 옥중 동지들과 함께 석방되었다. 평소 친밀한 관계를 맺고 있던 인물들이 정부 요직에 다시 임명된 것이 크게 작용했다. 1904년 3월에는 평소에 친분 관계가 있던 민영환이 학부대신이 되었고, 윤치호가 외부협판이 되었다. 가까이 지내던 심상훈과 김가진 등이 정부에 다시 등용되었다. 이들의 간곡한 요청에 따라 이상재를 비롯한 인물들의 석방이 이루어졌다.[202]

이상재는 그동안 선교사들의 말과 출판물을 통해 옥중에서도 바깥의 소식을 틈틈이 듣고 있었다. 그러나 들리는 소식은 온통 걱정스러운 내용뿐이었다. 석방 직전에 그는 1904년 2월에 일본의 기습 공격으로 러시아의 군함 3척이 격침되었다는 소식, 일본 군대 2개사단 병력이 서울에 들어와 정부와 '한일의정서'(韓日議定書)를 강제로 맺었다는 소식도 듣게 되었다.

일본은 러일전쟁 전세가 유리하게 전개되자, 한일의정서의 강제 체결은 물론 각종 이권 침탈을 노골적으로 시도했다. 1904년 6월, 일본은 궁내부 어공원에 딸린 토지 및 천택과 함께 황무지 개척권을 넘기라고 요구했다. 한편, 대한제국 정부는 1904년 5월에 왕실의 토지를 개척하고 산림 및 강과 연못 등을 관리하며, 미개간지를 개척해 왕실의 세수(稅收)를 확보하기 위해 어공원(御供院)을 설치했다. 일본은 기다렸다는 듯이 어공원이 설치된 다음 달에 일본 공사를 통해 개척권을 내놓으라고 압력을 가하기 시작했다. 이 사실이 알려지자 전직 관료와 전국의 유생들이 일본의 황무지개척권 이양에 반대하는 상소를 올렸고, 각 언론기관도 이에 호응하여 반대하는 글들을 게재했다.

이제 막 석방된 이상재는 일본의 이권 침탈에 반대하며 정부에 다음과 같이 상소를 올렸다.[203]

" … 외국인들이 요청하는 것을 그칠 줄을 모르고 있는데, 오늘에 이르러서는 일본 사람들이 또다시 국내 산림 천택과 미개간지 개발권까지 허가해 줄 것을 요청하기에 이를 정도로 극심해졌습니다. 정부에서는 또 이 요청을 허가하실 것입니까? 만일 이것을 허락해 준다면 외국인들이 이 위에 또다시 요청할 만한 무엇이 남을 것이 있겠으며, 또한 무엇이 이런 요청에 응할 것입니까? 이렇게 되면 그야말로 오백 년의 마지막 날이 될 것이요, 삼천리의 종국이 되는 것이므로 우리 정부에서는 이것을 허락하지 아니하실 줄 압니다. … "

이상재는 일본의 황무지 개척권 압력을 외세의 이권 침탈 행위로 규정했다. 이것이 일회적 사건으로 끝날 것이 아니라 외세의 이권 침탈을 지속적으로 허용하는 결과로 이어질 것이고, 궁극적으로 국가의 독립 주권마저 상실될 수 있는 것이라고 보았다. 그러므로 이권 침탈 차원에서 자행되는 일본의 황무지개척권 요구를 정부가 절대 받아들이지 말 것을 주장했다. 또 그는 일본의 침탈에 대응하는 정부의 태도를 다음과 같이 비판했다.[204]

" … 외국인들이 요청하는 것을 그칠 줄을 모르고 있는데, 오늘에 이르러 전일 광산, 철로, 삼림, 어업 등을 넘겨줄 적마다 정부는 언제나 그 일을 좋아서 한다고는 한 번도 말한 일이 없었습니다. 그러나 일을 단행하는 마당에는 구차스럽게 우물쭈물 해버리거나 우선 부결해 놓고서 질질 끌다가 압력만 작용하면 그때는 자발적으로 하는 것이 아니 됨을 다행히 여겨 종말에는 허가해 버리고 말았습니다. …

… 정부의 여러분은 국사가 날로 그릇된 외국인들의 능멸이 나날이 심해져 가는 것을 깊이 생각해 주시기 바랍니다. 다만 산림천택의 개간권 청구를 허가하지 아니하는 것만 가지고 기뻐하지 마시고, 두려워하지도 마시며 또 외국인의 강요를 나무라지도 말고, 경계하지도 말고, 오직 의논을 모아 성상(聖上)께 상주하여 신설한 어공원부터 혁파하고, 국내 산림천택과 미개간지를 백성들로 하여금 개간하도록 편의를 주는 동시에 정부에서도 방책을 강구하여 경작 기한과 경작 면적을 측정하여 세액을 결정해서 민간에게 소정한 대로 이행하도록 선도하면 안으로는

황폐한 토지가 없게 될 것이며, 밖으로는 외국인에게 강요를 당하는 수치가 없게 될 것입니다. … "

이상재는 정부가 외세의 이권 침탈에 대해 아무 계획이 없거나 어떤 소신도 없이 무기력하게 대응해 왔음을 비판했다. 이는 외세의 침탈 앞에 속수무책으로 당하게 만드는 무책임한 행태이며 또 스스로를 업신여기게 되는 행태로, 온 나라의 안위와 존망을 위험에 빠뜨릴 수 있게 한다고 보았다. 자기 자신을 업신여기지 않는 사람을 얕보지 못하고, 자기 자신을 내던지지 않는 사람을 침해할 수 없는 것처럼 외세의 침탈에 대해 자주적이고 주체적인 인식과 대응이 필요하다고 역설했다.

이런 관점에서 그는 이권 침탈이 벌어지는 현실에 대해 외세를 비판하면서도 정부에게도 큰 책임이 있다는 점을 지적했다. 정부가 왕실의 세수를 확보하기 위해 어공원을 신설해 황무지개척권을 독점함으로써 국민들이 토지를 개간해서 살아갈 수 있는 기회를 상실하게 만들었다고 주장했다. 국민들이 황무지를 개간함으로써 그 땅이 비옥해지면 국가의 세금이 증가할 것이고, 국가가 부강해지는 기초가 될 수 있음에도 불구하고 오히려 정부가 이를 차단하는 정책을 실시했다고 비판했다. 이에 그는 어공원을 즉시 없애고 또 국민들로 하여금 황무지를 개간할 수 있도록 하고, 개간한 토지에 대한 경작 기한과 경작 면적을 측량해 세금을 정한다면, 안으로는 황폐한 땅이 없어지고 또 밖으로는 외세 간섭의 수치를 당하지 않을 것이라고 주장했다.

이렇듯 이상재는 일본의 황무지개척권 강요로 촉발된 정치적 혼란 속에서 이권 침탈을 자행하는 일본을 비판했다. 동시에 민생을 염두에 두지 않는 정부의 비주체적 태도를 비판하며 경제를 활성화할 수 있는 실제적인 정책을 요구했다.

그러나 전 국민적 반발에도 불구하고 일본은 물러서지 않았다. 일본의 황무지개척권반대운동을 벌이던 송수만, 심상진 등은 민중회의를 개최한 후 1904년 7월에 보안회(保安會)를 창립했다.[205] 보안회는 "국가 존망이 달린 것이므로 조그마한 땅도 양여할 수 없다"라고 하면서, 목표가 관철될 때까지 성토를 하며 반대 연설운동을 전개했다. 서울에서는 종로 상가가 문을 닫고 전차 운행이 중단될 정도로 호응이 거세게 나타났다. 이런 반발로 인해 정부는 결국 일본의 황무지개척권 요구를 거절할 것이라고 발표했다.

일본의 황무지개척권 반대 시위와 연설 등에 이상재의 모습은 보이지 않는다. 다만, 그는 정부에 상소 투쟁을 하며 황무지개척권반대운동의 당위성과 정부의 인식 전환을 강력하게 요구했다. 황무지개척권 반대 분위기를 전환할 목적으로 정부가 내정 개혁을 내세우며 1904년 8월에 제1차 한일협약을 맺자, 이상재는 또다시 상소를 통해 다음과 같이 정부의 강력한 개혁을 요구했다.[206]

… 국가가 국가를 이루는 까닭은 한두 사람이 아닌 여러 천만 명이 모여서 삶으로 이루어지는 것이므로, 이 민중이 없이 국가를 어떻게 이룰 것이며 또 민중이 모였다 할지라도 각각 그 천부(天賦)의 권리와 의무(權利義務)를 조금이라도 향유하지 못하면, 이것은 꿈질거리는 고깃덩이

와 움직이는 송장이니 무엇이 초목금수(草木禽獸)와 달라서 넓고 비옥한 토지가 있다고 하더라도 이것을 어찌 지키고 보전할 수 있겠습니까? … 국민이 국가의 기초가 된다는 것과 국가 경영의 향방이라는 것은 알고 보면 천부(天賦)의 권리를 보호해서 각각 본연의 의무를 지키게 하는 것에 불과한 것입니다. … 지금 우리나라에 있어서 가장 급한 일로 제일 먼저 할 일이 무엇이냐고 물을 것 같으면, 바로 대답하기를 국권을 공고히 하는 것이라고 할 것입니다. 국권을 어떻게 공고히 할 것이냐 하면 황권(皇權)을 존중히 해야 한다고 할 것이며, 황권을 어떻게 해야 존중하게 하느냐고 하면 정부에서 각각 그 직권과 책임을 완수하는 데 있다고 할 것이니, 정부의 권력은 민중의 힘으로부터 나오는 것이 아니겠습니까? 국권의 경중(輕重)은 오로지 민력(民力)의 다과(多寡)와 단결의 여하에 달린 것이므로, 정부가 국민의 힘 없이 정부 혼자만으로서 권력을 발동하면 황권을 공고하게 하고 국권을 공고하게 할 수 있겠습니까? 최근 백년 이래 천하 열강의 모든 정치가가 고금을 비교 연구하여 오로지 천리(天理)에 합당하고 인정에 맞도록 추구하여 헌법을 만들어 내어서 억압했던 일들을 풀어 주고, 전리에 속박했던 사람들을 자유롭게 해방해서 문화와 부강이 나날이 무럭무럭 자라고 있습니다. 그런데 우리나라는 외국과 교섭하고 정법을 경장한 지도 이미 여러 해가 되었지만, 쓸쓸하게 한마디도 여기에 대해서 말이 없는 것은 어찌된 일입니까? … 오늘날 내가 말한 이 언동으로 위해가 이 몸에 닥칠 것은 분명히 알고 있으며 또 그자들이 무슨 말로 나를 얽을 것인지 예측할 수 없지만, 이렇게 국가의 안위(安危)가 눈과 속눈썹 사이에 임박한 긴급한 이때를 당하여 한결같이 일언도 없이 묵묵히 보고만 있다면 자신의 이익만 꾀하고 국가를 망각하는 자들과 조금도 다를 바 없으므로 이렇게 진언하는 바이오니, 즉시 각의(閣議)를 경유하여 각국의 입헌제도에 따라서 우리나라 옛 제도를 참작하여 특히 국민이 국사를 의논하는 권리를 부여하도록 상주하여 시급히 법률을 제정·반포케 하여 주시기 바랍니다.

이상재는 두 번째 상소를 통해 탐관오리들이 득세해 인민이 '어육'(魚肉)이 되고 있으며, 러일전쟁으로 전국이 전쟁터가 되는 현실이 국가적으로 대단히 위태로운 상황임을 지적했다. 그러면서 국민이 국가의 기초라는 점에서 국민의 권리를 보호하고 의무를 지키게 하는 것이야말로 국가가 해야 할 일임을 강조했다. 또한 국가의 경영이 곧 국민의 힘에서 출발한다는 점에서 국민의 힘이 곧 국가의 힘임을 직시할 것을 주장했다. 이와 함께 국권을 공고히 하고 황권을 존중하는 것도 모두 국민으로부터 출발된다는 점을 역설했다.

또 그는 1902년 투옥 직전에 「시무서」 상소를 통해 헌법의 중요성을 제기했는데, 국가적 위기 속에서 국가적 개혁을 위한 헌법 제정을 다시 강조했다.[207] 헌법 제정 문제를 다시 언급하는 것이 자신에게 큰 위해가 될 일이었지만, 국가의 장래를 위해 그렇게 할 수밖에 없다는 강한 의지를 드러냈다.

하루속히 내각의 논의를 거쳐 국민들이 국사에 참여할 수 있는 권리를 허용하고, 각국이 시행하는 헌법의 새로운 정치를 모방하며 우리나라의 옛 제도를 참작해 헌법을 시급히 제정할 것을 역설했다. 이는 하늘이 국민들에게 내린 본성을 보양할 수 있으며, 국민들을 자유롭게 할 수 있고 또 천명을 지키고 국민의 환심을 얻어 국권을 확고히 할 수 있다는 그의 신념에서 비롯되었다.

이상재는 두 번째 상소를 통해 국권을 공고히 하기 위해 헌법 제정의 중요성을 강조했다. 헌법 제정의 목적이 국민의 권리를 보호하고 또 의무를 지키게 하는 데 있다고 보았다. 이는 그의 인식이 민권과 황권의 동치를 주장하던 것에서 한성감옥에 수감된 이후 민권이 곧 국권이라는 점으로 분명하게 변화되었음을 보여 준다. 이제 황권은 국가의 경영에서 국권과 동일한 것이 아니라 존중의 대상으로 약화되었던 것이다. 이것은 당시 그의 황권에 대한 인식에서도 확인된다. "주님께서 이씨 왕가에서 비열한 인간 하나를 키우셨고, 조선의 역대 왕 28명이 저지른 모든 죄에 대한 벌을 주기 위해 그에게 긴 통치 기간을 주었다"[208]라며 전제 황제인 고종을 신랄하게 비판했던 부분이 대표적이다.

이처럼 이상재는 석방된 이후 일본의 황무지개척권반대운동의 분위기 속에서 정부의 시급하고도 강력한 개혁을 요구했다. 이는 러일전쟁으로 인해 국가적 위기라는 그의 현실 인식에서 비롯된 것으로, 국가의 근본이 국민이며 또 국민의 힘을 키우고 국민의 권리를 보호하고 의무를 다하게 하기 위한 헌법의 제정을 그 대안으로 제시했다. 이는 그가 독립협회에서 활동하던 당시 민권과 황권의 동치를 기초로 한 정치체제를 주장했으나, 이 시기에 오면 국권의 기초가 민권에 있음을 명확히 하고 또 민권과 국민의 힘이 곧 국권을 공고히 하는 것으로써 그의 정치 인식이 전환되었음을 보여 준다.

제2절 연동교회 출석과 YMCA 참여

이상재는 석방 이후 옥중 동지들과 함께 게일(J.S. Gale) 선교사[209]가 시무하던 연동교회에 출석하기 시작했다.[210] 교회에 출석해 보니, 독립협회와 만민공동회 투쟁에서 함께했던 박승봉 등 이전에 출옥한 인물들이 출석하고 있었다. 당시 감리교회는 선교사들 중에 교회가 정치에 관여하는 것이 잘못이라고 생각하는 사람들이 많았다.[211] 그래서 정치범 출신인 이상재와 옥중 동지들이 감리교회로 가는 것이 쉽지 않았을 것이다.

이런 이유에서 이들은 미 북장로회 선교사 게일이 시무하던 연동교회를 찾아갔다. 여기에는 이상재를 비롯한 옥중 동지들과 게일 선교사의 특별한 관계도 작용했다. 게일 선교사는 1903~1904년에 걸쳐 감옥의 죄수들을 대상으로 복음을 전하는 감옥 선교를 활발하게 하고 있었다.[212] 당시 감옥에는 많은 사람이 갇혀 있었는데, 그들 중에는 정치범도 상당수 있었다. 이런 상황에서 게일 선교사가 감옥에 수시로 드나들며 죄수들을 면담하고 때로는 신앙 서적도 넣어 주었다. 이 과정에서 이상재를 비롯한 정치범 출신의 옥중 개종자들과 신앙적 교류 및 신뢰가 축적된 것이 석방 후 연동교회를 찾게 된 배경 중 하나가 되었다.[213]

게일 선교사는 선교사들 중 지적(知的)이고 개방적인 성격의 소유자였다. 그는 어떤 선교사보다 한국의 역사와 전통 문화에 관심과 이해가 깊었다. 그는 세계에 한국 문화를 영어로 소개하거나 서양 문물을 번역해 국내에 소개했다. 그가 1895년에 번역한 『천로역정』은 한국어로 번역된 최초의 서양 서적으로서 선교 현장에서 많은 한국인에게 영향을 미쳤다. 또한 그는 『구운몽』을 영어로 번역해 세계에 한국문학을 소개하기도 했다. 옥중에서 이상재는 한국 문화에 깊은 관심을 가진 게일 선교사에게 호감을 갖고 있었다. 이런 이유로 그는 석방 이후 옥중에서 인격적 관심과 신뢰가 형성된 게일 선교사를 찾아 연동교회에 출석하기 시작했다.

이상재를 비롯한 옥중 개종자들이 연동교회에 나오면서 양반 상류층 신자들이 늘어나기 시작했다.[214] 당시 교인이 평민, 천민 혹은 부녀자가 대부분이었던 상황에서 양반 출신인 동시에 전직 고위 관리 출신이 교회에 대거 출석했다는 것은 문화적으로 충격적인 사건이었다.[215] 옥중 개종자들의 출석을 계기로 연동교회는 양반 및 관료 출신 교인들의 집합처가 되었다. 이는 다른 어떤 교회에서도 그 사례를 찾아보기 힘든 특별한 현상이었다.

이상재는 게일 담임 목사의 지도와 영향을 받았는데, 교회 내에서 그의 존재감은 거의 드러나지 않았다. 연동교회 내에서 특별활동이나 직책을 맡지 않고 주일 예배에만 출석했던 것으로 보인다. 이런 모습은 1904년 6월, 연동교회에 출석한 옥중 개종자들을 중심으로 조직된 '국민교육회'(國民敎育會)에서도 나타난다.[216]

이 단체의 발기 및 창립 장소가 게일 선교사의 집이었다.[217] 이 단체는 연

사진 15 제임스 게일(James S. Gale)

동교회 교인들이 중심이 되었으나, 기독교인들만 참여했던 것이 아니다. 기독교인이 아니더라도 이 단체에 참여해 활동할 수 있었다. 당시 이상재는 '국민교육회'에서 임원 등으로 활동한 적은 없고, 강연 활동을 몇 차례 실시했을 뿐이다.[218] 그 이유에 대해 명확하게 알려진 바는 없으나, 아마도 황성기독교청년회에 참여하면서 국민교육회에서도 활동하기란 무리가 있었던 것으로 보인다.

한편, 이상재는 석방과 함께 사회적 활동을 시작했다. 수감 전후로 그의 인식과 활동이 달라져 있었다. 기독교를 인정하지 않던 그가 기독교 신앙을 주체적으로 수용해 경건한 기독교인이 되어 있었다. 그는 나라와 민족의 독립과 자주권을 회복하려는 목적은 동일했으나, 단순히 종교만이 아니라 현실을 분석하고 실천하려는 방법도 달라져 있었다.

그는 근대적 제도의 개혁이나 문물의 수용하는 데 그치는 것이 아니라 한국 문명의 근원적인 힘, 국민의 도덕력 향상과 발전을 지향하게 되었다. 그는 국가 차원에서 문물이나 제도의 변화를 시도하는 '위로부터의 개혁'에서 나라와 민족의 진정한 변혁을 꿈꾸는 '아래로부터의 개혁' 방법을 선택하고, 이를 구체적으로 실천하고자 했다. 다시 말해, 영적 쇄신과 도덕적 개혁, 목적 있는 행동을 통해 자주적인 민주주의 국가를 세우고자 했다.

석방 직후인 1904년에 이상재는 황성기독교청년회(이하 YMCA로 표현)에 참여했다. 그는 일제의 침략이 본격화되는 시점에서 세상에 갈 데가 없어서 YMCA를 찾은 것은 아니었다. 분명한 목적, 방향을 갖고 청년운동에 적극적으로 뛰어들었던 것이다.[219] 그는 YMCA를 청년을 중심으로 영적 쇄신과 도덕적 개혁, 국민의 각성과 도덕력을 기초로 나라와 민족의 개혁을 추진하는 데 훌륭한 통로로 인식했다. 청년을 통해 과거와 현재를 넘어 미래를 향해 나아가기 시작했던 것이다.

이처럼 그는 문명의 근본적인 힘을 개인 및 집단의 도덕력으로 파악하고, 우리의 문명 회복 및 생존이 경건과 훈련을 통한 실천적인 도덕의 힘을 키우는 데 있다고 인식했다. 그 방식은 정치적인 차원보다 사회문화적 차원에서 자신을 점진적으로 변화시켜 나가는 점진주의적(漸進主義的) 자기개조(自己改造) 방식이었다. 도덕의 힘은 기독교의 진리에 기초해야 하며, 이는 서양뿐 아니라 동양의 도(道), 유교의 가치까지 포함하고 있었다. 이상재는 도덕의 힘을 세상을 변화시키는 행동 원칙으로 삼았다.

이런 점에서 이상재는 YMCA를 미래 세대인 청년 교육을 통해 자신의 생각을 펼칠 수 있는 합법적인 공간이며, 현실과 소통하는 공간으로 이해했다. 그는 YMCA를 중심으로, 청년을 대상으로 한 진정한 변화가 안으로부터 시작된다는 행동 철학을 갖고 있었다. '도덕'과 '윤리'를 깨워 '도덕적 자각'을 일으킴으로써 그는 미래 세대인 청년을 중심으로 국민의 근본적 변화를 추구한다는 생각을 구체화하기 시작했다.

YMCA의 출발은 독립협회의 실패와 깊은 관련이 있었다. 독립협회 활동이 좌절된 직후『독립신문』에서는 협회의 실패를 거울삼아 더욱 근본적인 변화가 필요하다고 보았다. 또 앞으로는 청소년 및 성인 등을 대상으로 전개되는 '교육운동'으로 전환되어야 한다고 주장

했다.[220]

　1899년에는 독립협회·만민공동회 투쟁에 참여했던 기독 청년들이 독립적인 조직으로 기독교청년회를 구체적으로 요구하기에 이르렀다.[221] 이에 YMCA 국제위원회에서는 실무 간사인 질레트(P.L. Gillett)를 한국에 파견했다. 질레트는 1903년 3월에 헐버트를 위원장으로 하는 YMCA 자문위원회를 조직했다. 여기에는 한국인 여병현, 김사방 등도 참여했다. 드디어 1903년 10월 28일, YMCA 창립총회를 갖게 되었다.[222] 이 자리에서 회장에 헐버트, 총무에 질레트가 각각 선출되었다.

　이상재는 양반 관료층 출신의 옥중 인사들과 함께 YMCA에 가입했다. 이는 YMCA 창립 과정에서 제기된 한국인들의 요구, 즉 독립협회·만민공동회의 개혁운동을 계승하기 위한 민족·사회운동을 위한 공간으로서 그 목적을 실현할 수 있는 조직의 기반이 마련되었음을 의미하는 것이었다. 또한 당시 하류층을 중심으로 성장하던 한국교회 또한 양반 관료 출신의 상류층을 새롭게 수용하면서 이전에 갖고 있던 계층적 한계를 극복하게 되었다. 양반 관료층 출신의 옥중 인사들은 YMCA 및 한국 기독교에 새로운 변화의 분위기를 불어넣었다.

　1904년에는 한국인들이 YMCA의 간사로 임명되었다. YMCA는 외국인 선교사 간사와 한국인 간사가 나란히 운영하는 체제였다. 외국인 간사가 재정이나 기부금 모집, 국제활동 등을 주로 맡았다면, 한국인 간사는 회원을 대상으로 하는 프로그램의 운영 등을 담당했다. 한국인 간사에 옥중 동지인 김정식이 선출되었다. 배재학당 출신의 최재학이 서무간사 겸 통역, 김규식·육정수·이교승 등이 교육부 간사, 김종상이 운동부 간사에 임명되었다.

1905년 5월, 제2회 정기 총회에서는 김필수 대신 윤치호가 이사로 보선되어 부회장이 되었다.²²³ 이때 이상재

사진 16 1904년경 YMCA 직원들
(출처: 월남이상재선생기념사업재단)

는 이사를 겸임했던 대영성서공회 캔뮤어(A. Kenmure)²²⁴ 초대 위원장에 이어 교육부장에 임명되었다. 교육부에는 김규식·육정수·이교승 등 한국인 간사 3명이 배치되었고, 그해 12월부터 이상재가 교육부위원회 위원장으로 활동하게 되었다. 이와 함께 이원긍·유성준·홍재기·김린 등 옥중 동지들이 YMCA 교육부와 기타 위원회에서 위원으로 활동하게 되었다.²²⁵

이상재가 교육부장에 취임하고 한국인 간사들로 구성되면서 YMCA 교육사업도 본격화되었다.²²⁶ 1906년부터 YMCA 내에 청년회학관(靑年會學館)이 설치되어 운영되었다. 학관 형식으로 교육이 시작된 것은 1904년 가을의 일이었는데, 임시 건물에서 교실을 마련해 야학의 형태로 시작되었다.²²⁷ 그 인원이 점차 많아지면서 청년회 학관이 1906년에 정식 발족되었다.

교육 책임자인 이상재는 어려울 때일수록 청년의 지식을 계발하고 또 세계 흐름을 이해해 국가 정신을 함양하는 것이 필요하다고 보았고,²²⁸ 한국의 부흥과 회복을 위해 한국인들이 더욱 배우고 익히며 자각해야 한다고 생각했다.²²⁹ 학관에서는 보통과(2년제), 일어특별과, 영어 특별과, 직업과 등 학제와 교과과정을 실시했다.

이상재는 갑오개혁 때부터 교육정책을 수립했던 경험을 지닌 '교육 전문가'로서 안목이 있었다. 오랫동안 교육 문제에 대한 깊은 문제의식을 지녔던 그는 YMCA 교육사업의 체계를 조직화했다. YMCA 내 외국인들의 간섭에서 벗어나 한국인의 독자적 영역으로 교육 분야를 확보하는 데 지도력을 발휘했다. 그는 기독 청년 뿐만 아니라 일반 청년들에게도 YMCA의 문을 개방해 누구든 와서 공부할 수 있도록 했다. 도덕의 향상을 목표로 하는 교육만이 개인적 실력 양성과 함께 국권을 회복하는 첩경이었고, 기독교가 그 기초이자 통로라고 인식했다.

이로써 YMCA에는 독립협회의 핵심인물이었던 윤치호가 부회장, 김정식이 한국인 총무, 이상재가 교육 분야 책임자가 되었기 때문에 마치 독립협회가 부활한 것처럼 보였다. YMCA는 새 단체였음에도 불구하고 이상재가 독립협회 때 추구했던 국권 회복 및 국가 발전을 도모한 근대적 개혁운동의 큰 방향과 크게 다르지 않았다. 그는 독립협회운동의 실패를 거울삼아 YMCA운동을 통해 나라와 민족 진로를 찾고자 했다.

독립협회가 국가 및 정부 중심의 '위로부터 개혁'을 추구했다면, 이제는 YMCA를 통해 아래로부터 변화라는 방법을 채택했다는 점이 다르다. 기독교로 개종하면서 '종교'와 '교육'을 통해 청년을 중심으로 민권과 국권을 지지하는 사회운동을 전개하기 시작했던 것이다. 격동의 시대로 전환되며 진정한 개혁은 개인의 윤리적인 각성에 기초한 새로운 공동체를 건설함으로써 이루어진다는 확신에서 비롯되었다.

제3절 을사늑약과 대한자강회

러일전쟁 이후 한반도의 상황은 최악으로 치닫고 있었다. 국제사회가 한국에 등을 돌리는 상황에서 이상재는 '종교운동'과 '청년운동'을 통해 먼저 국민의 각성을 촉구하는 길 이외에 별다른 대책이 없다고 인식했다. 이 나라가 이렇게 된 것도 어쩌면 하나님의 뜻을 제대로 실천하지 못한 결과일 수 있다고 보았다. 그래서 그는 기도와 전도 활동을 펼치며 정치운동이나 구국운동도 모두 '하나님의 나라'를 이 땅에 세우는 운동이어야 한다는 생각을 분명히 갖게 되었다. 우리가 처한 현실은 우리 스스로의 각성과 노력, 변화가 아니면 완전한 독립국가로 나아갈 수 없다는 것을 더욱 절실히 깨닫게 되었다.

1905년 11월 18일, 을사늑약이 강제로 체결되어 한국의 외교권이 박탈당했다. 그리고 통감부(統監府)가 설치되어 이토히로부미(伊藤博文)가 초대 통감이 되었다.[230] 이후 한규설, 민영기와 같이 을사늑약의 체결을 끝까지 반대했던 관료들은 투옥되거나 면직되었다. 이때 의정부 참찬 이상설(李相卨, 1870~1917)은 종로 네거리에서 머리를 풀어헤치고 대성통곡을 하며 자결을 시도하기도 했다. 특히 장지연은 11월 20일자 『황성신문』에 논설 「시일야방성대곡」(是日也放聲大哭)을 발표하며 일본의 침략성을 규탄하고, 조약 체결에 찬성한 대신들을 비판했다. 이에 국민들이 궐기해 조약의 무효화를 주장하고, 을사5적을 규탄하며 조약 반대 투쟁에 나섰다.

을사늑약 체결은 평생 부국강병에 기초한 국가의 자주적 독립권을 부르짖던 이상재에게 엄청난 충격을 주었다. 국가의 주권인 외교권의 박탈이라는 국가적 불행을 막지 못했다는 자책감과 자괴감이 한꺼번에 몰려왔다. 그는 그동안 국가적 개혁을 통해 국권과 민권을 공고히 함으로써 자주적 독립국가를 꿈꿨다. 그는 한성감옥에서 나오자마자 국권 회복을 위해 간절한 마음으로 상소를 올리기도 했다. 모든 노력이 수포로 돌아갔다고 생각하니, 마치 하늘이 무너져 내리는 고통이 그를 짓눌렀다.

심지어 기독교 신앙인이었음에도 불구하고, 이상재는 나라가 죽었으니 자신도 따라 죽을 것을 결심했다. 애국지사들의 극단적인 선택 소식이 들려오자 그는 "혼자서 어찌 살아남을 수 있겠는가!"라고 하면서, 죽기로 마음을 먹었던 것이다. 그는 고향으로 내려가 주변을 정리한 후 조상과 가족들에게 하직 인사를 하고 죽으려고 했다. 이는 그의 충격이 얼마나 심했는지를 극명하게 보여 준다.

이런 이상재를 붙잡은 이들은 질레트(P.L. Gillett), 김정식, 이원긍 등 YMCA 동료들이었다.[231] 이들은 이상재의 불안한 심리를 눈치채고, 그가 혹시라도 다른 생각을 먹지 않도록 위로하며 만류했다. 실의와 좌절에 빠진 이상재도 동료들의 따뜻한 관심과 애정을 마냥 뿌리칠 수 없었다. 동료들이 있는 한 쓰러질 수 없다는 생각이 들었다. 그는 자신의 진로와 안위를 진정으로 아끼는 이들의 노력에 감동되었다. 마음을 고쳐먹고 극단적인 생각을 그만두게 되었다.

그 무렵 민영환이 을사늑약에 반발해 그 부당함을 호소하며 극단적인 선택을 했다. 그는 YMCA 창립의 한국인 공로자이며 후원자였는데, 1905년 11월 30일 을사늑약의 치욕에 죽음으로 저항했던 것이다.[232] 민영환은 정동구락부와 독립협회 시절부터 이상재와 가까운

동지이자 그의 후원자였다. 민영환은 기독교만이 우리나라를 부강한 나라로 만들 수 있다고 확신한 신앙의 동지이기도 했다.

또한 그해 12월에 박정양이 세상을 떠났다.[233] 그는 노환으로 움직이지 못하다가 을사늑약의 소식을 듣고 분통함을 이기지 못한 채 숨을 거두었다. 박정양은 19세기 말 개화·개혁의 대표적인 인물이자 이상재를 정계에 발굴했던 인물로, 조사시찰단의 수행원과 주미 공사관 등에 그를 추천해 견문을 넓힐 수 있도록 기회를 주었다. 이상재에게는 정부 관료로 나아갈 수 있도록 길을 열어 준 후원자이자, 부국강병의 국가 건설을 위해 사상적으로도 공유하며 한평생을 같이 했던 동지다. 독립협회 활동 당시에는 개혁 내각을 대표하며 이상재와 함께 정치개혁운동의 일환으로 의회설립운동을 추진하기도 했다. 이렇게 민영환과 박정양의 죽음은 이상재에게 큰 슬픔이었다. 인간적 슬픔도 컸지만, 정치적 동지를 잃어버렸다는 것이 무엇보다 큰 상실감을 가져다주었다.

그 무렵, 그는 고종으로부터 의정부 참찬을 맡아 달라는 부탁을 받았다. 의정부 참찬은 정3품의 높은 관직이었다. 이상설이 을사늑약을 반대하며 물러난 자리였다. 의정부 총무국장 이후 또다시 고위 관직을 맡을 수 있게 되었던 것이다. 그는 을사늑약 때문에 애국지사들이 저항하며 관직을 내놓고 관료들이 낙향하는 마당에 또다시 고위 관직을 맡는다는 것은 말이 되지 않는다고 생각했다. 그는 관직 받기를 한사코 사양했다.

그러나 고종은 "충직한 신하들이 다 나를 버리고 떠나면 나는 어찌하리오."라고 눈물까지 보이며 간곡히 부탁을 했다. 이에 이상재는 어쩔 수 없이 12월에 참찬직을 맡으며 관직 생활을 다시 하게 되었다.[234] 그는 내심 원치 않았으나, 마지막으로 군신(君臣)의 예(禮)를 지킨다는 생각으로 이를 받아들였다. 신하의 도리(道理)를 끝까지 다해야겠다는 그의 충군애국적 근왕주의 태도가 아직 남아 있음을 보여준다.

당시 의정부 참찬은 고위직 이었으나, 강직한 성품의 이상재가 '을사오적'으로 불리던 이완용, 박제순 등과 얼굴을 맞대야 하는 너무도 불편하고 힘든 자리였다. 더욱이 친일 내각으로 불리던 정부에서 그가 할 수 있는 일은 거의 없었다. 단지 군주인 고종을 옆에서 지킨다는 마음 하나로 그 관직을 받아들였던 것이다. 그는 실제로 관직보다 YMCA에 더 많은 시간을 투자했다.

1906년 여름, 이상재는 또다시 감옥에 가게 되었다. 당시 고종이 일본은 모르게 국제적 외교를 펼치기 위해 이세직이라는 자를 통해 비자금을 조성하게 되었는데, 이것이 발각되면서 이와 연관되어 있다는 혐의로 수개월간 투옥되었다.[235] 여기에는 평소 그를 부정적으로 보던 일본인의 모함과 농간이 작용했다. 곧 석방은 되었으나 원치 않는 관직을 맡다가 또다시 감옥 생활을 하게 되었던 것이다. 그러나 한편으로는 속이 시원했다. 의정부 참찬 자리를 빨리 그만두고 싶었는데, 이 일로 관직을 내려놓을 수 있었기 때문이다.

한편, 이상재는 장지연·윤효정 등이 교육 확장과 산업 개발에 의한 자강독립을 표방하며 설립한 대한자강회(大韓自强會)에도 참여했다. 1906년 3월 설립 당시에는 참여하지 못했으나, 그해 9월 24일 임원 개편 때 평의원으로 참여했다.[236] 단체 내 임원 2인 이상의 추천을 받고 회원이 되어 평의원에 선임되었다. 평의원은 회의의 중요 사항을 결정하는 업무를 담당했다. 이상재는 윤치호·안창호 등과 더불어 애국주의와 신사상·신지식 신산업의 개발 및 실력 양성을 주장하는 강연 연사로서 전국에 이름을 알렸다.[237]

사진 17 대한자강회 월보
(출처: 국립한글박물관)

대한자강회는 궁극적으로 국권 회복을 지향했는데, 당시 전국에 33개의 지회를 가진 대표적인 애국계몽단체였다.[238] 이 단체는 의무교육의 실시, 굿과 점 그리고 땅의 길흉을 보는 일의 금지, 부동산매매법의 제정 등을 정부에 건의했다. 또한 강연회를 통해 근대적 실력 양성을 위한 국민사상의 계몽을 위한 노력을 기울였다. 그러던 중 1907년에 헤이그밀사사건을 구실로 일본이 고종의 퇴위를 강요하자, 이에 반대하는 운동을 전개하다가 민중을 선동했다는 이유로 강제 해산되고 말았다.[239]

이상재가 참여했던 대한자강회의 특징은 과거 독립협회를 주도했던 회원들이 임원진을 구성했다는 점이다. 독립협회 회장 윤치호와 부회장인 이상재가 각각 회장과 평의원으로 참석하는 등 회장단과 평의원 등 임원을 보면 절반 이상이 독립협회를 주도했던 회원들이다. 이는 인적 구성 부분에서 대한자강회가 독립협회의 맥락을 이은 단체임을 보여 주는 것으로, 이상재가 YMCA 교육위원장으로서 바쁜 일정 속에서도 대한자강회 임원진에 이름을 올릴 수 있었던 배경이 되었던 것으로 보인다.

이 시기 '우리가 마땅히 해야 할 의무'라는 제목의 연설에서 이상재는 개인의 도덕심에 기초한 국가적 개혁을 역설했다. 그는 국가적 위기의 문제를 자기성찰(自己省察)의 차원으로 내부에서 찾아 해결하고자 했다. 내부에서 탐학·질투·교만·나태 등 네 가지를 국가적 중병(重病)의 원인으로 지적했다.[240] 이 네 가지 병의 원인으로 급심병(急心病)을 들면서, 이상재는 이 병을 고치기 위해서는 하나님의 계명을 잘 지켜야 한다고 보았다.

그는 "상대방이 그릇되었을 때 나는 도덕을 지키고, 상대가 포학할 때 나는 인애하고, 상대가 강제할 때 나는 유약하지만 남의 재산을 약탈하는 자를 막는다면 선하다 할 것이다. 그러나 재산을 빼앗는 자를 악하다 한다"라고 밝혔다. 이어 그는 "하나님께서는 선한 자에게는 상을 주고 악한 자에게는 벌을 주는데, 우리 국민의 의무는 바로 이런 것"이라고 주장했다.[241] 이는 공의롭고 공정한 사회를 위한 자각과 실천이야말로 우리의 의무가 되어야 한다고 역설한 것으로, 국가적 체제가 혁신하려면 한국인들이 근대적 가치 차원에서 문명의 힘으로서 도덕심을 더욱 키우고, 그것을 통해 한국이 회복될 수 있다고 보았다.

또한 「우리 한국민들이 마땅히 해야 할 의무」라는 글에서는 외면적이거나 물질적인 문명의 발전을 목적으로, 국가나 사회체제를 바꾸려고 한 것이 아니라고 했다. 그는 나라의 모든 체제가 진정으로 변혁되려면 근대 문명의 도덕적 힘을 받아들여야 한다고 확신했다. 이를 기초로 우리 스스로 내적 변화에 기초하는 자기개조(自己改造)를 통해 무너지는 나라를 다시 회복하고 또 재건할 수 있다고 주장

했다.[242]

따라서 이상재는 문명의 도덕력이 회복되고 성숙된다면 그 힘이 밖으로 분출되어 나라의 발전과 안정 그리고 자유와 평화가 실현될 수 있다고 인식했다. 개인과 나라의 도덕적 힘이 우리가 직면한 정치사회, 경제적 난관을 헤쳐 나갈 수 있는 기초가 될 것이라고 믿었다.[243] 이처럼 그는 초월적이고 보편적인 근대 문명의 도덕적 힘이 중심이 되는 공동체가 나라를 회복하는 길임을 강조했다.

제4절 고종 퇴위와 YMCA운동에 전념

이상재는 1907년 7월, 고종이 강제 퇴위당하는 현실을 목도했다. 일제의 압력과 친일 내각의 압박으로, 고종이 순종에게 황제직을 물려주고 물러났던 것이다. 한달 전에 네덜란드 헤이그에서 열렸던 제2차 만국평화회의에 밀사를 파견했던 것이 원인이 되었다.

고종은 주권을 회복하기 위해 여러 방면으로 노력하던 중 1906년 6월, 러시아 황제로부터 만국평화회의 초청장을 받았다. 각국에 한국 사정을 폭로할 수 있는 기회로 생각했던 고종은 전 의정부 참찬 이상설과 전 평리원 검사 이준 그리고 전 주

사진 18 헤이그 주역들(왼쪽부터 이준, 이상설, 이위종) (출처: 문화재청)

러 대한제국 공사관 서기관 이위종을 밀사로 임명해 네덜란드에 파견했다. 고종 황제의 밀사는 일제의 방해 공작에도 불구하고 1907년 6월 25일, 만국평화회의 장소인 네덜란드 헤이그에 도착했다.

그러나 이들은 각국 위원들의 면담 거절로 만날 수 없었다. 이들은 각국 기자들에게 일제의 만행과 한국에 대한 불법적인 침략을 폭로하는 데 그치고 말았다.[246] 이 같은 상황이 일제에 보고되자, 일제는 이 사건에 고종이 책임을 져야 한다며 협박했고, 여기에 편승한 친일내각의 강요로 퇴위하게 된 것이다.

헤이그특사 파견으로 고종이 강제로 퇴위한다는 소식이 알려지자, YMCA는 특별회의를 개최한 후 관련 대신들을 국적(國賊)이라고 규탄하며 처단할 것을 주장했다. YMCA 임원과 회원들은 고종의 양위와 함께 고종이 일본에 직접 가서 일왕에게 사죄해야 한다는 것을 저지하는 투쟁을 전개하기로 했다. 이상재를 비롯한 YMCA 지도자들은 대한자강회·동우회·대한구락부·국민교육회 등과 연대해 대한문 앞 광장에서 양위 반대 연설을 하는 등 고종 퇴위 시위를 전개했다.[247]

이 자리에서 YMCA는 "만약 도일을 위한 황제의 대가(大駕)가 궁궐을 나설 때는 모두 궤도에서 깔려 죽자"라는 결의를 하고, 일본 헌병과 정면으로 충돌하기도 했다. 서울과 도쿄에 있는 일본계 각 신문들은 "YMCA가 황제의 양위를 완강하게 반대하는 폭동의 주모자"라고 보도하면서 "YMCA는 종교의 탈을 쓰고 정치 선동을 주도해 왔다"며 비난했다.[248]

마침내 헤이그특사의 여파가 이상재에게도 몰아닥쳤다. 당시 고종 퇴위에 대한 반발과 군중 시위에 맞서 일제가 주요 지도자들에 대한 탄압을 시작했다. YMCA를 이끌어 가는 대표적인 지도자이며 근왕주의적 색채가 강했던 이상재를 일제가 그대로 놔둘 리 없었다. 그는 일본군에 의해 이른바 가택 연금을 당하고 말았다. 하지만 그는 틈을 노려 집을 빠져나올 수 있었고, YMCA 활동을 하며 친분을 쌓은 미북장로회 언더우드 선교사를 만나기 위해 그의 집으로 찾아갔다. 그에게 사정을 설명하고, 그의 집에서 한동안 숨어 지냈다.

이때 언더우드 선교사는 평소 존경하던 그에게 '정치운동을 단념하고 종교계로 나올 것과 현실에 급급할 것이 아니라 민족의 백년대계를 위해 기독교청년회의 간부가 되어 인재를 양성하며 청년운동에 종사할 것'[249]을 권고했다. 언더우드 선교사는 그동안 이상재를 눈여겨보고 있었다. 연장자이면서도 종교와 교육을 통해 나라와 민족을 갱신하려는 강직한 모습과 그 과정에서 지도력을 발휘하며 조직을 이끌어 가는 소통의 능력을 높이 평가하고 있었다.

언더우드 선교사의 완곡한 설득에 이상재는 깊은 고민에 빠졌다. 그는 자신이 정치운동에 너무 빠졌던 것이 아니었는가를 돌아보았다. 그러면서 언더우드 선교사의 충고가 무슨 뜻인지를 생각하게 되었던 것이다. 국권이 상실되어 식민지화가 가속화되는 상황에서 모두 당황하고 절망에 빠져 헤매고 있을 때, '당신과 같은 지도자가 YMCA를 거점으로 희망을 잃고 실의에 빠진 한국인들, 특히 미래 세대인 청년들을 이끌고 나가야 하지 않느냐'는 의미가 담겼던 것이다. 과거와 현재가 아닌 미래를 붙잡아 달라는 부탁이었다.

이상재는 석방된 이후 자신의 모습을 돌아보았다. YMCA에 가입해 청년운동을 하며 새로운 사회운동을 모색했지만, 그의 모습은 의

정부 참찬을 맡거나 계몽단체에 임원으로 참여하는 등 YMCA운동에 확고하게 몸을 담지 못한 어정쩡한 모습이었다. 여러 번민 끝에 그는 정치운동에 거리를 두고 청년운동을 하며 하나님의 뜻에 따라 살겠다는 삶을 결단하게 되었다. 즉, 그는 YMCA청년운동에 투신하기로 결심하고, YMCA를 거점으로 민족공동체를 새롭게 개조해 재건할 것을 다짐했다.

고종의 퇴위와 함께 YMCA에 투신한 이상재의 모습은 당시 국가와 민족에 대한 일반 애국지사들의 인식 전환과 깊은 관계가 있었다. 고종의 퇴위와 군대해산 이후 국내에서는 '민족'의식이 고양되며 민족주의에 대한 주장이 대두하게 되었다.[250] 특히 민족 주체로서 국민을 거론하는 흐름이 강하게 대두했다. 민족의 핵심을 정신·혼에서 찾았고, 이는 우리의 역사와 문화를 통해 계승되는 것으로 보았다. 때문에 국권의 회복도 우리의 역사와 문화를 지키는 일이라고 확신했다. 즉, 국가와 민족을 분리해 인식하는 의식이 뚜렷해졌다. 그러면서 국가는 망해도 민족은 망하지 않으며, 민족이 망하지 않으면 언젠가 국가도 되살릴 수 있다는 의식이 강하게 표출되기 시작했다.

이상재 역시 을사늑약으로 국권이 상실되고 또 고종이 퇴위된 것을 계기로 식민지화가 구체화되는 상황에서 대한제국의 수명도 끝났다고 보았다. 그는 일제의 침략이 노골화되어 마지막 국권의 상징이었던 고종이 물러나면서 결국 국가의 운명도 다했다고 인식했다. '충군애국'이라는 슬로건을 내세우며 독립협회운동을 주도했던 그는 근왕주의적 입장을 갖고 있던 인물이다. 그것은 1905년에 그가 의정부 참찬의 관직을 수용했던 배경이기도 하다.

이렇게 이상재는 을사늑약으로 외교권이 상실된 채 일제의 통감의 지배를 받는 상황에서 국권이 무너져 내렸다고 인식하면서, 국권이 군권의 상징인 고종을 통해 겨우 유지된다고 보았다. 고종의 퇴위는 국가의 마지막으로 남은 자주적 상징마저 잃어버린 것을 의미했다.

그러나 국가는 없어졌으나 사람의 공동체인 민족은 없어질 수 없었다. 민족을 중심으로 하는 새로운 국가의 재건운동이 전개되어야 할 이유가 여기에 있었다. 그는 한성감옥에서 종교와 교육을 통해 앞으로 국권과 민권의 향상에 기여하겠다는 다짐을 다시 떠올리며, 인생의 진로를 놓고 고민한 끝에 YMCA에 전념하겠다는 '선택'을 했다.

제5절 대중 강연과 민족각성운동

1908년에 이상재는 종교부 총무와 함께 교육부장도 겸직하게 되었다. 그동안 이름만 걸어놓고 있던 단체 활동을 모두 정리한 후 YMCA운동에 전념하기 시작했다. 이때부터 그는 청년들을 대상으로 하는 강연회에 직접 나섰다.

다음은 이 시기의 명강사로 이름을 높이 날리던 이상재의 모습을 훗날 어느 필자가 회상한 글이다.[251]

월남의 연설을 들은 이는 많을 것이다. 더구나 만년(晚年)에는 기독교에 전심전력을 바치는 터이다. 예배당이나 학교 강당에서 후리후리한 키, 연연한 눈빛을 돌려 가며 열변을 토하기 무릇 수백 수천 번이었으니

한번 회장에 1~2백 명씩 잡는데도 수만 수십만을 헤아리지 않을까. 그러나 지금부터 30~40년 전인 옛날, 이 땅에도 신문화운동이 일기 시작하여 팔도강산에 연설객들이 몰려다니며 격정적인 연설을 하던 때의 그 새파란 청년 시대의 이상재 씨의 연설을 들은 이는 별로 많지 않을 것이다 … 월남(月南)이 아마 40대는 되었을 때 서울청년회관(그때는 청년회관이 지금의 중앙예배당 자리에 목제로 지어 있었다.)의 넓은 광장에서 「청년학생(靑年學生)에게 고(告)하노라」는 제목으로 이상재 씨 연설이 있었다.

지금은 벌써 고인(故人)이 된 동무 여러 명과 어울려 나도 월남의 장외(場外) 연설을 들으려고 예배당으로 몰려갔다. 마당에는 천막을 쳐서 햇볕을 막고 있었는데, 아마 때는 가을인 9월쯤 되든 듯 사람 두셋만 모여 앉으면 바람이 아직도 무덥게 했다. 큰길로 몰려오는 군중 대부분은 당시의 「학도」떼가 대부분이다. 사범학교 모표를 붙인 사람, 사관학교 제복을 입은 사람, 오성학교나 서울 시내 각 중학교의 학생들이 많이 몰려왔다.

이윽고 얼굴이 길고 안광(眼光)이 연연(烟烟)한 40대 청년 이상재 씨가 단(壇)에 올라서더니 그때나 이때나 익살을 가끔 연발하며 「청년학도제군(靑年學徒諸君)밖에 믿을 것 없는데 열심히 공부하여 기둥이 되어 달라」하는 열변이었다. 그때 연설 내용이야 어떻게 기억하랴만, 어쨌든 단(壇)에 내려오면 학도들은 그의 주위에 몰려가서 다시 좀 더 연설을 하여 달라고 애원하는 것을 보았다. 이상재 씨는 기개가 80에 이르도록 조금도 쇠함이 없었고, 더구나 연설은 80 평생 가장 큰 보배였다.

윗글은 당시 이상재의 연설이 국가적 위기 속에 청년 학생들로부터 많은 호응을 받았다는 사실을 잘 보여 준다. 강연의 주된 주제는 '동포여, 각성하라. 정신 차려라'였다.[252] 국가가 몰락하는 절망적인 현실에서 그는 YMCA회관 안뿐 아니라 밖에서도 부르짖었다. 토론회 및 강연회에서도 목소리를 높이며 한국인들의 각성을 호소했다. 개인의 각성에 기초한 민족공동체의 각성을 부르짖었던 것이다. YMCA 외국인 간사들은 이런 이상재의 모습을 보면서 놀라워했다. 한 외국인 간사는 그의 모습을 다음과 같이 표현했다.[253]

며칠 전에 그 산악 같은 기상의 노신사 이상재 씨가 내 방에 찾아왔었다. 나는 그와 같이 이야기를 나누었다. 그때 나는 한 예언자의 발아래 내가 꿇어앉아 있다는 사실을 발견했으며, … 그는 모든 국민의 존경의 대상이었다. 그의 유일한 야심은 교회와 청년회 안에서 우리 주님을 섬기는 것이었다.

윗글에는 YMCA에 전념한 이후 달라진 이상재의 모습이 잘 나타나 있다. 그의 모습이 과거 독립협회와 만민공동회 때 '혁명가'의 모습이었다고 한다면, 이 시기의 모습은 시대의 위엄 있는 '예언자'의 모습이었다. 이런 평가는 그가 일제의 침탈이라는 암울한 현실을 넘어 청년을 통해 다가오는 미래 세계를 내다보며 현실의 불의와 부정에 맞서 민족공동체를 역사의 올바른 방향으로 인도하고자 했다는 점에서 타당한 평가라고 생각된다.

강연회와 함께 YMCA의 교육 프로그램 중 이상재가 실시한 '토론회'는 대단한 인기를 끌었다. 강연회와 토론회가 자주 열렸는데, 장

사진 19 1907년 YMCA 임원들
(출처: 월남이상재선생기념사업재단)

소는 언제나 만원이었다. 이상재는 독립협회 시절부터 토론회를 개최하며 토론자로 직접 참가하거나 사회자로서 많은 역할을 담당했다. 그는 공론장이라는 토론의 힘을 누구보다 잘 알고 있었다. 그래서 그는 이를 YMCA의 대표적인 교육 프로그램으로 실시했던 것이다.

일제의 통감 정치 아래 억눌린 청년들은 강연회 및 토론회를 통해 정치사회적 의식을 고취하며 사회의식과 민족의식을 높여 갔다. 이에 대해 질레트가 "YMCA의 강연회와 토론회는 다른 곳에서 찾아볼 수 없다. 미국에서도 그 실례를 찾아볼 수 없다. 37회의 토론회와 38회의 강연회에는 300~400명의 청중이 모여들어 강당이 가득 찼다"[254]라고 보고할 정도로, 이상재가 이끄는 YMCA의 강연회와 토론회는 국가가 '형해화'(形骸化)되는 절체절명의 순간에 비탄과 좌절을 넘어 희망과 결단의 공간이 되었다.[255]

한편, 이상재가 종교부를 맡으면서 YMCA의 종교 활동도 크게 활기를 띠었다.[256] 그는 기독교를 통해 국민의 정신을 일깨우고, 국민의식을 개혁해 자주독립과 근대 문명의 거점을 확보하기 위해서는 기독교 성경에 대한 청년들의 이해가 필수적이라고 여겼다. 그래서 그는 청년회학관의 성경 공부를 직접 지도했다. 유교와 불교 등 폭넓은 종교와의 비교 검토를 통해 기독교를 수용했던 이상재의 성경 공부는 청년들에게 깊은 감동을 주었다. 성경 공부는 종교에 거부감이 있는 학생들에게 관용적이고 포용적인 태도로 진행되었다.

당시 청년학관에서 성경 공부를 했던 정구영은 다음과 같이 회고했다.[257]

나는 예수교 신자도 아닌데 예수를 믿으라는 말이 정말 듣기 싫었어요. 더욱이 기도를 할 때는 아멘 하는 소리가 마음에 너무 거슬려서 모두 머리를 숙이고 있을 때 나는 고개를 세우고 기도를 안 했어요. 월남 선생이 "넌 콩나물 대가리여? 왜 기도는 안 하고 머리를 빳빳하게 세우느냐?"라고 꾸짖었어요. 그래서 "선생님은 어떻게 아셨어요?"라고 물었더니, "나도 눈을 뜨고 보아서 알았지"라고 말해서 다 웃었어요.

많은 청년이 이상재의 성경 공부에 참여했다. 이와 함께 그는 전도집회 활동도 진행했다. 브로크만은 "이상재 씨는 YMCA학관에서 성경을 가르치기도 했는데, 작년 1년 동안 628명이 등록을 했으며, 46회의 전도집회에 18,443명의 연인원이 참석했다"라고 보고했다.

이처럼 이상재는 기독교를 기초로 하는 도덕적 힘 아래에서 개인의 심성을 개발하며 한국인들이 근대적인 책임 의식을 함양하고 또 이를 각성시키고자 했다. 이는 그가 실업교육과 함께 근대 의식 각성 교육에 온 힘을 다했던 것은 미국의 사회체제를 통해 확인한 근대사회의 힘을 한국 사회가 수용해야 한다는 판단에서였다. 이를 위해서는 기독교 성경에 대한 이해가 무엇보다 필요하다고 보았다.

1900년대 후반에는 기독교회와 교인들을 중심으로 '심령부흥운동'이 일어나고 있었다. 1903년에 원산에서 시작된 심령부흥운동이 평양으로 번지며 전국적인 대부흥운동으로 발전했다.[258] 이상재는 1906년부터 주로 종교 집회를 직접 주관해 진행하고 있었다. 1906년 9월부터 다음해 9월까지 10개월간 43회에 걸쳐 모였는데, 해마다 평균 1,611명이 모였다. 학생들을 위한 세계 기도주간 때는 3,000여 명의 학생들이 참석하기도 했다.[259]

사진 20 1910년 학생 하령회
(출처: 월남이상재선생기념사업재단)

당시 이상재는 기독교계의 부흥운동 움직임과 연계해 '민족의 각성운동'을 일으키고자 했다. 그의 각성운동은 단순한 기독교 신앙을 표방한 부흥운동이 아니었다. 그것은 일종의 종교적 구국운동이었다. 당시 일제는 YMCA 활동에 대해 "사실상 청년회는 강연회를 열 때마다 애국가를 봉창하고 또 기도로서 폐회했는데, 애국가 그것은 곧 비애(悲哀)였다. 즉, 우리나라 3천 리 강토의 5백 년 종사를 하나님에게 빌어 독립을 하루 빨리 회복해 달라고 노래하는 것으로써 듣기에도 눈물이 나도록 하는 것이었다"[260]라고 보고했을 정도다.

이상재는 실내나 야외뿐 아니라 학생들이 전도대를 만들어 "동포여 각성하라, 정신 차려라"라는 팸플릿을 만들어 가지고 다니며, 집집마다 방문해 뿌리게 하기도 했다. 이런 각성운동은 1909년에 때마침 일어난 '백만명구령운동'(百萬名救靈運動)과 합류하며 발전되기도 했다.[261] '백만 명을 그리스도에게로'라는 표어로 시작된 이 전도운동은 일제에게 마치 "백만 명의 기독교 십자군병"을 양성하려는 운동으로 비쳤던 것은 당연한 일이다.

'민족의 각성'이라는 차원에서 추진된 이상재의 부흥운동은 내면적 갱생이 외부적 부흥을 위한 기반이라는 그의 깊은 인식과 연관이 있었다. 부흥 집회를 통해 개개인의 내면 깊이 숨겨져 있던 죄에 대한 고백은 결국 신앙심을 정결하게 해줄 뿐 아니라 도덕성을 크게 향상시키는 결과를 낳고, 그런 영적 변화는 마치 적은 누룩이 온 덩어리에 퍼지듯이 민족적 삶의 모든 체계에 작용할 수 있었기 때문이다.

이렇듯 이상재는 근본적인 개혁을 요구함에 따라 기독교적 가치에 기초한 개인의 변혁에 사회변혁과 민족공동체의 변화로 이어질 것이라고 보았다. 내면적 변혁이 기초한 사회 변화가 진정한 해방을 이룰 수 있었기 때문이다. 이상재가 보기에 기독교는 정치적 강령이 아니라 그 이상의 것이었다. 그래서 민족적 부흥이 개인의 개선과 사고의 변혁에 달려 있다는 점에서 진정한 사회개혁은 물질문명보다 그들의 영적인 변화와 깊은 관련이 있었다. 기독교가 열매가 아니라 뿌리이며, 개혁을 일으키는 동력이었던 것이다.

이처럼 이상재는 YMCA운동에 전념하기로 결단하고 YMCA 종교 활동에 주도적으로 참여했다. 그는 때마침 전국에 일어나는 기독교대부흥운동과 백만명구령운동에 적극 참여했다. 그는 영적인 각성에서 비롯된 영적 변화가 진정한 자기 개혁을 이루는 지름길임을 강조하며 민족을 갱생하는 통로가 될 것이라고 보았다.

제3장
YMCA운동을 전개하다

제1절 일제 탄압과 'YMCA 와해 공작'

일제는 1910년에 강제로 합병한 이후 한국을 무단통치하기 시작했다. 그러면서 국내의 모든 민족운동 세력을 제거하기 위해 관제의 개편, 감옥의 증설, 언론·집회·결사의 자유 금지 등을 강력하게 시행했다. 1900년대의 애국계몽운동 단체는 물론 친일 단체인 일진회마저 해산시켰다. 출판법으로 『대한매일신보』 등 모든 민족 언론과 잡지 등을 폐간시켰고, 『매일신보』와 같은 관제 신문만 허용했다. 심지어 일본어와 일본 역사를 가르치는 「사립학교 규칙」을 공포하며 사립학교를 폐교시키고, 민족 학교 및 종교계 학교를 탄압했다.

그러나 '종교의 자유를 인정 한다'는 근대 헌법의 정신을 인정한다면, 그 어떤 폭압적 제국주의 국가도 피식민지 종교 단체를 공적 영역에서 노골적으로 박멸시킬 수 없었다. 일제가 헌법적으로 정치와 종교를 분리하는 정책을 취하는 한, 공공 영역에 합법적으로 존립이 가능한 종교 단체에 대한 전면적 '통제'와 '예속'은 사실상 불가능한 일이었다. 특히 서구 열강 및 세계 여론에 직접적으로 연결되어 있는 YMCA에 대해서는 더욱 더 그러했다. 자칫 종교 문제가 아닌, 외교 문제가 발생할 소지가 컸기 때문이다.

역설적(Irony)으로 생각하면, 외국인 선교사들의 영향권 아래서 한국의 기독교가 일제의 폭압적인 식민통치로부터 어느 정도 자유로운, 즉 '상대적 자율성'(相對的 自律性)을 확보할 수 있었다.[262] 다시 말해, 제국주의 국가는 식민지를 획득한 후 거기에 새로운 지배 권력을 세우며, 그 식민지 권력은 가장 먼저 식민지 내 정치적 조직들을 모두 비정치화, 즉 무력화시키는 작업을 하는 경향이 있다. 그러면서 기존 정치 조직의 영향력을 그 사회에서 약화 혹은 말살시키고자 했다. 이때 식민 사회는 식민 지배 권력에 대항해 민족을 동원할 수 있는 조직화된 집단이 실제적으로 절대 부족하게 되는 조직적 '공백 상태'가 나타난다.[263]

이런 비정치화(非政治化) 과정에서 식민 지배 권력이 종교와 정치의 분리 원칙에 기초하는 종교 정책을 취하는 한, 종교 조직은 어느 정도의 존립과 자율성을 지킬 수 있게 된다. 따라서 식민 사회가 일반적으로 겪는 조직적 공백 상태에서 '상대적 자율성'을 유지하고 있는 종교 단체, 즉 YMCA가 그 식민 사회의 민족 형성 및 민족주의운동에서 몇 안 되는 민족공동체의 제도적·합법적인 공간으로 등장했다.

이때부터 YMCA는 '자율적 결사체'로서 정치적 색채가 가급적 드러나지 않는 사회적·경제적·문화적 차원의 사회문화운동을 전개했다. YMCA는 당시 10~30대 청년들로 이루어진 사회단체였다. 이 때문에 역동적이었고, 일반 교회들이 부딪히는 종교적 문제들로부터 자유로웠다. 국제 YMCA와의 유기적 관계를 맺고 또 국내의 '국제적 창구' 역할을 하는 등 국제 무대에서 한국인의 목소리를 내는 데 많은 지원을 받을 수 있었다. 일제의 강압적 통제나 압제로부터 어느 정도 상대적 자율성을 확보할 수 있었다.[264]

이런 배경에서 문명의 근본적 힘이 도덕력에 있다고 파악한 이상재는 민족공동체의 재건을 위해 청년을 중심으로 YMCA를 실천적인 도덕의 힘을 키우는 거점으로 세워 나갔다.

한편, 1910년 8월에는 일제가 한국을 강점한 후 국내의 애국 인사들을 제거할 목적으로 날조한 것이 '105인 사건'이었다. 이 사건은 한국 교회에 대한 일제의 최대 박해 사건이기도 했다. 그것은 일제가 '105인 사건'을 조작한 한 이유가 기독교 탄압과 선교사들의 추방에 있었기 때문이다.[265]

사진 21 105인 사건. 1911년 일제가 민족주의 및 기독교계 항일 세력을 제합하기 위해 테라우치 총독 암살모의 사건을 조작해 최후로 105명의 애국 지사를 투옥한 사건

주로 서북 지역 기독교 세력과 신민회 비밀 조직을 분쇄하기 위해 일어난 사건으로 알려져 있으나, YMCA 세력을 꺾기 위한 것도 중요한 이유였다. 당시 YMCA는 1903년에 창립된 이래 회원 수가 증가해 1913년에는 1,600여 명에 달할 정도로 단체의 조직이나 규모가 식민지 조선 내 최고의 수준이었고, 이를 기반으로 많은 정치사회 방

면의 인물들이 모여들고 있었다.

　이에 일제는 YMCA의 성장에 경계심을 갖고 있었고, 국채보상운동으로 모은 돈을 각 학교에 분배하는 일을 YMCA가 주도적으로 담당했기 때문에 YMCA를 압박하고 탄압하기 시작했다. 105인 사건 건으로, YMCA의 윤치호가 투옥되었고, YMCA를 실질적으로 이끌던 질레트 총무가 국외로 추방되고 말았다. 이 사건이 터졌을 때 이상재는 마침 셋째 아들 승간(承偘)이 죽어서 장례를 치르기 위해 고향인 한산에 내려간 바람에 체포를 면할 수 있었다.

　한편, 이상재는 일제 강점 이후 YMCA가 일제로부터 재정 보조를 받는 것에 대해 완강하게 반대했다. YMCA가 국가로부터 재정 지원을 받기 시작한 것은 1906년부터의 일이었다. 고종이 YMCA를 위해 1년에 1만 원씩의 재정 보조를 했는데, 이상재를 비롯한 독립협회 관련 인사들이 YMCA운동에 참여한 것에 대한 기대감이 작용한 결과였다.

　이것은 일제 강점 이후 문제가 되었다. 일제가 YMCA에 계속해서 재정 보조를 했기 때문이다. 이상재는 식민지 이전부터 돈을 받지 말자고 주장했으나 받아들여지지 않았다. 질레트 총무 등 YMCA 외국인 임원들은 정치와 종교가 분리된 상황에서 큰 문제가 되지 않는다고 보았다. 질레트 총무는 '105인 사건'과 '유신회 사건'을 겪고 난 뒤에 이상재가 왜 재정 보조를 받지 말아야 한다고 했는지를 알게 되었다고 고백했다.

　일제는 한국을 강점한 직후 YMCA에 대한 통제력을 확보하기 이해 이른바 '공작'(工作)을 추진했다. 105인 사건이 간접적인 탄압이었다면, 유신회 사건은 일제가 직접 개입한 YMCA 탄압 책동이었다. 유신회 사건은 일제가 1913년에 YMCA 부총무 김린(金隣)을 회유해 유신회(維新會)를 조직케 하고, 한국 YMCA를 일본 YMCA에 예속시키려고 시도한 사건[266]을 말한다. YMCA 핵심 회원들을 매수해 유신회(維新會)라는 단체를 만들고, 안으로부터 와해 공작을 꾸미기 시작했던 것이다.[267] 유신회 주동 인물은 YMCA 한국인 총무 김린(金麟)[268]이었다. 그는 평소 YMCA 이사진에서 외국인을 배제하고, 한국인과 일본인만으로 해서 재정을 효율적으로 사용해야 한다고 주장했다.

그러나 이사진의 구성은 예민한 문제였다. 주로 외국인 총무와 간사, 이사들은 재정 및 국제 활동 부분을 책임지고 있었기 때문에 YMCA 운영에 중요한 위치를 차지하고 있었다. 그러다 보니 YMCA 내 외국인 임원진의 영향력도 자연스럽게 커질 수밖에 없었다. 외국인 임원들에 대한 YMCA 안팎에 곱지 않은 시선도 존재했던 것이 사실이다. 따라서 유신회는 이 틈을 노려 일제의 지원을 받으며 YMCA 개혁이라는 미명 아래 YMCA 공작을 시도했던 것이다. 유신회는 외국인 임원진 및 이사진들을 쫓아냄으로써 상대적 자율성을 지닌 자율결사체의 YMCA를 완전히 장악해 일제에 순응적인 단체로 만들고자 했다.

유신회 주모자인 김린은 일본 유학생 출신으로, 이상재와 함께 옥중 생활을 하다가 기독교로 개종한 인물이다.[269] 석방 이후에는 김정식과 함께 YMCA운동에 적극 참여했고, 1907년에는 회관 건축에도 기여했던 인물이다.[270] 일제 강점 이전까지만 해도 그는 YMCA운동에서 중요한 역할을 담당했다. 강점 직후 일제로부터 회유를 당한 그는 회원들을 매수해 유신회를 조직하고, 예산 문제를 들어 질레트 총무를 사사건건 괴롭히며 공격하기 시작했다.

YMCA 이사회에서는 YMCA를 공공연히 비난하고 또 해로운 행위를 자행하는 김린을 그대로 두고 볼 수 없었다. 결국 긴급회의를 소집해 1913년 2월, 그를 부총무직에서 파면할 것을 결의했다.[271] YMCA 일반 회원들도 긴급 회원대회를 소집해 이사회의 결의를 뒷받침했다. 파면 결의 과정은 이상재의 진두지휘 아래 진행되었다. YMCA 이사회 결의를 지지하는 회원들과 유신회를 옹호하는 인원들이 파면 결의 현장에 집결했다. 양측의 인원들이 물리적으로 충돌할 수 있는 일촉즉발의 상황이었다. 결의 과정에서 약간의 충돌이 있기는 했으나, 이상재의 적절한 대응으로 큰 충돌 없이 무사히 끝날 수 있었다. 이 과정에서 이상재는 양측이 실랑이를 벌이는 바람에 팔 부상을 입기도 했다.

이후 YMCA를 장악할 기회를 엿보던 유신회 측은 YMCA 이사진을 한국인과 일본인 일색으로 해야 한다는 것을 다시 획책했다. YMCA 국제위원회의 모트 총무는 YMCA 이사회를 한국인 4인, 일본인 4인, 서양인 4인이라는 절충안을 제시했고, 이를 안건으로 총회를 열게 되었다.

1913년 6월, YMCA 강당에서 열린 정기총회에서 YMCA 측의 완승으로 끝났다. 유신회 일파의 안이 부결되었고, 원래대로 이사진을 구성해 운영하는 것으로 결론이 났기 때문이다.[272] 즉, 이사 전원을 한국인과 일본인으로 바꾸자는 유신회 측의 주장은 완전히 봉쇄되었고, YMCA 국제위원회의 안도 부결되었다. 이 과정 뒤에서 이상재가 지도력을 발휘했다는 것은 주지의 사실이다.

일제 강점 이후 YMCA의 시련은 계속되었다. 일본은 강점 이후 한국 YMCA를 마음대로 조종할 수 없어 불만이 클 수밖에 없었다.[273] 1913년 3월에는 '황성'(皇城) 두 글자를 '조선중앙'(朝鮮中央)으로 명칭을 변경해야 했다. 이것으로 끝난 것이 아니었다. 한국 YMCA가 중국과 홍콩의 YMCA와 관계가 끊어지게 되었던 것이다. 중국과 홍콩의 YMCA는 한국 YMCA가 창립될 때부터 강한 연대감을 형성하고 있었다.

일본은 YMCA 국제위원회 총무 모트(Mott)를 설득해 한국 YMCA를 중국·한국·홍콩 YMCA 전체위원회에서 탈퇴시켰다. 이 결정을 막기 위해 노력했으나, 한국 YMCA는 중국·홍콩 YMCA와의 관계가 끊어지고 말았다. 한국 YMCA가 일본 YMCA에 완전히 예속된 것은 아니나, 국내에 어려운 문제가 발생하거나 일제의 정치 탄압이 심할 때 보고를 하면 국제적인 도움을 주던 중국·한국·홍콩 YMCA 전체위원회와의 관계가 끊어진 것은 향후 한국 YMCA의 존립과 활동에 어려움을 초래할 가능성이 높았다.

불행 중 다행으로, 이 과정에서 한국 YMCA는 YMCA 국제위원회와 한 가지 합의를 하게 된다. 1913년 4월 25일, 한일 YMCA 대표들이 일본 도쿄에 모여 회의를 진행했다. 한국 측에서는 이상재를 비롯한 남궁억·신흥우·언더우드·에비슨 등 5명이 참가했다. 이 자리에서 합의한 내용을 보면, '조선기독교청년회의 자치권'과 '연합회 조직의 자유가 보장되었다'는 점이다.[274]

특히 "한국 YMCA는 일본 YMCA 동맹 및 만국YMCA연맹, 만국학생청년회(WSCF)로부터 연락케 한다"는 차원에서 일본 YMCA와의 합병을 막고 회의를 끝낼 수 있었다.[275] 즉, 한국 YMCA는 세계적인 기구들, 즉 일본 YMCA동맹과 만국YMCA연맹 그리고 만국학생청년회(WSCF)와의 관계 유지가 그대로 인정되었다. YMCA가 지닌 '국제성'(國際性)이야말로 에큐메니칼운동체인 YMCA의 성과를 판가름하는 기준이 된다는 데에 의미가 있었다.

한국 YMCA는 일본 YMCA 산하에 들어가면서도 끝내 '자치권'을 확보할 수 있었으나, 일본 YMCA에 예속된다는 형식은 피할 수 없는 현실이었다. 1914년 2월에 개최된 YMCA연합회 총회에서 일본 YMCA와 합의한 사항을 통과시켰고, 그해 7월 일본 YMCA동맹 총회에 대표를 파견했다. 일본 YMCA 또한 1916년 7월, 한국 YMCA 총회에 3명을 명예이사로 보내 왔다. 행정적으로, 한국 YMCA가 일본 YMCA 산하에 들어갔음을 의미하는 것이다.

한국 YMCA는 형식적으로 일본 YMCA에 예속되었다. 그러나 실제적으로 보면 일제 강점 이후 한국인의 정치사회 활동이 전면 금지된 상황에서 청년 학생들이 모일 수 있는 합법적인 공적 영역에서 유일한 공간의 역할을 했다. 일제의 탄압이나 공격을 잘 버틸 수 있었던 것은 이상재와 같은 지도자들의 자주적이고 주체적인 리더십의 역할이라고 평가할 수 있다.

제2절 제2대 총무 취임과 YMCA 전국화

일제 강점 이후 YMCA는 친일 단체인 일진회마저 해산되는 상황에서 '상대적 자율성'을 활용해 '자율적 결사체'를 유지했다. 일제는 법이 허용하는 합법적 영역에서 감시와 경계를 놓치지 않고 YMCA의 무력화를 끊임없이 시도했다. 이 과정에서 YMCA는 심각한 타격을 입었다.

YMCA 한국인 회장이며 학생하령회 대회장인 윤치호가 105인 사건의 주모자로 몰려 6년형을 언도받고 투옥되었다. 간사였던 이승만과 김규식은 일제의 탄압을 피해 망명을 가야 했다. 창립 때부터 YMCA를 이끌던 질레트 총무가 국외로 추방을 당했고, 회장인 저다인(J.L. Gerdine)도 사임한 후 고국으로 돌아갔다.[276] 한국인의 방패막이 역할을 해 주던 두 외국인의 추방은 YMCA에 엄청난 타격이었다. 또 1906년부터 제공되던 1만 원의 재정 보조도 끊어져 재정난이 심각해졌다. YMCA 존립의 심각한 위기였다.

사진 22 YMCA 제2대 총무 취임
(출처: 월남이상재선생기념사업재단)

이런 상황에서 1913년 6월, 정기총회에서 이상재가 질레트 후임으로 제2대 총무에 추대되었다.[277] 난국에 빠져 있던 YMCA를 수습하고 회복시킬 수 있도록 지도력을 발휘할 인물은 이상재밖에 없었다. 그의 나이 64살이었다. 당시 나이로는 원로 중의 원로였지만, 이른바 '뒷방

늙은이'로 한가하게 앉아 있을 수도 없는 노릇이었다. 누군가 나서서 YMCA를 이끌지 않으면 안 되는 절체절명의 상황이었다.

이상재는 지도자로서 그 소명을 마다하지 않았다. 그는 시대의 부름에 회피하지 않고 소명에 걸맞는 책임 있는 행동을 다하기로 결심했다. 그는 석방 이후 YMCA에 참여하면서 다짐했던 그 마음을 다시 가다듬었다. YMCA을 민족 개조의 거점으로 삼아 한국인의 도덕력을 회복하고 또 자주적 역량을 키워 독립국가의 기반을 마련하겠다는 결심이었다. 엉망이 될 수 있는 YMCA를 다시 일으켜 세우기 위해 그는 백의종군하는 마음으로 새롭게 결단했다. 전체 YMCA운동을 이끌어 가는 수장으로서 그의 어깨는 그 어느 때보다 무거웠다. 그는 자신이 감당해야 할 소명으로 알고 총무의 자리에 취임했다.

이상재는 취임과 동시에 이사회도 새롭게 구성했다. 유신회 일파는 완전히 제거된 상태였다. 1914년 6월 정기총회에서 허스트·벙커·철랍 등 3인의 서양인을 대신해 이원창·오기선·오긍선 등 3인의 한국인이 당선되었고, 언더우드·박승봉 등과 원래 이사였던 신흥우·송언용·에비슨·밀러·남궁억·홍종숙 등 12명으로 이사회를 구성했다.[278] 서양인 4명에 한국인 8명으로 이사회가 구성됨으로써 한국인 이사의 역할이 더욱 중요해졌다.

한편, 일제의 강점이 현실화될 무렵 이상재가 심혈을 기울였던 사업은 학생 YMCA의 활성화였다. 총무에 취임한 이후 그는 이를 더욱 확고하게 추진했다. 일제는 '사립학교규칙'(1911)을 발표하며 사립학교를 대대적으로 탄압했다. 그로 인해 1910년에 2,080개였던 사립학교의 수가 1916년에 1,045개, 1917년에는 868개로 감소했다.[279] 기독교 계통의 사립학교 및 YMCA 청년학관이 심한 타격을 입었으나, 그 명맥을 겨우 유지할 수 있었다. 또한 기독교 학교에 조직된 학생 YMCA도 살아남았다.

이상재는 1910년부터 기독교 학생운동을 본격적으로 전개했다. 국가의 운명이 다하는 순간, 이상재는 민족의 운명을 살리기 위해 기독학생운동을 시작했다.

YMCA 중학부 과정을 다녔던 안재홍은 당시 상황을 다음과 같이 회고했다.[280]

나는 경술년(1910년) 때 꼭 20세, 황성기독교청년회 중학부 3년생이 되어 있었다. … 선친께서 가르치는 말씀은 독립협회운동 이래 뜻있는 지사들이 모두 그곳에 있으니 거기로 가서 고명하신 사상과 학문을 배우라고 하는 것이었다. 가서 보니 월남(月南) 이상재(李商在) 선생과 남궁억(南宮檍) 씨와 윤치호(尹致昊) 씨 등 기타 제씨가 계시고 출입하고 하여 과연 일대(一代)의 지도자들이 모두 모인 곳이라고 나는 매우 만족하고도 스스로 그곳 학생으로서의 긍지를 갖게 되었다.

이상재는 청년회의 학관(學館) 학생을 중심으로 1910년 6월 22일부터 27일까지 서울 근교의 진관사(津寬寺)에서 '제1회 기독교학생하령회'를 개최했다. 전국 각지에서 46명의 학생들이 모였고, 6개 교파와 4개국 출신의 인사들이 연사로 참여했다. 한국 역사상 초교파적·국제적 학생 집회였다. 이를 계기로 각 학교에 학생 YMCA가 조직되기 시작했다. 1911년 말까지 배재학당과 상동청년학원의 학

생 YMCA가 부활했고, 경신학교·세브란스의학교·한영서원에도 학생 YMCA가 새롭게 조직되었다.[281]

때마침 학생 YMCA가 활성화되는 시점에 미국에서 공부를 마친 이승만이 학생운동 간사로 초빙되어 국내에 입국했다. 이승만은 YMCA 총무 질레트의 간사 초청장을 받고 미국에서 독립운동을 하거나 망명하는 길을 택하지 않고 귀국하는 길을 선택했다.[282] 당장 일본과 맞서 싸울 수 없다는 현실 순응적 태도도 있었으나, 미국 기독교계 및 국내 이상재·전덕기 등의 재정적인 도움으로 학업을 마친 상태라는 점도 영향을 미쳤다. 이승만은 1911년 10월 10일 귀국 후 1912년 3월까지 YMCA의 학생운동 담당 간사로 일하게 되었다.[283]

이승만의 YMCA 간사 취임은 이상재에게는 엄청난 힘이 되었다. 한성감옥 안에서 맺은 정서적 연대감과 '호형호제'할 정도로 가까운 사이였다는 점에서 학생 YMCA 운동을 활성화할 수 있는 좋

사진 23 이승만의 YMCA 간사 취임
(출처: 월남이상재선생기념사업재단)

은 계기가 되었다. 이상재는 무척이나 든든한 동지를 얻었다.

이승만은 학생부·종교부 간사로서 열정적인 활동을 펼쳤다. 처음 6개월간은 주로 서울에서 학생운동을 지도했다. 매주 오후에 성경반을 인도했고, 매회 평균 189명의 학생들을 만났으며, 각 학교마다 YMCA를 관리·조직하는 활동을 했고, 학생 YMCA 연합토론회를 개최했다.[284] 1911년 5~6월까지 이승만은 미국인 총무 브로크만과 함께

전국을 순회하는 전도 여행을 다니기도 했다. 이 과정에서 전국 13도를 돌며 학생 YMCA를 조직했다. 서울로 돌아오는 도중에 이승만은 개성에서 '제2회 기독교학생하령회'에 참석했다. 93명의 학생이 참석했는데, 1910년보다 대성황을 이룬 하령회가 되었다.

제3회 기독교 학생하령회는 1912년 6월 25~30일까지 서울 북한산성에서 개최되었다. 작년에 비해 학생 수가 93명에서 57명으로 감소했다. 윤치호와 양전백 그리고 많은 학생 등이 105인 사건으로 체포되었기 때문이다. 여기에 학생부 간사인 이승만이 '105인 사건'의 여파로 인해 미국으로 떠난 뒤였다.[285] 그러나 그가 일으킨 기독학생운동의 불길은 계속되었다.

이때 63살인 이상재는 청년 학생들과 하령회 기간 내내 동거 동락하면서 기도회를 맡아 인도했다. 기도회는 눈물과 흥분 속에서 심령부흥회를 방불케 하는 모임으로 진행되었다. 63살이라는 나이가 무색할 정도로 몸소 나서서 청년 학생들과 함께 호흡하며 따뜻한 위로와 뜨거운 격려로 하령회를 이끌었다. 1910년에 시작된 학생하령회의 결과로, 기독교계 학교마다 학생 YMCA가 조직되기 시작했다. 매년 여름방학을 이용해 국내외 저명한 명사와 부흥사를 초청해 강연회·사경회·친목회 등을 개최함으로써 학생들이 뜨겁게 각성되어 돌아가게 되었던 것이다.

한편, 1914년 4월 2~5일까지 열린 하령회에서는 '조선기독교청년연합회'(朝鮮基督敎靑年聯合會)가 조직되었다.[286] 1912년 6월에 북한산에 모였던 제3회 기독교 학생하령회가 조선기독교청년연합회를 조직할 수 있는 직접적인 동력이 되었다. 이는 1913년에 도쿄에서 개최된 한일 YMCA 대표자회의에서 합의된 '조선기독교청년회연합회를 조직할 수 있는 자유가 있다'는 근거에 의거해 조직되었다.

YMCA가 전국적인 네트워크를 통해 연합적인 조직을 구축했던 것이다. 이때 참가한 단체는 조선중앙기독교청년회를 비롯해 중앙청년회학관·배재학당·경신학교·세브란스의전·한영서원·신흥학교·영명학교·숭일

사진 24 조선기독교청년회 학생연합 하기대사경회(1913년)
(출처: 월남이상재선생기념사업재단)

학교·재일조선청년회 등 총 10개의 기독청년학생 단체였다. 참가자 수는 조선중앙기독교청년회 대표 16명을 비롯해 모두 45명이었다. 이상재는 이때 중앙기독교청년회의 총무이면서도 대표자였다. 45명 이외에 13명의 외국인(미국·영국·중국·일본·캐나다)도 참석했다.[287]

조선기독교청년연합회의 탄생은 한국기독교청년운동의 가장 중요한 사건이기도 했다. 그것은 전국에 흩어져 있는 기독교 청년회들을 하나의 조직으로 묶어 더욱 큰일을 도모할 수 있게 되었다는 점이다. 뿐만 아니라 도시 YMCA사업의 지향성과 학생 YMCA 선교 지향성을 하나로 결합해 한국YMCA운동의 '운동체성'(運動體性)을 확립했다는 점에서도 중요한 의미를 지니고 있다.[288] 또한 한국인의 언론·집회·결사의 자유가 철저하게 금지된 무단통치 상황에서 한국인 스스로 전국적인 조직을 결성했다는 민족사적 의미가 있다. 또한 민족공동체의 자주적인 역량을 키우고, 이런 역량을 거점으로 건설할 수

있었다는 데 그 역사적 의미를 평가할 수 있다.

이처럼 조선기독교청년연합회의 탄생은 무엇보다 헌신적이고 일관된 이상재의 지도력이 있었기 때문에 가능했던 일이다. 그는 1911년 '105인 사건'과 1913년 '유신회 사건'으로 인해 혼란에 빠진 YMCA를 지키며, 청년 학생들에게 미래에 대한 희망과 용기를 불어넣었다. 이어 전국연합회를 조직함으로써 한국 YMCA를 든든한 반석 위에 올려놓았다.

제3절 사회문화 활동의 거점, YMCA회관

1913년에 YMCA 2대 총무로 취임한 이상재는 일제의 노골적인 탄압을 피하며, 상대적인 자율성을 활용해 YMCA의 사회문화적 역량을 키우고자 했다. 그는 일제와 직접 부딪힐 수 있는 정치 영역에서 벗어나 사회와 문화 그리고 종교 영역으로 사업을 확장했다.

1910년대 YMCA의 위상이 새로운 차원으로 들어섰다. 식민지 아래에서 한국인의 합법적 공간이 거의 사라지게 되면서 YMCA의 중요성이 더욱 높아졌다. YMCA를 '민족공동체의 거점'으로 삼아 청년의 도덕력이 회복되고 성숙된다면, 그 힘이 밖으로 자연스럽게 분출되어 민족공동체의 재건을 이룰 수 있다는 그의 생각은 큰 변화가 없었다. 그는 문명적 차원에서 개인과 민족의 도덕적인 힘이 우리가 직면한 정치사회, 경제적 난관을 헤쳐 나갈 수 있는 근본적인 토대가 될 것이라고 확신했다.[289]

일제가 YMCA 청년학관을 감시하고 또 경계를 하고 있었기 때문에 1910년대 YMCA 교육운동은 위축될 수밖에 없었다. 이에 비해 체육과 실업 분야의 활동은 일제 강점 이전보다 많이 활성화되었다.

이상재는 일찍이 10대에 장가만 들면 단번에 늙어지는 청년들을 안타깝게 여겼으며, 청년들이 기성 사회에 무조건 복종해야 한다는 권위주의와 형식주의도 반대했다. 어떻게 하면 청년들로 하여금 청년의 열정적 태도와 당당한 자신감을 갖게 할 수 있을까를 고민했다. 이에 그는 다양한 체육 활동을 통해 청년의 기상과 진취성을 찾고자 했다.[290] 또한 그는 실업교육과 공업교육 등을 실시했다. 이는 청년들이 목표를 잃지 않고 무기력한 삶을 살지 않도록 실생활에서 필요한 기술을 배우며, 이를 통해 노동의 가치와 의미를 습득하는 데 목표가 있었다.

1910년대에 YMCA회관은 이상재의 계획을 실현할 수 있는 안성맞춤의 '공간'이었다. 건물은 1907년에 미국 백화점 왕 존 워너베이커의 건축비 보조액 기부와 질레트 총무 및 YMCA 이사들, 서울의 선교사, 외교관, 은행가, 실업가 등 여러 사람의 재정적 노력으로 인해 건축되었다. 1910년대 무단적 식민 통치 하 합법적 영역에서 한국인들이 일제의 지원이나 통제로부터 벗어나 상대적으로 자유롭게 활동할 수 있는

사진 25 1907~1908년에 건립된 YMCA회관 건립의 공로자들. 왼쪽부터 질레트(P.L.Gillet), 와나메이커(J. Wanamaker), 이상재, 윤치호, 현홍택 (출처: 월남이상재선생기념사업재단)

공간이 되었다.

　YMCA회관은 종로 한복판에 위치한 대표적인 근대식 건물로 설립되어 사회문화의 중심지가 되었다. 회관 안에는 당시 강당, 운동실, 교실, 도서실, 공업실습실, 식당, 목욕장, 사진부, 사무소, 소년부 등 최신식 시설을 갖추었다. 그 가운데 강당은 강연회나 음악회처럼 대중이 모일 수 있는 열린 공간을 제공하는 등 사회문화 활동의 무대가 되었다.[291] 1907년에 건물을 세운 후 YMCA의 발전이 비약적으로 나타났고, YMCA는 종로를 넘어 한국을 대표하는 사회문화 공간으로 자리 잡았다.

　그러나 1910년대 초 몰려드는 청년 학생들이 사회체육 활동을 마음껏 할 수 있는 공간이 부족했던 게 현실이다. 그래서 이상재는 실내체육관을 구비한 현대식 건물로 변화시키기 위해 확장·증축 공사를 시작했다. 1900년대 중반 이후 YMCA는 실내체육관이 없는 빈약한 시설에서 갖고 야구·배구·축구 및 각종 육상경기와 유술·군사훈련 등 광범위한 체육활동을 운영하다 보니 공간이 늘 심각할 정도로 부족했다. 이때 미국 뉴저지의 캄덴 YMCA 회원들의 기부로 회관 건물을 증축할 수 있게 되었다. 이 증축은 1914년부터 시작해 1916년 5월에는 윤치호 총무의 취임식과 준공식을 동시에 개최할 수 있었다.[292]

　새 건물은 옛 건물에 붙어서 지은 3층 벽돌 건물로, 1층에는 청년들의 친교실·클럽실·사무실 등이 있었다. 그리고 2층에는 단풍나무로 바닥을 깐 실내체육실이 위치했다. 그 주위에는 경주로가 빙 돌아가며 위치해 있고, 탈의실·샤워실 등이 갖추어져 있었다. 또 3층에는 클럽실·합숙소 등이 있었다. 공사는 목공부 졸업생과 중국인 교사의 감독 아래 공업부 학생들이 직접 실시했다.[293]

청년회회관은 실내 체육관을 구비함으로써 청년회 설립 당시 제시되었던, 'YMCA가 청년들이 서로 만날 수 있는 장소가 되며 또 운동을 하고 목욕을 할 수 있는 장소가 되게 해야 한다'는 계획을 비로소 실현할 일이 되었다. 이 공간은 기독 청년이든 일반 청년이든, 누구든 들어와서 자유롭게 만날 수 있는 만남의 공간이 되었고 또 땀을 흘리며 교류할 수 있는 시설을 갖춘 장소가 되었다.

이런 개방성은 YMCA가 민족의 거점으로 작용해 민족 구성원들의 공간이 되어야 한다는 이상재의 생각에서 비롯되었다. 그는 1914년에 공업부 건물을 완성하고, 체육관 증축사업을 추진했다. 또 그는 목공 및 철공 등 실업교육을 강화했고, 학관을 통한 외국어교육을 활성화했으며, 담배 공장 직공들과 상점의 사환들을 대상으로 노동 야학교를 신설하기도 했다.

이와 함께 과거 양반 사대부가 천하게 여겼던 체육 활동을 연중무휴로 즐길 수 있도록 했다. 또 1915년에는 연희전문학교가 개교하는 데 YMCA를 이용하도록 허용했고, 당시 천도교인 최린을 연사로 초빙해 강연을 듣기도 했다. YMCA의 개방성은 한국인뿐 아니라 심지어 일본인들에게도 해당될 정도로 보편적인 것이었다. 이는 문명의 관점에서 도덕적 힘을 통해 이 땅의 문화와 민족공동체 재건의 기반을 마련하려는 의도에서 비롯된 것이다.

YMCA에 대한 이런 관점은 '전도 활동 기관'으로 활용하려던 언더우드 등 외국인 선교사들과 분명 차이가 있었다. 이상재는 YMCA

가 기독교 개인이나 단체에 국한되지 않고, 기독교 신앙 유무를 넘어 누구나 들어와 함께할 수 있는 공간이 되기를 원했다. 더욱이 그가 지향한 미래 사회는 한국인만 해당되는 것이 아니라, 모든 인류에게 똑같이 적용되는 보편적 사회였다. 문명 차원에서 특정 인종이나 혈연 그리고 이념이 아니라, 사람으로서 마땅히 지켜야 할 '도덕'이 중심이 되는 공동체이자 정의와 공평의 가치가 구현되는 사회였다.[294] 이에 이상재는 YMCA회관이 종교와 상관없이 모든 한국인에게 개방된 공간으로 그 역할을 훌륭하게 수행하기를 기대했다.

또한 이상재는 일제의 탄압에도 불구하고 YMCA를 통해 직업교육과 실업교육을 성공적으로 발전시켰다. 더욱이 교육에 머무르지 않고 실제 결과로 나타날 수 있도록 노력했다.

이 부분은 당시 학관 교사로 있던 스나이더(L. Snyder)의 보고에서 잘 드러나 있다.[295]

여러분도 아시다시피 1913년은 참으로 살벌한 분위기 속에서 지내야만 했던 해였습니다. 이러한 분위기는 6월의 정기총회에 절정에 달했습니다. 그렇지만 한국 YMCA는 드디어 돌파구를 찾았습니다. 그것은 YMCA가 수천 원에 달하는 전년도 잉여금으로 공업부 사업을 강화하게 되었다는 사실입니다. YMCA 선생님들과 학생들은 자신의 개인 사업을 하는 것처럼 열심히 참여했습니다. YMCA가 직접 주문을 받았고, 학교·병원·회사·가정 등에 가구를 만들어 팔았으며, 풍금이나 기계를 수선하고 구두를 배달했습니다. 인쇄·출판, 사진 촬영과 현상·환등과 슬라이드 제작 등도 했습니다. 더구나 이런 일들을 청소년들로 하여금 유능한 기독교적 시민이 되게 하는 방법의 하나로 여겼습니다. 우리 학생들과 선생님들이 신축 중인 공업부 건물과 건조기 속에 들어가서 파이프 공사를 직접 하고 있으며, 본 건물의 전기공사도 직접 하고 있습니다.

이상재는 총무에 취임한 후 조선총독부로부터 받던 재정보조금 1만 원을 거절했다. 1만 원은 당시 YMCA 예산의 30%에 해당하는 거금이었다. 그러나 한국 YMCA가 독자적으로 생존할 재정 자립의 방법을 찾기 시작했다. 일본의 간섭을 받지 않기 위해 재정적으로 독립해야 했으나 쉽지 않은 결정이었다. 그는 공업부 사업을 활성화하는 데 초점을 맞추었다. YMCA를 재정적으로 지키려는 회원들이 여기에 더해지면서 효과가 나타났다.

이상재는 실업교육으로 공업과 기술교육을 강조했다. 그는 일찍이 주미 공사관 시절 미국에 체류하면서 모든 사람이 자기 직업을 갖고 열심히 살아가는 모습을 보며 직업과 실업교육의 중요성을 깨달은 바 있다.[296] 그는 이런 문제의식에 기초해 YMCA에서 실업교육을 전개하고자 했다. 이는 사농공상(士農工商)의 전통적 신분관 및 근로관에서 비롯된, 사람을 차별하는 불평등의 관점을 타파하기 위해서였다. 이를 통해 그는 정신문명에 치우친 한국 사회의 풍조를 바로잡아 물질문명과 균형을 이루어 청년의 도덕심 양성을 목표로 했다. 이것은 청년들이 도덕을 기초로 다른 사람의 존엄성을 인정하고 자신에게 책임을 부여하는 '인간 평등' 의식으로 발전할 수 있다는 그의 관점에서 나온 것이었다.

한편, YMCA가 민족의 활동 거점으로 온전히 자리 잡기 위해서는 자립 운영이 절실했는데, 이상재가 총무에 취임한 후 YMCA는 자립적 운영이 가능해졌다.[297] 그는 YMCA 사무실의 실무진도 공업부 직원이 더 많이 채용되도록 했다. 이와 함께 청년회 기관지로『중앙청년회보』(中央靑年會報)가 1914년부터 매달 출간되었다.[298] 이로써 YMCA 사업의 정신과 그 현황을 보도했는데, 1910년대 무단통치기의 종합잡지로서 민족공동체의 신문화 건설과 기독교 정신의 정체성을 드러내는 데 이바지했다. 1910년대 일제의 무단통치 아래서 기독청년뿐만 아니라 민족공동체의 주요한 소통 매체로 자리 잡았다.

이상재는 총무 시절, 긴축재정을 하면서도 종교부 예산을 70% 이상 늘려서 집행했다. 이것은 그가 종교부의 활동을 오히려 강화했다는 점을 의미한다.[299] 1910년대 전반 YMCA 종교부 활동 중 그가 중점을 두었던 것이 성경 공부였다. 이는 부흥회적 경건회와 구별되는 것을, 청년들에게 기독교가 갖고 있는 도덕적 힘과 생활의 변혁을 이끌어 내려는 이른바 '의식화'(意識化) 작업의 일환이었다.

그는 기본적으로 YMCA의 종교부 활동 목적을 문명 차원에서 청년들의 도덕력 함양에 두고 있었다. 이는 기독교를 단순히 믿는 데 그치는 것이 아니라, 자신이 믿는 바를 사회 속에서 행동해야 완전한 믿음에 이른다는 이상재의 인식이 작용했던 결과다. 즉, 그는 YMCA를 통한 사회정의와 능동적인 생활로 양성된 도덕의 힘을 통해 청년층 및 민족공동체에 개인보다 공공이나 공동의 가치와 이익인 '공공선'(公共善)을 제시하고자 했다. 이를 통해 도덕심을 기초로 한 민족공동체의 재건 목표를 지향했던 것이다.

이상재는 사회운동 차원에서 회원확대운동을 진두지휘했다. 이

에 대해 그레그(G.A.Gregg) 간사는 다음과 같이 보고했다.[300]

지난 6월, 한국 YMCA 역사상 최초로 회원확대운동이 시작되었다. 이 운동은 외국인 간사들의 간섭 없이 한국인 자신의 노력과 착안으로 전개되었다. 일을 하지 않는 회원들에게는 불가능한 일로 여겨졌지만, 열성적인 회원들은 300여 명의 신회원을 목표로 열띤 운동을 전개했다. … 장안의 유명한 보석상인 … 제일 큰 구두상인 … 큰 실업가 한 사람은 폭우가 내리는 거리를 뛰어다니며 회원 모집을 했는데, 그것을 보고 그의 친구가 "이런 날에 자네 미쳤나"라고 하니까 "천만에요, 이런 날에 뛰어다녀야 거절을 못해요"라고 대답했다. 그 결과 목표보다 더 많은 325명을 모집했다. 회원들은 평화반(平和班)·인내반(忍耐班)·발전반(發展班) 등으로 조직되었고, 각 반에는 반장이 선두 지휘를 했다. 여기서 얻은 주요한 부산물은 회원들의 시민 의식과 협동 정신의 개발이었다. 이 정신은 다른 사회인에게도 큰 영향을 주어서 이 운동이 끝난 후에는 수많은 민간인 집회가 YMCA회관에서 개최되었다.

이상재는 1916년부터 조직적이며 민주적인 방법으로 회원확대운동을 시작했다. 조선총독부가 YMCA를 아무리 탄압하려고 해도 평화적이며 합법적인 회원확대운동을 금지할 수는 없었다. 그 결과, 1915년에 회원 수가 671명이었던 것이 1916년에는 924명으로 대폭 증가했다. YMCA를 종교 단체를 넘어 민족의 거점으로 세우려는 이상재의 노력을 민족 구성원들이 호응한 결과였다.[301] 열성적인 회원들의 헌신적 활동과 체계적인 조직화를 통한 회원확대운동은 YMCA가 도덕적 힘 아래 청년 개인의 심성을 개발해 한국인들에게 자발적이고 책임 있는 근대적 사회의식을 함양시키는 데 조직적인 힘이 되었다.

이처럼 이상재는 공업교육, 야학 등 실업교육을 활성화해 사농공상의 전통적인 차별 의식을 극복하고자 했다. 그는 체육을 통해 한국인들의 건전한 신체와 협동력을 키우고자 했다. 그는 식민지 아래에서 YMCA를 모든 계층에게 열려 있는 사회문화의 활동 공간으로 제공하고자 했다. 그는 YMCA를 양반 관료층 또는 청년 지식인층의 범주에서 벗어나 모든 계층의 사회문화 공간으로 탈바꿈시키고자 했다. 그것은 문명적 차원에서 YMCA를 정의와 윤리, 도덕이 중심이 되는 민족 개조의 거점으로 세우기 위한 그의 중장기적인 목표에서 비롯되었다.

제4절 일본 제국주의 비판

이상재는 일제의 강점 후 망명하지 않고 국내에 거주하며, 죽을 때까지 이 땅을 지키며 사는 것이 자신의 소명으로 생각했다. 그는 한성감옥에서 나오면서 앞으로 종교와 교육을 통해 국가 개혁의 근본인 국민의 도덕심을 향상시킴으로써 나라와 민족을 회복시키는 삶을 살겠다고 다짐했다.

그런 이유로, 1907년에는 민족의 백년대계를 위해 YMCA의 간부가 되어 인재를 양성하고, 또 청년운동에 종사해 달라는 주변의 요청을 받고 고민 끝에 YMCA에 전념하기 시작했다. 그는 YMCA를 위한 헌신이 곧 나라와 민족을 위해 자신이 할 수 있는 것임을 확신했다. 모든 것은 하나님에게 맡기고, 오직 자기가 할 수 있는 범위 내에서 최선을 다하자고 결단했던 것이다.

그는 나라와 민족 변혁의 기초인 도덕적 힘을 키우기 위해 시간과 노력이 필요하다는 의미에서 '점진주의적 자기 개조'를 주장했다. 그는 망명을 해서 독립운동을 하는 것도 중요하나, 일제의 압제에 고통받는 민족과 함께 현장에 있으며 그들을 격려하고 또 우리 스스로의 힘으로 새로운 민족과 새로운 나라를 세워 가자는 의식을 불어넣어 자주적 독립국가의 토대를 준비하는 것이 더욱 중요하다고 판단했다. 그는 이 방법을 소극적으로 생각하지 않았고, 오히려 더 어려우면서도 적극적인 방법이라고 생각했다. 이런 인식에서 그는 이 땅을 떠나지 않고, 1910년대 YMCA를 민족 개조의 거점으로 삼아 사회문화개혁운동을 이끌었다.

이러한 이상재를 일제가 그대로 놔둘 리가 없었다. 일제는 강점 직후부터 한국의 유명 인사나 명망 있는 인물과 기관들을 회유하는 차원에서 이상재에 대한 회유책을 시도했다.

강점 직후 한일병합의 당위성을 선전하던 일본인 인사가 이상재를 찾아왔다. 그 자리에서 이상재에게 한일병합에 대해 소감을 물어보았다. 그는 덮어놓고 "좋다"라고 대답했다. 이를 이상히 여긴 일본인이 자꾸 '좋다'라고 하는 까닭이 무엇인지를 물어보자, 그는 기다렸다는 듯이 "내가 좋다고 한들 당신네들이 합병을 취소할 리가 없으니 내 속에 있는 말을 할 여지가 없다. 그러므로 덮어놓고 좋다고 한 것인데, 이것이 당신들이 듣고 싶어 하는 말이 아니겠소"라고 말했다.[302] 이에 그 일본인은 더이상 묻지 못하고 슬그머니 자리를 떠났다고 한다.

앞서 보았듯이, 일제는 YMCA 내에 유신회 와해 공작을 추진하다가 좌절된 적이 있다. 이어서 한국 YMCA를 일본 YMCA에 예속시키려 한 적도 있다. 그때마다 일제는 YMCA의 단단한 저항에 부딪혔고, 그 중심에 이상재가 버티고 있음을 알게 되었다. 그래서 일제는 그를 돈으로 매수하려고 했다.

조선총독부에서는 이상재에게 돈 5만 원을 줄 테니 귀향해서 여생을 평안하게 지내기를 제안했다. 이상재는 "이 돈으로 땅을 사라는 것은 나더러 이 자리에서 죽으라는 말이니, 이 돈을 받을 내가 아니라"라고 단칼에 거절했다. 이어서 "나는 하늘에서 타고나기를 일생을 평안히 마치지 못하게 타고났다"고 대답했다. 이에 일제가 더이상 유혹하지 못했다고 한다.[303] 비록 평생을 가난과 궁핍을 벗을 삼아 산 이상재였으나, YMCA를 와해시키고 자신을 넘어뜨리는 일제의 간계에는 결코 넘어갈 수 없었던 것이다.

사진 26 한국 기독교계들의 일본시찰단 일행(1911. 8.) 가운데 이상재
(출처: 월남이상재선생기념사업재단)

한편, 강점 이후 일제는 '한일병합 기념'이라는 이름 아래 기독교 단체 대표들을 선발하고 또 일본 기독교 단체 방문단을 조직해 일본 도쿄로 초청했던 적이 있다.

일본인이 서울에 조직했던 경성기독교청년회의 주선으로 한국 기독교회 대표들이 도쿄에 방문하게 된 것이다. 일종의 한국 기독교계 회유책에서 나온 것이었다. '105인 사건'으로 한국 기독교 지도자를 다수 투옥해 기독교를 탄압한 상황에서 이번에는 도쿄 시찰을 통해 24명을 회유하려고 했던 것이다. 감리교 대표 18명, 장로교 대표 11명의 기독교계 대표가 1911년 8월 2~13일까지 11일간 일본을 여행했다.

이때 이상재도 장로교 교회 대표단의 일원으로 일본의 도쿄를 방문하게 되었다. 그는 현지에서 일본의 병기창과 군수공장을 돌아보았다. 이에 대해 그는 "성경에 칼로서 일어난 자는 칼로서 망한다고 했는데, 일본이 그처럼 칼을 쓰다가 망할까 하는 일이오"[304]라고 하며, 한반도를 군사적으로 장악하고 지배하며 군사력을 끊임없이 증강시키고 있는 일본의 군국주의적 행태에 대해 성경 구절에 비유해 비판했다.

나는 내지(內地, 일본)에 가서 물질문명이 진보한 데 대해 감탄했다. 이것은 내가 외국에 있을 때에도 느낀 것이지만, 외국에서는 이에 더하여 정신문명도 병행하고 있었으나 내지에서는 정신문명이 물질문명에 수반되지 않음을 느꼈다. 이것은 내가 깊은 사랑을 가지고 말하는 것인데, 일본인은 물질문명을 신(神)으로 생각하고 있다.

위 내용은 이상재의 주장으로 일본의 기독교계 신문에 게재된 것이다. 그는 일본의 근대 문명은 정신적인 도덕 문명 없이 외형적인 물질만을 추구하는 문명이라고 보았다. 그는 이를 구체적으로 미국과 비교 설명했다. 그가 보기에 미국이라는 나라는 근대 문명으로 물질문명과 정신문명이 공존하는데, 정신문명으로 도덕의 힘이 물질문명의 기초가 되고 있다고 보았다. 반면에 일본은 외형적인 힘만을 지향하는 사회로, 정신문명으로 도덕 문명이 없다고 판단했던 것이다. 정신문명의 부재가 일본의 가장 큰 문제임을 지적했던 것이다.

만약, 일본이 정신문명에 기초가 되는 도덕 문명이 존재하고 있다면, 한국이 부여받은 주권을 침탈해 무참하게 빼앗고 압제하는 일이 없었을 것이고, 착취와 억압이 아니라 자유와 평화가 그대로 나타날 것이었기 때문이다. 이런 점에서 일본에 정신문명으로 도덕 문명이 존재한다면, 하나님이 한국에 부여한 자주적인 독립의 권리를 어떻게 침탈하고 착취할 수 있겠는가, 하고 정면으로 반문했던 것이다. 즉, 이상재는 일본이 한국을 강점하고 난 뒤에 '동양의 유일한 문명국'을 자처하며 한국의 지배를 합리화하려고 하던 일본을 정면으로 공개 비판했던 것이다. 문명사의 관점에서 보면, 일본은 도저히 문명국으로 볼 수 없으며, 오히려 도덕적 힘을 양성하고 강화시켜 가는 한국이야말로 문명국이 될 수 있는 자격이 있다고 주장했다.

이런 의미에서 이상재의 도덕 담론은 일제의 식민지 상황에서 단순히 추상적이거나 공허한 관념이 아니었다. 그것은 문명사 차원에서 민족공동체가 처한 식민지의 현실을 고발하고, 일제의 침략을 비판하는 '항일'(抗日) 및 상황을 반전시키는 전복(顚覆)의 논리로 작용했다.

다시 말해, 이상재는 비록 한국이 물질문명의 힘이 약해 일본의 식민지가 되었지만, 문명사 차원에서 정신문명을 중시하고 또 자유와 평화 그리고 독립을 추구하는 한민족이 정신적이고 내적인 면, 즉 도덕적 힘이 일본보다 우위에 있음을 언급했던 것이다.

그는 문명국을 자처하면서 한국의 자유와 독립을 침탈한 일제야 말로 정신문명의 핵심인 도덕이 결여된 저급한 수준임을 비판하고, 물질적 힘과 외형적 힘이 아닌 내면적 힘, 정신적 힘, 문화의 힘으로 도덕의 중요성을 강조했다. 단순한 독립의 단계를 넘어 민족공동체의 도덕적 힘을 키우고 강화함으로써 진정한 문명국의 단계로 나아가자고 역설했던 것이다.

제 3부

민족의 독립과
재건을 꿈꾸다

제1장
3·1운동 배후에서 활동하다

제1절 국제정치의 변동과 '백만인독립청원'

이상재는 1916년 4월, YMCA 명예 총무가 되었다.[306] 윤치호가 석방되자, 바로 그에게 YMCA 총무 자리를 양보했다. 윤치호는 1912년 「105인 사건」으로 체포되어 6년형을 선고받고 수감 중이었는데, 1915년 2월 15일에 특사로 석방되었다.[307] 이상재와 윤치호는 일찍이 독립협회를 이끌며 서로에 대한 신뢰 속에 '동지적 관계'가 형성되어 있었다. 이상재는 윤치호를 YMCA를 이끌고 나가는 데 최고의 적임자로 생각하고 있었기 때문에 그가 석방되자 주저하지 않고 그에게 YMCA 총무 자리를 넘길 수 있었다.

이 무렵, 식민지 조선에는 새로운 상황이 형성되고 있었다. 1910년대 후반 일제의 강점 정책에서 비롯된 식민지 모순의 심화는 한민족의 정체성과 독립 의식을 더욱 고양시켰다. 이는 폭압적인 탄압 속에서도 한국인의 민족운동이 지속되는 이유가 되었다. 이와 함께 제1차 세계대전의 종결과 함께 조성된 국제 정세와 미국 대통령 윌슨의 민족자결주의가 세계로 확산되었다. 민족자결주의는 각 민족이 정치적 운명을 스스로 결정할 권리가 있으며, 다른 민족의 간섭을 받을 수 없다는 주장이다. 이를 계기로 그동안 주춤했던 일제에 대한 저항적인 분위기가 국내는 물론 국외에서도 고조되었다. 한국의 독립을 호소하며 국제사회의 관심과 지원을 이끌어 내려는 계획이 준비되었다.

1918년 말부터 국내외 민족운동가들은 서로 긴밀히 왕래하며 국제사회에 한국의 독립과 관련한 문제를 제기하기 위한 움직임을 모색하는 분위기가 형성되었다.[308] 한국의 민족운동가들은 민족자결주의가 패전국이 보유한 식민지를 처리하기 위한 원칙으로 제시된 것이므로, 승전국인 일본의 식민지 지배를 받고 있던 한국에 적용되지 않는 것을 알고 있었다. 이를 기회로 삼아 윌슨의 민족자결주의를 한국 독립 문제에 대한 국제적 관심과 지원을 끌어내는 데 활용하고자 했다.

이때 한국 YMCA는 국제적 네트워크를 활용하고 있었으므로 국제사회의 흐름을 이해하는 데 누구보다 유리한 환경이었다. 제1차 세계대전이 끝나면서 국제 무대에는 새로운 세계가 열릴 것이라는 기대감이 커져 갔다. 국제사회에는 세계대전의 충격과 함께 각성을 가져와 힘이 지배하는 제국주의와 자본주의의 병폐에 눈을 뜨고, 정의·인도의 사회를 건설해야 한다는 주장이 광범위하게 제기되기 시작했다. 국제 무대에는 약육강식 및 우승열패의 사회진화론을 비판하며, 정의·인도·박애·자유·평등을 표방하는 인도주의와 평화주의가 확산되었다. 이상재를 비롯한 YMCA 지도자들은 제1차 세계대전 이후 국제 무대에 확산되는 새로운 변화의 흐름을 빠르게 인식하고, 미국과 영국 등의 '승리'로 '평화'의 시대가 올 것이라는 기대를 갖기 시작했다.

예를 들면, 1918년 11월 10~16일까지 1주일간 YMCA에서 특별 강연회가 개최되었다. "인도주의"(오긍선), "인생의 최고 이상"(신흥우), "사회 개량의 요구"(김필수), "생활난의 원인"(박희도), "신구문명의 득실"(오화영), "평화의 주인"(신흥우) 등을 주제로 진행되었다.[309] 이들 주제는 급변하는 현실을 반영한 것으로, 폭압적인 식민정책에 대한 민주주의 계몽 강연의 성격을 띠고 있었다.

이런 분위기에서 이상재는 1919년 3·1운동이 일어나기 직전까지 각종 강연회, YMCA 일요 강좌 모임, 토론회, 각종 체육 활동, 음악회 등에서 활동했다. 식민지 조선을 둘러싼 국제 무대의 변화를 인식했던 그는 청년 학생층을 대상으로 세계사적 흐름 속에서 인도주의와 평화주의에 대한 각성을 호소하며 민족의식을 깨우는 일에 전력을 다했다. 날카롭고 의미심장한 풍자와 해학을 구사하며 민족운동을 배후에서 지원했다.

이상재는 제1차 세계대전 직후 민족자결주의가 대두되면서 누구보다 민감하게 국내외 정세를 주시하며 움직이기 시작했다. 당시 제1차 세계대전의 종전 무렵, 이상재는 국외 민족운동가들이 천도교 지도자 손병희와 함께 국내 민족운동 진영을 대표하는 지도자로 인식했다. 국외 민족운동가들은 국내 민족운동 세력과 민족운동의 방략이나 실천의 문제를 놓고 논의할 때 국내에서 가장 먼저 만나 상의해야 할 인물로 이상재를 지목했다. 그것은 국외 민족운동가들이 국내에 들어와 독립 인사를 만날 때 가장 믿을 수 있고 신뢰할 만한 지도자로 이상재를 주목하고 있었기 때문이다.

1918년 8월에 중국 상해에서 조직된 신한청년당은 제1차 세계대전이 끝나자, 급변하는 정세에 적극 대응하기 시작했다. 이 단체는 파리평화회의를 통해 국제사회에 한국 독립의 당위성을 알리는 한편, 한민족 전체의 의사를 표명하기 위해 국내에 인물들을 파견했다.

1919년 2월초, 신한청년당은 장덕수를 국내에 파견해 독립운동 문제를 논의하기 위해 이상재와 만날 계획을 세웠다. 장덕수는 이상재, 손병희 등을 비롯해 국내 유력 인물들을 만나 국내 및 중국·일본 등에서 전개될 민족운동에 관해 협의할 것을 계획했다.[310] 그러나 국내에 잠입한 장덕수가 이상재를 만나지 못하고 일제에 체포되고 말았다. 이렇듯 이상재와 장덕수의 접촉은 실패로 끝나고 말았다.[311]

국외 민족운동가의 인식은 미주 민족운동가들 사이에서도 그대로 나타났다. 1919년 1월 중순경 국내에 들어온 미국 유학생 여운홍의 경우가 대표적인 사례다.[312]

… 1919년 독립운동 당시 내가 입국한 것도, 파리에 가게 된 것도 헐버트 박사의 지도에 의하였던 것이다. 제1차 세계대전이 끝난 후 5일, 1918년 11월 16일 오후에 선생을 뉴욕의 한 호텔에서 만나 파리강화회의에서 조선 문제가 토의될 것인가 아닌가에 대하여 논의가 되었다. 윌슨 대통령이 제창한 민족자결 원칙에 기초하여 조선 문제가 반드시 상정될 것이라고 논단하고 곧 평화회의에 보낼 한국독립청원서를 기초하기 시작하여 밤을 그대로 새고 다음 날 아침에 끝을 낸 후에 선생이 말씀하기를 "너는 곧 조선으로 가서 백만인(百萬人) 이상의 서명을 이 청원서

에 받아가지고 빨리 파리로 오라." … 샌프란시스코로 가서 안창호 선생에게 여비를 얻어 가지고 귀국하여 서울에서 이상재 선생과 그 외 여러 명의 동지와 상의한 즉 시간상으로나 도는 제반 정세로 보아 백만인의 서명은 불가능하니 곧 상해로 가라 하여 …

윗글은 여운홍이 1949년 10월에 사망한 헐버트 박사를 회고하며 쓴 글의 일부다. 이 내용의 핵심은 1919년 초 이상재가 국외 민족운동 세력과 연계해 1919년 파리강화회의에 백만인 독립청원운동을 준비했다는 것이다. 제1차 세계대전 종결 직후 여운홍은 뉴욕에서 헐버트(Homer

사진 27 　호머 B. 헐버트(Homer B. Hulbert)

Hulbert)를 만나 파리강화회의에서 한국 문제가 논의될 것을 대비해 독립청원서를 제출하기로 계획했다. 이 자리에서 헐버트는 여운홍에게 독립청원서에 백만인의 한국인 서명이 필요하니, 국내에 들어가서 이상재를 만나 서명을 받아 파리로 올 것을 부탁했다.

1919년 1월 11일에 귀국한 여운홍이 가장 먼저 만난 인물이 이상재였다. 이상재는 여운홍에게 독립청원서 백만인 서명 문제를 논의하기 위해 국내 주요 인물들을 소개했다. 그러나 일제의 삼엄한 경계 아래 짧은 기간 안에 백만인 독립 청원 서명을 받는다는 것이 현실적으로 어려운 일이었다. 그래서 이상재는 백만인 독립 청원 서명을 받는다는 것이 시간상 불가능하다는 것을 여운홍에게 설명했다. 이런

상황을 파악한 여운홍은 백만인 독립 청원 서명 협의를 중단하고 중국 상해로 떠나게 되었다.[313]

이는 이상재가 국내 민족운동 진영을 대표하는 민족 지도자로 인식되고 있었다는 것을 상징적으로 보여 준다. 헐버트는 국제 무대에서 한국의 민족운동을 후원했던 대표적인 외국인[314]으로, 1907년 헤이그특사 파견과 관련해 국내 지도자들과 은밀히 준비를 한 인물이기도 하다. 그는 이상재를 국내 민족운동 진영의 대표적인 민족지도자로 인식하고 있었던 것이다.

이렇듯 이상재는 3·1운동 직후 국외 민족운동 진영에 국내 대표적인 지도자로 알려져 있었다. 이는 그가 국제 정세에 대응해 국내에서 민첩하게 움직이고 있었음을 보여 준다. 더욱이 그는 국외 민족운동진영과 연계해 파리강화회의에 독립 청원을 위한 백만인 서명을 추진했다.

여운홍의 회고는 이상재가 미주 지역에 독립선언의 대표자로 알려진 것과도 깊은 연관성이 있었다. 미주 지역에 3·1운동 소식이 알려진 것은 상해에 있던 현순의 전보를 통해서였다. 현순은 3월 1일 샌프란시스코의 안창호에게 3·1운동에 관한 전보를 보냈는데, 이것이 전신 기계의 고장으로 3월 9일에 늦게 도착했다.[315] 이 전보에서 현순은 독립선언의 대표자로 이상재와 손병희·길선주를 꼽았던 것이다.

나중에 독립선언서에 이상재가 서명을 하지 않은 것으로 알려지면서 '해프닝'으로 끝났다. 그렇지만 이 일은 국외 민족운동 진영에서 이상재를 어떻게 인식하고 있는가 또 그의 위상이 어떠했는지를 단적으로 보여 준다는 점에서 의미가 있다. 이상재를 손병희와 함께 국내 민족운동을 대표하는 인물로 이해하고 있었던 것이다.

제2절 3·1운동 준비 과정에 참여

3·1운동 준비 단계에서 이상재의 움직임은 1918년 말경부터 나타났다. 그는 제1차 세계대전이 끝난 직후 손병희·최린 등의 천도교 측의 인사들, 이승훈·박승봉 등 기독교 측의 인사들, 한용운 등 불교계 인사들, 송진우·김성수·최남선 등 교육계 인사들과 폭넓은 접촉을 갖기 시작했다.

당시 이상재가 개인적으로 가깝게 지낸 인물은 이승훈과 박승봉 등이었다. 1864년 평안북도 정주 출신인 이승훈은 오산학교를 세워 교육운동에 뛰어들었던 서북 지역의 대표적인 기독교 민족운동가였다.[316] 그는 3·1운동 준비 과정에서 기독교계의 실제적인 지도자 역할을 담당했다. 박승봉은 1871년에 서울에서 태어났고, 1890

사진 28　남강(南岡) 이승훈(李昇薰) (출처: 남강문화재단)

년대 중반에는 2년 동안 미국에 공사 참사관 및 1907년 평북 관찰사를 역임했던 양반 관료 출신의 인물이다.[317] 평안도 출신의 이승훈이 서울에 오면 박승봉의 집에 머물 정도로 가까웠다.[318] 이상재와 박승봉은 1904년 연동교회에서 만나 깊은 신뢰 관계를 형성하고 있었다.

이상재·이승훈·박승봉은 나이 차이에도 불구하고 의형제처럼 가깝게 지냈다. 당시 박승봉의 집은 이상재를 비롯해 이승훈·함태영·현순·김필수·김도태·송진우·현상윤·오세창 등이 3·1운동을 준비하던 장소 가운데 드러나지 않은 장소 중의 하나였다.[319]

그 무렵, 이상재는 2월 8일 일본 도쿄의 조선 유학생들이 일으킨 독립선언문 발표를 잘 알고 있었다. 유학생들의 독립선언에 큰 영향을 미친 것은 미국 대통령 윌슨(Thomas W. Wilson, 1856~1924)의 민족자결주의였다. 이와 함께 윌슨과 친분 관계가 있던 이승만이 한국의 독립을 요청하는 청원서를 미국 정부에 제출하고, 세계약소민족 대표자회의에 참석해 발언할 것이라는 소식도 힘이 되었다. 국내에서 이상재는 국제 무대의 동향과 민족운동가들의 움직임을 주목하고 있었다.

1919년 2월에 국외 움직임에 대응한 국내 민족운동의 준비가 구체화되었다. 3·1운동을 대표하는 '각계 민족 지도자'를 선정해야 할 단계에 이르게 되었던 것이다. 민족 대표 33인 중 천도교 측 인사였던 이종일은 이상재가 초기부터 3·1운동에 동참할 뜻이 있었을 뿐 아니라 적극적이었다고 언급했다.[320] 그는 이상재가 "천도교 측에서 나선다면 나는 기독교인들을 동원하겠다"라는 입장을 분명히 취하고 있었다고 밝혔다.

그러나 이상재는 독립에 찬성하면서도 3·1운동 민족 대표에 서명자로 참여하지는 않았다.[321] 1919년 2월 중순, 이상재는 천도교 대표 손병희와 함께 3·1운동 선언에 참여해 달라는 요청을 받고 서명을 거절했다.[322]

이런 모습은 지금껏 보여 왔던 강직하고 비타협적 모습의 이상재와 관련해 '의아함'을 자아내게 한다. 3·1운동 준비 단계에 적극적으로 참여했던 그가 민족 대표 33인 및 48인에도 이름을 올리지 않은 것은 어떤 이유였을까, 하는 '의문'이 든다. 그가 일본에게 절대적으로 유리한 국제 정세 때문에 전 민족의 항일 의지가 한국 독립으로 연결되지 않을 것이라는 현실적 판단 때문이라고 하더라도, 민족 대표에 직접 참여하지 않은 것은 이해하기 쉽지 않다. 이를 어떻게 설명해야 할 것인가?

이상재는 3·1운동 관련 혐의로 체포되어 재판을 받을 때 자신이 독립을 찬동하지 않았다고 했다. 하지만 경무총감부에서 심문을 받는 과정에서는 3·1운동에 참여했던 사실을 인정했다. 심문 내용에 의하면, 당시 병석에 있던 이상재는 이승훈이 천도교와 기독교가 연합해 조선의 독립을 추진하는 데 기독교계 지도자로 참여해 달라고 요청하자, "조선의 독립을 하루도 잊은 적이 없다. 그 운동에는 찬성하나 지금은 병중이라 체포당하면 곤란하다. 뒷날 운동에는 책임을 질 것이니, 제1회 운동에는 이름을 내지 않고 뒤에 남아서 독립운동을 계속 추진하겠다"라고 했던 것이다.[323]

즉, 이상재는 3·1운동의 뒷수습을 하고 민족운동을 새로 추진할 조직체를 이끌어 나갈 지도자로 남아 있겠다는 의도에서 3·1운동의 전면에 나서지 않았던 것이다. 이는 당시 함께 활동했던 인물들의 진술을 통해 확인된다.

이갑성은 이상재가 민족 대표로 전면에 나서지 않은 이유가 독립선언 이후 제3진의 지도자로 예비했기 때문이라고 했다.[324] 1957년에 이상재의 무덤을 충남 한산에서 경기도 양주로 옮길 때 추념사에서 "이승훈 씨와 나는 천도교의 최린 씨를 만나게 되었고, 그 결과 기독교와 천도교의 합작에 의한 3·1운동의 계획이 구체화되었던 것입니다. 이 운동의 결과로 일시에 많은 지도자를 잃게 되는 경우, 그 뒤를 이어 뒷수습을 하고 새로이 민족운동을 조직하고 이끌어 갈 지도자로 월남 선생이 남아 있어야 한다는 데 우리는 합의함으로써 이옹은 3·1운동의 일선에 직접 나서지 않게 되었습니다"라고 분명하게 밝혔다.[325]

이렇게 이상재는 3·1운동의 전면에 나서는 대신 그 배후에서 지원하고 참여했다.[326] 비록 민족 대표 지도자로서 참여하지는 않았으나, 이상재는 박승봉의 집에서 이승훈·박승봉과 함께 오세창이 비밀리에 들고 온 독립선언서를 검토하며 부분적으로 교정을 했다.[327] 또 그는 자신보다 명망이 높고 재정이 풍부했던 천도교 지도자인 손병희를 3·1운동의 최고 지도자로 추천하기도 했다. 이렇듯 이상재는 배후에서 3·1운동을 조직하고 지원하는 활동을 펼쳤다.

한편, 1919년 4월 4일 새벽, 이상재는 일제의 예비검속에 걸려 김필수·오기선 등과 함께 체포·투옥되었다.[328] 1919년 1월부터 계속 투병 중에 있던 그는 차가운 감방에 갇히면 십중팔구 건강에 문제가 생길 수 있었다. 그의 나이 70살이었다. 나이와 건강 상태가 좋지 못한 상황이었다. 투옥되었을 때 그의 건강을 가장 많이 걱정하고, 그의 석방을 위해 노력했던 인물은 '평생 동지'인 YMCA의 윤치호였다. 그는 총독과 친밀한 야마가타 이소오(山縣五十雄) 서울프레스 사장을 만나 이상재의 석방을 간곡하게 부탁했다.[329]

이상재는 조사 과정에서 일본 검찰관의 고문과 협박에도 불구하고 의연하게 대응했다. 일본 검찰관이 고문 도구를 들어 위협하며 강제 심문을 하려고 하자, 그는 "일본 놈들은 제 부모도 때린다더냐. 어디 나도 쳐 봐라"라고 말하면서 강하게 맞대응했다.[330] 일제는 이상재가 3·1운동에 직접 관여했다는 사실을 찾아내지 못했다. 3·1운동 민족 대표로 서명하지 않았으나, 일제는 한국인들에게 대표적인 민족 지도자로 인식되던 이상재의 존재가 부담스러울 수밖에 없었다. 하지만 연로한 이상재를 옥에 계속 잡아 두기도 난처한 일이었다. 일제는 이상재의 나이와 질병을 이유로 보석금 200원에 보석을 결정했다.

문제는 이상재가 보석금을 낼 만한 형편이 못 되었다는 것이다. 이상재는 보석금 문제에 관해 자신을 도와줄 수 있는 유일한 친구로 윤치호를 언급했다. 6월 7일에 윤치호가 보석금 200원을 낸 덕분에 석방될 수 있었다.[331] 이어 8월 4일 예심을 마치고 증거가 불충분하다는 이유로 그의 재판이 종결되었다.[332]

한편, 이상재는 3·1운동을 문명사 차원에서 전개된 비폭력 저항운동으로 인식했다. 1957년 5월, 이상재의 무덤을 충남 한산에서 경기도 양주로 옮길 때 변영로가 비문(碑文)을 썼다.

여기에서 그는 "그중에 특기할 것은 3·1운동의 방법을 지정한 것이다. … 다수인이 한결같이 살육을 주장했으나 오직 선생은 살육하느니보다 우리가 죽기로 항거하여 대의를 세움만 같지 못하다고 제의하셨다. 그리하여 무저항·비폭력의 혁명운동이 처음으로 전개되어 인류 역사상 우리가 영광스러운 사적을 가지게 되었던 것이다"[333]라고 전하며, 이상재가 3·1운동 방법을 놓고 비폭력 저항운동을 주장했던 것을 언급했다.

3.1운동의 시위 양상이 후반에 폭력적으로 변화된 점도 있으나, 기본적으로 3.1운동은 인도주의와 평화주의를 내세우는 보편적인 민족운동이었다. 여기에 이상재의 주장이 영향을 미쳤다는 언급은 그 의미가 적지 않다. 이상재가 구금되었다가 1919년 6월에 석방되었을 때 일본 검찰관의 물음에 대한 답변 내용에서도 잘 드러나 있다.

문 : 이 운동은 누가 먼저 시작했는가?
답 : 2천만 민족이 다같이 시작했다.
문 : 아니, 구체적으로 말하라.
답 : 하나님의 지시로 했다.
문 : 당신이 한 것이 아닌가?
답 : 나도 했다.
문 : 연루자가 누구인가?
답 : 연루자? 독립운동은 혼자 하는 것이지, 연루자가 있을 리 없다.
문 : 무슨 흑막(黑幕)이 있지 않은가?
답 : 흑막? 나는 백막(白幕)으로 했지 흑만은 없다. 2만 명이나 되는 경찰과 형사들이 전국에 거미줄처럼 벌려 있으면서 너희가 그것을 몰랐다는 것이 무슨 소리냐? 거기에 흑막이 있다 하니, 이 문제가 커지니까 책임을 회피하기 위해 그따위 말을 하는 것 아니냐?

이상재는 3·1운동이 천의(天意), 즉 하늘의 뜻으로 된 것이며 또 2천만 민족의 주체적 의지의 발로로 이루어진 것임을 주장했다. 또한 누군가의 사주를 받아서 인위적으로 이루어진 것이 절대 아니며, 하나님이 이루어 주신 것이라고 강조했다. 이는 그가 우리 민족에게 도덕의 힘을 주신 하나님이 우리의 독립도 마침내 이루어 주실 것이라는 확신을 드러냈다. 비록 억압적 식민지라는 절망스러운 상황이었지만, 이를 통해 이상재가 문명사 차원에서 비폭력 저항 투쟁의 방법으로 도덕의 힘이 중심이 되는 민족공동체의 재건을 절대 포기하지 않았음을 알 수 있다.

제3절 한성임시정부 조직과 배후 지원

이상재는 1919년 4월 23일, 지금의 서울에서 출범한 한성임시정부를 조직하는 배후에서 활동했다. 그가 한성 정부의 조직과 선포 과정에서 조직의 핵심 주체였다는 분명한 자료는 아직까지 없다. 그러나 여기에 관여했음을 보여 주는 간접적인 증거들은 꽤 많이 확인되고 있다. 즉, 그는 3·1운동 때처럼 민족지도자로서 전면에 나서지 않았으나 배후에서 한성임시정부의 조직과 선포 과정에 깊이 관여했을 것이라는 가능성을 보여 준다.

3·1운동 이후 국내외에서는 향후 민족운동을 이끌어 나갈 임시정부(臨時政府)가 선포·조직되었다.[334] 그중에서 가장 마지막으로 수립된 것이 한성임시정부(漢城臨時政府)였다. 임시정부를 선포하기 위한 국민대회를 소집하는 계획은 3·1운동의 시작과 함께 추진되었다. 실제로 국내에서 이규갑·홍면희(홍진)·한남수·김사국 등이 이를 제일 먼

저 실행했다.

이들은 3월 16~17일, 한성오의 집에서 '4월 2일 13도 대표자회의를 인천 만국공원에서 열고 임시정부 수립을 공포할 것'을 결의했다. 이어 국민대회 취지서[335]와 임시정부 약법 등을 작성했다. 이와 함께 임시정부 각원, 평정관, 파리강화회의에 참석할 국민대표 명단을 확정했다. 4월 2일 인천에서 회합한 이후에는 지도부의 다수가 상해로 망명했고, 그 뒷일은 학생 그룹이 맡았다. 그리고 4월 23일, 지금의 서울에서 개최된 '국민대회'를 통해 이승만을 집정관총재로 하는 한성임시정부가 선포되었다.

한성임시정부의 가장 큰 특징은 일제의 탄압과 압제를 뚫고 형식과 절차상 '국내 13도 대표들'이 모여 조직되었다는 점이다. 이는 임시정부가 정통성과 합법성을 갖고 있었음을 의미했다. 한성임시정부는 집정관총재를 수반으로 두고, 그 아래에 국무를 총괄하는 국무총재와 각부 장관인 총장, 차관인 차장들이 위치한 직제를 택하고 있었다. 또 국체(國體)로 '민주제(民主制)'를, 정체(政體)로 '대의제'를 채택했다는 점에서 민주공화정의 형식을 갖추고 있었다.

한 연구에 의하면, 한성임시정부의 조직에는 기독교·천도교·유림 등 여러 종교 세력이 가담했다. 이규갑·홍면희·현순·장붕·박용희 등 기독교계 인물들이 조직과 선포 과정에 참여해 조직적이고 치밀하게 주도하고 있었음이 밝혀졌다.[336] 그런데 이들 기독교계 인물들의 나이나 경력이 얼마 되지 않았기 때문에 기독교계를 대변할 발언권이나 전폭적인 지지를 받는 인물을 추대하려면 영향력 있는 배후 인물의 지도나 후견이 요구되었다.

이와 관련해 한성임시정부의 조직과 선포에 주도적으로 깊이 관여했던 이규갑337의 다음과 같은 언급에는 이상재와 관련해 주목되는 대목이 있다.338

… 여기서 특히 밝혀 두고 싶은 것은 단체 대표로서 진신(縉紳, 한말 고관을 지낸 사람-필자)이라 하여 한말 고관을 지낸 분들의 대표로 이상재와 박승봉 씨를 내정했는데, 후에 만약 일본 정부와 우리나라 독립 문제로 담판하는 경우가 생겼을 때 민족 대표로 추대하기 위해 일부러 뺐던 것이다. …

이 글에서는 "일본 정부와 담판을 지을 때 내세울 인물이 이상재 선생밖에 없다는 판단 아래 이상재 선생이 비밀 집회에 자주 나오는 것을 적극 만류했다"라고 밝혔다는 내용도 포함되어 있다.339 이 내용은 한성임시정부 수립을 준비하던 기독교인들이 이상재와 박승봉을 단체 대표로 내정했고, 곧 추대할 계획이었다는 점이다. 이는 이상재가 비밀 회합에 자주 참석했다는 점을 알려 준다. 즉, 한성임시정부의 조직과 선포와 관련해 이상재가 박승봉과 함께 깊게 관련되어 있음을 상징적으로 보여 준다.

이상재의 비밀 회합 참석은 이규갑의 한성임시정부 조직이나 그 활동과도 깊은 관련이 있었다. 이규갑은 3·1운동 직전에 평양 남산현 교회의 전도사로 있었는데, 1919년 2월에는 평양 지역의 대표자로서 상경해 3·1운동 준비에 가담했다. 양반 관료 출신들의 유력 인사들을 교섭하며 민족운동에 참여하도록 권유하는 활동을 했던 이규갑은 3

월 초에 평양 지역에서 변호사로 활동하며, 각별한 사이로 지내던 홍면희를 만나 임시정부의 필요성에 공감하고 이를 조직화하기 위해 나섰던 것이다.[340]

이때 이규갑에게 임시정부 수립 문제를 제의해 온 사람들 대부분이 조선민족대동단(朝鮮民族大同團)에 참가한 유림 계열 인물들이었다. 이규갑은 이들을 '동지'로 표현했는데, 이는 그가 이전에 이들과 이미 교류하고 있었음을 보여 준다. 3·1운동 준비 과정에서 그의 활동은 주로 한말 고위 관료를 지낸 인물을 교섭하며 민족운동에 참가하도록 유도하는 데 있었다. 이 무렵 이상재 및 박승봉 등과 교섭이 이루어져 비밀 회합에 참여했던 것으로 생각된다.

이규갑이나 유림 계열 인물들이 보기에 이상재나 박승봉은 한말 고관을 지냈던 대표적인 '진신'(縉紳) 그룹의 인물이었다. 이상재는 독립협회 때 비서실장·행정부 장관급에 해당하는 의정부 총무국장을 지냈다. 한말 평안북도 관찰사를 지냈던 박승봉 역시 이상재와 가까운 인물이었다. 이상재는 기독교를 수용하고 난 뒤에도 한산 이씨(韓山 李氏) 집안의 전통과 유교적 전통문화의 가치 및 그 정체성을 모두 존중하는 개방적인 태도를 보이고 있었다.[341] 이런 점에서 한성임시정부 구성의 다수를 차지하던 유림 계열 인물들이 보기에 이상재를 단체 대표로 삼기에 전혀 무리가 없었다.

한성임시정부 조직의 지원과 관련해 이상재에게 주목되는 것은 정치사상의 많은 변화다. 그는 1890년대 말 독립협회 활동 당시만 해도 정치사상으로 군민이 함께 다스리는 군민동치(君民同治)의 '입헌군주제'를 주장했다. 그러나 을사조약과 고종의 퇴위 과정을 거치며 그는 민권과 국권을 동일시했고, 1919년에는 민주공화정을 지향하는 한성임시정부 조직에 관여함으로써 민주공화정을 전면 수용하고 있음을 보여 준다. 즉, 을사조약과 고종의 퇴위 이후 국권 및 독립의 재건이 곧 민권의 재건이라는 사상적 변화를 겪게 되었음을 알 수 있다.

한성임시정부의 중심에는 이규갑 이외에 또 다른 기독교인들이 있었다. 이동욱·현석칠·민강·장붕·박용희·권혁채 등이었다. 이동욱은 경성부인성서학교 교사로서 한성임시정부의 「국민대회취지서」와 「선포문」을 작성했다. 이규갑과 협성신학교 1기 동기생인 현석칠은 학생조직과 연계해 국민대회 개최를 추진했다.[342] 이동욱과 현석칠은 이규갑과 개인적인 관계가 있었던 반면, 장로파 대표로 참여했던 장붕과 박용희는 이상재와 깊은 관계가 있었다. 장붕은 이상재 및 박승봉과 함께 연동교회에 다니면서 인간관계를 맺었고, 묘동교회를 비롯해 강화·김포 지역에서 전도 활동을 활발하게 펼치던 박용희도 3·1운동 당시 이상재를 도와 민족 대표 33인이 체포될 것을 대비하는 '2진'으로 활동했다.[343]

1920년 6월 31일, 미국의 이승만이 이상재에게 보낸 편지에서 이상재가 한성임시정부에 관련이 있다는 사실이 간접적으로 드러난다. 이승만은 이상재에게 '미국 정부와 비밀 교섭을 해야 하는데, 자신이 공식적으로 집정관총재, 곧 대통령에 선출되었다는 증거가 될 만한 문서들이 있으면 매우 긴요하겠다'며 이를 부탁하는 편지를 보냈던 것이다.[344] 이것은 이상재가 한성임시정부의 문서를 얻어 줄 수 있을 있는 위치에 있었다는 것을 알려 준다. 또 그가 한성임시정부와의 깊은 관계성을 반영하는 것으로 이해할 수 있다.

한편, 이상재는 한성임시정부를 국외에 널리 선포하고, 집정관총재로 지목된 이승만에게 이 문건들을 전달하는 과정에도 관여했다. 그는 벡(S.A.Beck)[345]선교사에게 미국에서 민족운동 선전 자료로 활용할 수 있는 상당량의 3·1운동 관련 자료를 전달한 바 있다. 한성임시정부의 문건을 미국에 보내는 것을 YMCA 내 신흥우와 소통을 한 상태였다. 신흥우는 미국에서 개최되는 감리교 백주년 기념대회에 참석한다는 명목으로 4월 22일에 출국하면서 선교사 벡(S.A.Beck)의 도움을 받아 한성정부의 선포 문건을 비밀리에 갖고 나갈 수 있었고,[346] 이를 이승만에게 직접 전달했다.[347]

이처럼 한성임시정부의 조직 과정에 YMCA를 중심으로 하는 기독교계 세력이 조직적으로 움직이고 있었음을 보여 준다. 또한 이상재를 좌장으로, 박승봉·신흥우·오기선 등과 같은 사람들은 일제의 심문조서나 전면에 등장하지 않는 인물들로 구성해 한성정부의 배후에서 깊이 활동하고 있었음을 알 수 있다.

이상재가 YMCA 명예 총무로 활동했고, 박승봉·신흥우·오기선 등은 모두 YMCA 이사로 활동하고 있었다.[348] 신흥우는 미국 유학을 마치고 귀국한 뒤 배재학당 교장과 YMCA 주요 이사로 활동했으며, 일본 도쿄 YMCA 담임 목사로 있다가 국내에 돌아온 오기선은 3·1운동 당시 인천·부천·강화 지역의 감리사였다. 이상재와 박승봉은 기독교계 원로이자 지도자였고, 신흥우와 오기선은 중간급 간부로서 역할을 하고 있었던 것이다.[349]

이상재는 한성임시정부 조직 과정에서 임시정부 수반으로 이승만을 선정하는 데 많은 역할을 했던 것으로 생각된다. 이상재는 임시정부 준비 과정에서 비밀 회합이나 개별적 접촉 시 자신과 각별한 개인적 관계뿐 아니라 국내외 기독교계 및 정치계가 주목하는 이승만을 한성임시정부의 집정관총재로 적극 추대했던 것이다.[350] 이는 이상재가 '평생 동지'인 이승만을 기독교 민족주의를 신봉하고 미국을 위시한 국제열강과 국제회의에서 한국의 독립을 호소하며 민족운동을 이끌어 나갈 최고의 적임자로 여기고 있었기 때문이다.

이처럼 한성임시정부의 조직과 관련된 이상재의 활동은 이승만이 한성정부 집정관총재라는 이름으로 활동하도록 했으며, 1919년 9월에 통합 임시정부의 임시 대통령에 선출되는 근거를 결정적으로 제공하는 계기가 되었다는 점에서도 그 의미가 있다.

제2장
국외 민족운동을 지원하다

제1절 정의·인도 세계 인식

　3·1운동 이후 국외에서는 정의·인도가 대두되며 국내외에서 대한민국 임시정부가 수립되었다. 또 중국 및 만주에서 무장 항일 투쟁이 활성화됨에 따라 무장 항일운동도 고조되었다. 국내에는 제1차 세계대전이 끝난 후 전 세계에 불어닥친 '세계개조론'의 영향을 받으며, 민족의 역량을 배양해 궁극적으로 일제를 몰아내자는 실력양성운동이 각 분야에서 일어났다.[351] 국내의 실력양성운동은 일제의 지배 정책, 이른바 '문화정치'로 변화된 것도 배경이 되었다.[352]

　3·1운동 직후 국내에는 개조론이 대유행하며 "무엇이든 개조 두 자를 들지 않으면 환영받지 못할 정도"였다.[353] 기독교계에서는 날로 거세지는 일반 사회의 기독교 공동체에 대한 도전과 비판에 자극을 받으며, 기독교인이 사회적 책무감을 가져야 한다는 차원에서 '사회개

조론'을 주장했다.

이상재는 3·1운동 직후 세계 속에서 처한 민족의 현실을 직시하며 민족문제를 더욱 분명하게 파악하고, 현실 인식과 투쟁의 방법 차원에서 다음과 같이 주장했다.

자래(自來) 근 2천 년간 인류는 오히려 상제(上帝)의 지(旨)를 어기어 강(强)을 믿고 약한 것을 빼앗으며 부(富)함을 빙자하여 빈(貧)을 업신 여기니 근본을 잊어버리고 자비롭지 못함, 청결하지 못함, 공평하지 못함, 진실되지 못함, 불청렴(不淸廉) 청렴하지 못함 등이 전 세계에 널리 가득차서 다시 죄악세계를 거의 이루게 되었습니다. 고로 오늘에는 상제께서 이 세계를 일차 개조치 않으면 아니 되겠다 하시고, 옛날과 같이 홍수로 멸망을 하심이 아니라 사람을 택하시고 인을 명하사 사람을 깨닫게 하시며 인을 개조케 하실 때, 이와 같은 상제의 구주전란(九州戰亂)의 풍운이 비로소 그친 금일에 전 세계에 나타나 보이지 아니 하는가. 이 개조를 뜻하신 하나님의 뜻이 우리 앞에 당하야 받을 바 실적이올시다.[354]

이상재는 현 국제사회가 자국의 이익을 위해 타국을 압제하고 있음을 비판하고, 기독교 국가 역시 상제가 부여한 진리와 정의를 외면하고 있음을 지적했다. 그는 현실이 '적자생존'(適者生存)과 '우승열패'(優勝劣敗)를 강조하는 '사회진화론적' 세계관[355]으로 팽배해 있다는 점을 지적하고, 이것이 하나님의 뜻에서 벗어난 죄악의 상태라고 비판했다. 따라서 하나님의 뜻은 '사람을 택하시고, 사람을 명하사 사람을 회오케 하시며, 사람을 개조'하는 과정을 통해 이루어지는 것이라고 보았다.

그는 사회 현실을 개조하는 것이 곧 하나님의 뜻이며, 이에 온 인류가 사회적 책임감을 갖고 사회개조의 행동에 나서야 한다고 강조했다. 이것이 곧 하나님의 뜻을 실현하는 것이라고 보았다.[356] 이는 그가 사회진화론에 기초한 제국주의적 강권 지배를 거부하고, 정의와 인도에 따라 새로운 세계를 건설하자는 '현실적 지향'을 추구했음을 보여 준다. 전적으로 하나님의 역사 개입을 통해서만 세계가 재창조될 것이라고 보았던 당시 한국 교회에 뚜렷하게 등장한 초월적 부흥 신앙관과는 분명히 구별되는 것이었다.[357]

이런 인식은 그가 서구 종교인 기독교를 문화 차원에서 전통적 유교 사상을 연속적으로 파악하며, 이를 통합적으로 이해하려는 시각과 깊은 관련이 있었다. 그는 "예수는 서양 사람의 예수도 아니요, 또한 동양 사람의 예수도 아니요, 온 세계의 예수이며, 사람이 예수를 믿는 데는 오직 그의 가르침과 그의 높고 밝은 인격만 사모하고 우러러볼 뿐"이라고 주장했다. 이어 당대 논란이 되었던 제사 문제에 대해서도 예수를 믿으니까 제사에 무조건 참석을 하지 않거나 제사를 지내면 예수를 저버리는 것이 된다고 하는 기독교인들을 향해 '빈약한 신앙'의 소유자라며 비판하기도 했다.[358]

또한 그는 '기독교인으로서 우상숭배를 반대하지만 죽은 부모를 그리워하는 마음으로 드리는 예식은 효성의 표현이므로 반대할 것이 없고, 네 부모를 공경하라는 하나님의 가르침을 실천하는 것'이라고 주장했다. 이는 그가 유교적 전통문화를 단절적으로 생각하는 당시 일반적 교회나 근대 지식인들의 견해와 달리 형식에 대해서는 비판하지만, 그 가치나 정신은 보편주의적 가치 안에서 연속되고 통합적인 것으로 이해하며 민족문화로서 자긍심이 대단하다는 것을 알 수 있다.[359]

이렇듯 이상재는 유교에서 말하는 성현의 가르침을 예수의 말씀 속에서 이해했다. 그는 유교의 도덕과 윤리가 자신이 수용한 기독교 내에서 발견되고, 이것이 기독교적 가치에 기초한 도덕 속에서 통합·완성되었다고 보았다. 이에 그는 근대적 문명을 앞세우고 한국을 침략한 일본의 제국주의에 맞서 개인 및 민족에게 기독교가 갖고 있는 도덕력이 성취된다면 그 힘으로 나라와 민족이 회복되어 재건되며, 더 나아가 세계의 자유와 평화가 실현될 수 있다고 보았다.[360]

특히 이상재는 물질적인 '근대 문명의 힘이 곧 정의'라는 당시 제국주의 국가들의 차별적이고 억압적인 태도를 정면으로 비판했다. 예를 들어, 그는 1920년대 국내 외국인 선교사들의 비행이나 추문과 관련된 사건들이 선교사들의 인격적 자질과 문화적·인종적 우월감에서 나온 '문화제국주의' 태도에서 비롯된 것이라고 다음과 같이 비판했다.

그리스도인으로 우리는 하나다. 우리의 천국은 세상의 어떤 경계도 초월한다. 그러므로 민족적 우월감에 사로잡혀 천국을 건설하는 일에 방해가 되지 않도록 하자. 비록 천국이 전투적이고 진취적인 것이라고 할지라도 그 본래 목적은 남을 지배하거나 파괴하는 것이 아닐지니, 오히려 서로 도와 모든 민족의 구원을 완성해야 할 것이니라.[361]

다음은 이상재가 세상을 떠난 후 이광수가 그를 평가한 글이다.

옹은 조선의 갱신은 정치적 경장에 구하여 보려다가 못하고 마침내 조선을 부활시킬 길은 오직 조선인의 영혼을 죄악에서 건지어 조선인으로 하여금 순결한 민족이 되게 하는 데 있다고 자각했다. 순결한 정신과 순결한 생활이 모든 힘의 원천인 것을 자각했던 옹의 자각은 위대한 자각이었다.[362]

이광수는 이상재가 물질문명과 같은 정치적 면에 한정되지 않고 더욱 근본적이고도 깊은 사회문화적 분야뿐 아니라 인간 및 민족의 내면 변혁에 집중해 이를 위해 노력했음을 지적했다. 이처럼 이상재는 한국의 근본적인 변혁이 보편적인 가치에 기초한 보편적인 도덕을 받아들일 때 성취될 수 있다고 확신하고, 그것만이 민족을 다시 회복하고 또 민족공동체를 재건할 수 있는 길임을 주장했다. 따라서 그는 점진주의적 자기 개조를 통해 성숙된 도덕의 힘이 밖으로 드러날 때 진정한 문명의 개인과 민족공동체로 회복·재건될 것이라고 보았다.

이렇듯 이상재는 당시 전통문화를 비판하며 근대 문명만을 긍정한 민족주의자들과 달리 전통문화와 역사를 단절적으로 보지 않고 연속적으로 이해하며, 민족의 진로가 전통 문명과 근대 문명을 포괄하는 도덕의 힘을 통해 나아가야 진정한 문명화 및 상실당한 국가의 독립을 이룰 수 있다고 보았다.[363] 그는 조선의 전통적인 역사와 문명에 대한 연속과 근대 문명의 내면적 힘을 인식하면서 민족을 새롭게 발견함으로써 우리 전통문화가 정체되고 또 열등하다고 보는 '사회진화론적 관점'을 극복할 수 있었다.

이처럼 이상재는 국내외 우승열패와 적자생존의 사회진화론적 세계관을 비판하며 역사와 사회 현실의 개조에 대해 인간의 책임이 있다는 점을 강조했다. 이런 차원에서 그는 국제사회에서 한국의 독립 지지 및 지원을 이끌어 내고 정의(正義)와 인도(人道)의 보편적인 도덕적 가치에 적극적으로 호소하며 한국의 민족운동을 지원하는 활동을 전개했다.

제2절 국내외 YMCA 활동

3·1운동 이후 이상재의 지도력은 일본 YMCA에 예속된 형식을 취하고 있었던 한국 YMCA를 독립시키는 과정에서 유감없이 발휘되었다. 한국 YMCA는 창립 당시 YMCA 세계연맹에 단독으로 가맹하지 못하고, '중국·한국·홍콩 YMCA 전체위원회'를 통해 가맹할 수 있었다. 이후 국제 YMCA와 유기적인 관계를 맺고 국내의 '국제적 창구' 역할을 했다. 특히 북미 YMCA 국제위원회와 창립 초기부터 깊은 '유대 관계'를 형성하고, 줄곧 인적·재정적 지원과 국제 무대에서 한국인의 목소리를 내는 데 많은 지원을 받고 있었다.

그런데 앞서 살펴 보았듯이, 강점 이후 1913년 4월, 일제는 반강제적으로 '중국·한국·홍콩 YMCA 전체위원회'의 관계를 끊고, 일본 YMCA동맹 및 만국기독교청년회연맹, 만국학생청년회(WSCF)와 더불어 연락하도록 했다. 이는 YMCA의 자주성이 어느 정도 인증된 것이나, 한국 YMCA가 일본 YMCA 동맹에 형식상 예속되었다는 것은 부인할 수 없는 사실이었다. 즉, 독립권이 후퇴한 것으로 인식하고,[364] 이상재를 비롯한 윤치호·신흥우 등 핵심 인물들은 3·1운동 직후 한국 YMCA가 일본 기독교연합회에서 반드시 독립해야 한다는 인식을 공유하며 그 상황을 주시하고 있었다.

그러던 중 이상재를 비롯한 YMCA 인사들은 드디어 1922년 5월, 일본 YMCA으로부터 한국 YMCA와 학생 YMCA의 독립권을 획득하는 데 성공했다.[365] 이어 1924년에는 YMCA 세계동맹에 한국 YMCA가 독립 단체로 정식 가입하는 데 많은 역할을 담당했다.[366] 이는 한국 YMCA가 세계기독교계에서 일본 YMCA의 통제로부터 벗어나 독자적으로 활동할 수 있는 근거를 만들었다는 점에서 높이 평가할 만하다.

국외적으로 보면 한국 YMCA의 독립은 국제적 네트워크를 활용한 국외 민족운동의 지원이나 지지 활동을 좀더 자유롭게 할 수 있게 되었다는 점에서도 의미가 있었다. 더욱이 국외 이승만과 밀접한 관계가 있는 이상재·신흥우를 중심으로 한 국내 기독교 세력이 세계 YMCA 연맹 및 기독교학생연맹의 국제대회를 명목으로 해외 및 미국 여행이 합법적으로 가능해졌고, 국제 무대에서 국외 민족운동 세력과 합법적으로 접촉할 수 있는 배경이 되었던 것이다.

이것은 한말 이래 기독교 세력의 민족운동 '통로'였던 YMCA가 식민지 상황에서 독자적이면서도 자율적으로 대중적인 운동을 펼칠 수 있는 공간을 마련하는 배경이 되었던 것이다. 아울러 일본 YMCA에서 벗어나 자유로운 독립권을 확보할 수 있게 되었다는 점에서 한국 YMCA가 한 단계 발전할 수 있는 계기가 되었다.

한편, 이상재는 1922년 4월 4~9일까지 중국 베이징에서 열린 제1차 만국기독교학생동맹대회(萬國基督敎學生同盟)에 한국 YMCA 대표단을 이끌고 참석했다.[367] 한국 대표로는 회장 이상재, 총무 신흥우, 간사 이대위, 내쉬와 이화학당의 김활란·김필례 등 6명이었다. 이 대회는 만국기독교청년회 창립 25주년을 기념하는 총회로, 30여 개국의 대표 7백여 명이 베이징의 청화대학교에서 열린 총회에 참석해 대성황을 이룬 국제대회였다.

이상재는 이 대회에 참석했다가 베이징에서 뜻밖의 동지들을 만났다. 당시 상해임시정부는 이승만 대통령의 불신임 문제와 국무총리 이동휘의 모스크바 자금 40만 루블 문제 등으로 인해 심각한 혼란을 겪고 있는 상태였다. 임시정부 의정원 원장이었던 손정도 목사는 이상재에게 "귀국하지 말고 상해로 가서 임시정부를 수습해 달라"고 간곡하게 요청했다.

그러나 이상재는 동지들의 요청을 받아들일 수 없었다. "자신까지 조국을 빠져나가면 국내에 남아 있는 동포들이 불쌍하다"는 그의 소명 의식 때문이었다. 소명 의식은 시대와 역사의 부름에 자신이 무엇을 해야 하는가를 깨닫고, 이에 대해 강한 책임감을 갖는 데서 비롯된다. 그는 고통을 당하며 신음하는 민족과 함께하는 것이 자신의 시대적 소명임을 깨닫고 있었다. 그래서 베이징 동지들의 만류에도 불구하고 이를 받아들일 수 없었던 것이다.

한편, 이상재의 추천으로 중국 베이징에 함께 갔던 김활란과 김필례는 귀국 후 기독교 여성단체를 조직하는 데 주요 인물이 되었다.³⁶⁸ 이는 두 사람이 베이징에서 세계기독교청년들의 사명을 직접 확인하고 조선기독교여성청년회(이하 YWCA)의 결성이 무엇보다 필요하다는 사실을 발견했기 때문이다.³⁶⁹ 이를 계기로 국내에서는 1922년 4월 20일과 5월 4일, YWCA 발기대회가 개최되었다. 이듬해 8월에는 YWCA가 정식으로 창립되었다.³⁷⁰

이처럼 이상재는 YWCA 창립의 계기를 제공함으로써 여성운동을 일으키는 데 기여했다. 향후 YWCA는 일제강점기를 겪으며 기독교 여성들뿐 아니라 일반 여성들까지도 참여해 활동했다. 여성들의 권리 신장뿐만 아니라 민족운동 차원에서 여성의 민족의식을 각성하고 또 여성운동을 추진하는 거점이 되었다.

제3절 외교독립운동 지원 활동

3·1운동 이후 이상재는 국외 이승만 세력과 깊은 협력 및 후원 관계를 맺고 국외 외교독립운동을 지원하며 그와 연계된 국내 유대 활동을 전개했다.

먼저, 이상재는 외교독립운동 차원에서 자신이 직접 모은 독립자금을 이승만을 후원하는 데 사용했다. 이후 이승만은 이상재에게 편지를 보낼 때마다 자금 지원을 요청했다. 이승만은 이상재와 주고받은 편지에서, 유력한 저술가를 동원해 일제의 식민 통치를 세계에 고발하고,³⁷¹ 1921년 10월에 하와이에서 개최되는 세계신문대표회의에 서재필과 정한경을 파송하며, 특히 워싱턴 군축회의 준비 등을 위해 자금이 필요하다는 점을[372] 밝히기도 했다.

이상재는 이승만에게 정기·부정기로 상당한 양의 후원금을 보냈다. 이는 일제강점기 국외 독립운동가들에게 재정 문제가 독립운동의 성패를 좌우할 수 있을 정도로 중요한 요인이 되었다는 점에서 이승만에게는 큰 힘이 되었다.[373] 이상재는 국내에서 모은 자금을 선교사들이나 그들의 가족들을 통해 이승만에게 보냈다. 배재학당 교사를 지낸 노블(William A. Noble), 정신여학교 교장을 거쳐 YMCA에서 성경과 영어를 가르친 겐소(Rittgers M. Genso), 남장로교 선교사 젠킨(William M. Junckin)의 부인 메리 젠킨 등이 이상재의 독립 자금을 이승만에게 전달하는 역할을 했다.

또한 이상재는 대한민국임시정부 및 대통령직을 수행하는 이승만을 측면에서 지원하는 활동을 주도했다. 그는 1919년 11월 1일, '국민단체'(國民團體)의 이름으로 미국 대통령에게 보내는 장문의 서한을 발송했다. 머리말에 첨부된 짧은 서한에는 이상재의 이름을 비롯해 배재학당을 지낸 김원근(金瑗根), 이승만의 미국행을 후원한 김가진(金嘉鎭) 그리고 이명혁(李明赫) 등 29명의 이름이 적혀 있었다.[374]

이 문서에서는 일본이 동양 유지와 한국의 부강을 구실로 영토를 빼앗아 무자비한 식민 통치를 자행하는 것에 대해 한국 국민이 3·1운동을 통해 일제에 저항하고 있다는 점을 강조했다. 이어 정의·인도와 민족자결을 주장하는 미국 대통령이 한국 국민의 만세운동과 자유독립운동을 국제연맹에 알려 일제의 강압에서 한국 국민들이 벗어날 수 있게 해 달라는 호소가 담겨 있었다. 이 문건은 한국인 2천만 명이 발송하는 형태를 취했다. 이상재는 이 문건을 통해 임시정부 대통령으로 활동하기 시작한 이승만을 후원하고, 국제 무대에서 대한민국임시정부를 지원했다.

이와 함께 이상재는 1921년 11월에 열리는 워싱턴회의에 맞춰 외교 독립 활동을 펼치는 대한민국임시정부를 적극 지원했다. 그는 국내 13도 및 사회단체 대표자 374명이 서명한 '한국 인민들이 태평양회의에 보내는 청원서(韓國人民致太平洋會議書)'라는 문건을 만들어 워싱턴회의에 발송했다.[375] 1921년 9월에 작성된 이 청원서에는 이상재의 이름이 가장 먼저 나오고, 기독교 대표로 윤치호의 이름이 나온다. 이는 이상재가 이 문건을 주도적으로 만들었다는 점을 보여 준다.

이 청원서에서는 한국이 동양의 요충지로서 한국 문제를 해결하지 않고 동양 평화 및 세계의 평화를 달성하기 어렵다는 점을 전제하며, 일본의 한국 병합을 부정하고 또 대한민국임시정부를 공식 정부로 인정할 것, 그리고 한국 대표의 회의 출석을 승인해 줄 것과 일본의 무력 정책을 방지해 줄 것 등을 요청하는 내용이 담겼다. 이승만은 이 문건을 영어로 번역해 워싱턴회의에 참석한 각국 대표단과 언론사에 배포했다.

그러나 워싱턴회의에서 한국 문제가 상정되지 못하고 별 성과 없이 끝나자, 이승만은 정치적으로 어려움에 처하게 되었다. 이상재는 워싱턴회의 이전부터 이승만에 대한 임시정부 내의 비판적 분위기를 이미 알고 있었다. 1922년 4월, 이상재가 베이징에서 개최된 만국기독교학생동맹대회에 조선기독교청년회 대표로 참석해 베이징에 머문 적이 있다. 그때 베이징에서 만난 독립운동가들로부터 반이승만 정서와 분위기를 체감할 수 있었다. 이에 이상재는 베이징을 떠날 무렵 이승만에게 편지를 보내 "나무가 빼어나면 바람을 맞기 쉽고, 옷이 깨끗하면 때가 묻기 쉬운 법입니다. 헐뜯고 비방하는 일이 있더라도 그것 때문에 동요하지 말고, 그대의 마음을 더욱 굳게 하여 내지의 중망(衆望)에게 부응하는 것이 어떻겠습니까"[376]라고 하며, 용기를 잃지 말고 든든히 앞으로 나아갈 것을 요청하기도 했다.

워싱턴회의에서 실패한 이후, 이상재는 1923년 1월에 '경고해외단체', '해외 단톄에 경고ᄒ는 글'이라는 동일 문건을 한문과 순 한글로 만들어 국내외에 발송했다. 이 문건은 이상재를 비롯해 오세창·한용운·박영효·강매 등의 서명으로 나갔는데, '임정 내 기호와 서북파 간의 갈등', '한형권의 레닌 자금 횡령 사건', '흑하 사변으로 인한 독립군 몰살 참변', '무리를 모아 분쟁을 조성하는 국민대표회의 소집' 등을 강력하게 비판했다.

구체적인 내용으로는 "지방 구별을 통렬히 제거할 것", "비법 불의한 무리는 엄히 조사하여 징계할 것", "사사단체는 해산하고 조리를 따라 합력하고 진행할 것", "기왕에 성립된 정부를 옹호하여 망령되게 흔들지 말 것" 등을 공개적으로 요구했다. 여기에는 대한민국임시정부 유지를 적극 지지하며, 반대 세력에게 임시정부를 함부로 흔들지 말라는 경고와 함께 반대를 주도하는 '국민대표회의'를 해산하라는 내용도 들어 있었다.[377]

경고 문건의 핵심은 임시정부 반대 활동을 벌이는 세력들을 비판하고, 임시정부에 힘을 실어 주며 또 이승만의 독립운동을 지원하기 위해서였다. 이 문건을 받은 이승만이 "두 손을 받쳐 읽어 보았는바 감사하고 부끄러운 마음을 금치 못하여 눈물마저 흘렸습니다"[378]

라는 답장을 보낼 정도로, 이 문건은 궁지에 몰려 실의에 빠져 있던 이승만에게 큰 힘이 되었다.

한편, 이상재는 국내에서 국외 민족운동 세력과 연계된 유대 활동을 전개했다. 이를 상징적으로 보여 준 것이 1923년 하와이 한인학생의 모국 방문이었다.

이승만은 1921년에 한인기독학원의 새로운 교사를 신축하기 시작해 1922년 9월에 공사를 완료했다. 그러나 당초 예산액보다 기부금 3만 달러가량이 부족해지자, 이승만은 1922년 가을부터 모금 활동을 위해 한인기독학원 고국 방문을 추진했다. 1922년 10월, 범태평양 상업대회에 참여했던 김윤수·이정범이 하와이에 머물렀을 때, 한인기독학원 원장 민찬호가 이들에게 기독학원 기금 모집을 위한 학생방문단의 방한 계획을 전달했다.[379]

사진 29 하와이 학생 모국 방문. 야구 시합 전 이상재의 기도 모습
(출처: 월남이상재선생기념사업재단)

이 소식을 듣고 귀국한 김윤수는 이상재에게 이 사실을 알렸다. 이상재는 1923년 2월 10일, YMCA에서 열린 포와학생고국방문단(布蛙學生故國訪問團) 환영준비위원회 결성 준비 모임에서 석장(席長)을 맡아 회의를 주도했다.[380] 4월에는 이상재를 위원장으로 하는 '환영위원회'가 구성되었다.[381] 한인학생고국방문단의 여비는 이정범의 부친인 이태계가 4천 원을 기부함으로써 해결되었다.[382] YMCA 초청 형식으로 한인학생고국방문단은 하와이 한인기독학원의 교사와 학생으로 구성되었

다. 그해 7월 2일, 교사 3명의 인솔 아래 남학생 12명과 여학생 8명으로 구성된 한인학생고국방문단이 부산항에 도착했다.[383]

이상재의 적극적인 지원 덕분에 한인학생고국방문단은 2개월 동안 전국의 주요 도시를 순회할 수 있었다. 이때 강연 활동과 운동회, 음악회 등을 개최하면서 모금 활동을 펼쳤다. 방문단은 서울에 도착하자마자 가장 먼저 고종의 묘를 참배했다. 하와이 한인학생야구팀은 방문단이 순회하는 과정에서 지역 팀들과 경기를 했는데, 전국 고등학교 야구대회에서 우승한 휘문학교에 진 것을 제외하고는 모두 승리했다. 전국 각지에서는 이들을 위한 환영준비위원회가 결성되었다. 이들을 적극 후원했던 동아일보는 신문에 활동 상황을 대대적으로 소개하면서 이들을 후원했다.[384]

하지만 방문단의 목적인 기부금 모금 현황은 그렇게 좋지 못했다. 공식집계된 것만 2만 5천 원인데, 실제 경비를 제하고 나면 예상했던 1만 5천 달러의 1/3에도 훨씬 못 미치는 결과였다.[385] 이미 이에 대한 비판여론이 있었는데,[386] 『신한민보』에 실린 1923년 5월 17일자 기사에서는 모금 형편이 못 됨에도 불구하고 이를 무리하게 추진하는 동기를 비판하기도 했다. 또 식민지 조선의 사회경제적 열악성과 일제의 감시로 인해 부유한 인사들이 큰돈을 내놓기 쉽지 않았던 상황도 이유가 되었다.

이런 비판에도 불구하고 국외 이승만 세력은 방문단을 통해 워싱턴회의 이후 심각한 자금난을 타개하고 또 국내 민족운동 동향을 이해하며, 일제의 식민지 지배 상황을 파악하는 데 의미를 두었다. 이후 국내외의 조직적 유대 활동이 더욱 강화되는 계기가 되었다.[387]

즉, 이상재의 하와이 한인학생모국방문단 관련 활동은 국외 이승만과 국내 민족주의 세력 간의 결속력을 더욱 단단하게 만들었다는 점에서 '성공적'이었다고 볼 수 있을 것이다.

제4절 흥업구락부 조직과 활동

1920년대 중반, 한국의 독립운동가들은 국제 무대에서 한국 문제를 상정하기 위해 노력했다. 그러나 워싱턴 군축회에서 세계열강의 무관심을 확인한 민족운동가들은 독립 보장을 위해 넘어야 할 벽이 매우 높다는 것을 확인했다. 힘의 논리가 지배하는 국제사회의 냉엄한 현실을 뼈저리게 실감했던 것이다. 민족운동 진영에는 세계열강에 대한 지원이나 지지도 중요하나, 우리의 독립 역량을 키워야 한다는 요구가 강하게 대두되었다. 일제의 직접적인 지배를 받는 국내에서는 사회경제적 차원에서 실력양성운동이 무엇보다 필요함을 느끼게 되었다.

워싱턴회담 결과에 실망한 이승만 세력에게는 새로운 방향 전환이 요구되었다. 이제까지 내세웠던 외교독립론을 포기하는 것은 아니었지만, 외교독립운동을 펼치기에 국제적으로 불리한 상황에서 우리 스스로 힘을 키우자는 실력양성론이 그 대안으로 등장했다. 이승만은 '민족의 총력을 동원해 실력 양성에 주력한다'라 명분 아래 1923년 2월, 하와이에서 동지회(同志會)를 결성했다.

이상재도 워싱턴회의 이후 국내외 정세의 변화와 함께 국외 이승만세력과 연계하며 국내에 사회경제적 실력 양성을 표방하는 새로운 조직을 결성하고자 했다. 이상재와 함께 나선 인물이 YMCA 총무 신흥우였다. 그는 "처음에는 국제연맹이나 구미 여러 외국의 간섭 등에 의해 외부적으로 조선의 독립을 촉진하고 실현시킬 예정이었지만, 이들 외부적인 힘은 아무래도 믿을 만하지 못하다는 것이 점점 판명되어 이러한 타력본원(他力本願)으로 불가능하다고 생각하게 되었다. 다음으로는, 조선 민중 전체가 학문적으로 경제적 실력을 양성하는 데 힘을 기울이고, 이들에게 독립 의식을 주입·고취시킴으로써 이 종합적 실력에 의해 어떤 시기에 조선의 독립을 실현하려는 것이었습니다"[388] 라고 말하며, 열강에 대한 기대도 중요하나 자력(自力)으로 독립을 이루는 것이 중요하다는 실력양성론을 강하게 주장했다.

1920년대 초반에 이상재는 YMCA 총무인 신흥우를 측면에서 지원하며, 민족운동 진영의 좌장으로서 활동을 이끌었다. 1923년에 이상재는 하와이 한인학생 고국방문단의 방한에 대한 답방 형식으로 하와이에 가려고 계획했다. 그러나 일제는 그의 여권을 끝내 발급하지 않았고, 그의 하와이행은 좌절되고 말았다.[389] 연로한 나이와 건강도 문제였으나, 이상재에 대한 일제의 경계심이 어느 정도였는지를 잘 보여 준다. 때문에 이상재는 국내외 정세 변화에 따라 빠르게 대응하는 움직임을 갖기에는 어려움이 있었고, 신흥우는 그를 대신해 국외를 드나들며 국외 이승만 세력과 연계해 움직였다.

1924년 5월, 신흥우가 국제 YMCA의 일로 국외에 나갔다가 귀국하던 길에 하와이에서 이승만을 직접 만났다. 이 자리에서 이승만은 신흥우에게 "미국에서는 조선의 독립을 위해 동지회를 조직해 활동

중인데, 동지회와 같은 목적을 지닌 단체를 국내에서도 조직해 달라"고 부탁하면서 이상재에게도 이를 전해 달라고 했다.[390] 신흥우는 이승만의 제안에 적극 동의하며 귀국했다.

이상재는 그해 11월에 귀국한 신흥우를 통해 하와이에서 이승만을 만난 사실을 비롯해 그가 신흥우와 자신에게 부탁했던 조국의 독립을 위한 단체 조직의 필요성을 전달받았다. 이승만의 제안에 적극 동의한 이상재는 이를 함께할 수 있는 인물들에게도 공유해 줄 것을 신흥우에게 부탁했다. 신흥우는 그 뒤 구자옥, 유억겸, 이갑성, 박동완, 안재홍 등에게 이 사실을 전달했다. 이상재는 새로운 국내 단체의 조직에 적극 동의하는 인물들과 함께 12월 15일, YMCA에서 '단체조직 준비회'를 개최했다. 이 자리에는 조선 독립을 위한 단체 조직에 동의한 인물들이 참석했고, 이들은 조직할 단체의 목적과 방법으로 동지회의 3대 정강과 4대 진행 방침을 채택했다.[391]

1925년 3월 22일, 이상재는 신흥우의 집에서 '친목 단체'를 내세우며 흥업구락부(興業俱樂部)를 주도적으로 조직했다.[392] 이상재를 비롯해 윤치호·유성준·신흥우·이갑성·박동완·오화영·홍종숙·구자옥·유억겸·안재홍·장두현 등이 창립 회원이 되었다. 임원으로는 부장에 이상재, 회계 윤치호·장두현, 간사에 이갑성·구자옥이 선임되었다. 이상재를 비롯해 단체의 지도부는 자신들의 인간관계를 중심으로 기독교계와 학계, 언론계와 실업계, 관계 및 전문직에 종사하는 인사들을 회원으로 모집했다.

흥업구락부의 구성원은 주로 서울·경기·충청을 중심으로 하는 양반·관료·중인층 출신이 그 중심을 이루고 있었다. 기호 지역 학교

(배재학교·한영서원·YMCA학당·협성신학교)의 출신들이 많았으며, 미국과 일본 유학생 출신들도 섞여 있었다. 기독교 교파로는 감리교가 많았다.[393] 특히 민족운동의 경력에서도 이상재처럼 독립협회 이후 양반 개혁관료층인 동시에 상층 개화자강운동 계열로서 이상재 및 이승만과 직간접으로 친분이 있거나 동지회의 노선을 수용해 이를 지향하는 인물들이 대부분이었다.

    홍업구락부는 기독교를 표방한 단체는 아니었으나, 구성원이 대부분 YMCA와 관계를 맺고 있었다. 실제적으로 YMCA를 기반으로 한 이상재·신흥우·윤치호 등 인물들이 홍업구락부를 운영하는 데 주도적인 역할을 담당했다. 이것은 한국의 기독교 세력이 기독교회나 기독교 단체 등 종교 조직을 직접적인 민족운동의 거점으로 삼지 않고, 이를 기반으로 새로운 일반 단체를 만들어 민족운동이나 사회운동의 거점으로 활동하는 독특한 현실 참여의 방식을 잘 보여 주는 것이다.[394]

    홍업구락부의 인원 구성을 보면, 다양한 인물이 참여했다. 이상재와 친밀한 신뢰 관계가 있는 중추원 참의 출신의 유성준이 참여했는가 하면, 제3차 조선공산당 책임비서인 김준연도 홍업구락부 부원으로 참여했다. 친일 성향의 인물부터 공산주의자로 분류될 수 있는 인물들이 참여할 정도로 홍업구락부 구성원의 성향이 다양했다.[395] 이 단체가 YMCA를 기반으로 해서 국외 이승만 세력과 유대 관계가 있거나 이상재 등 홍업구락부의 주도적 인물들과 개인적 인간관계로 참여한 '클럽' 형태였기 때문에 가능했던 일이다.

    이렇듯 다양한 인적 구성은 홍업구락부가 자발성에 기초한 느슨

한 형태로 운영될 수밖에 없는 환경이 되었다. 이승만 세력과 직접적인 연계 속에서 조직되었으나, 직접적인 명령을 받아 움직이는 종속 관계는 아니었다. 참여했던 인물들 대부분이 국외 이승만·동지회, 국내 이상재·신흥우·윤치호 등와 깊은 관계를 맺고 있었으나, 실력 양성을 통해 조국의 독립에 기여한다는 큰 원칙 아래 동지회의 노선과 방향에 대해 동의하며 자발적으로 참여했던 것이다. 즉, 흥업구락부는 국외 이승만 세력과 깊은 상호 신뢰에 기초한 연대 의식을 지니고, 상호 수평적 관계 속에서 국외 독립운동을 지원하는 동시에 국내 실력양성운동을 전개하고자 했던 것이다.

다양한 성향의 인물들이 참여했음에도 불구하고, 흥업구락부가 활발하게 운영될 수 있던 것은 이상재의 탁월한 지도력 덕분이다. 이상재가 흥업구락부의 좌장으로서 서로의 이해관계를 조정하고, 한 목표를 향해 나아갈 수 있도록 리더십을 발휘했기 때문이다. 흥업구락부가 이상재에게 좌장의 역할을 맡겼을 때 가장 활발한 활동과 조직 운영이 활성화되었다는 점을 확인할 수 있다.

흥업구락부의 명칭인 '흥업'이란 '대업(大業)을 일으킨다'는 의미로, 궁극적으로는 '조선 독립'을 위한 기반을 조성한다는 것을 의미했다. 단체는 '금전을 저축해서 상당한 금액에 도달할 때 실업을 발달시켜 시기에 응하고, 국내외 무역 혹은 대금을 빌려주고 또 부원 간에 상호부조를 목적으로 한다'고 했다. 이것은 독립운동 자금 및 동지를 모집해 국내외 정세를 살피며 동지회와 연락해 운동 자금도 만들고, 동지가 출장을 갈 때는 돈을 내어 동지로서 협력하며 민족의 독립이라는 대업을 성취하겠다는 숨겨진 의도를 지니고 있었다.[396]

흥업구락부의 주요 활동은 회원의 획득과 재정의 확보 그리고 동지회와의 국제적 연락 및 국제 정세의 파악이라는 차원에서 진행되었다. 당시 흥업구락부의 핵심 인사들은 한말 이래 중앙 YMCA를 거점으로 하는 기호 지역의 정치사회적 명망가를 다수 포함한 기독교 세력이 주축이었다. 이들은 독립협회 이후 사회경제적 실력양성론을 계승하면서 기독교 민족운동 및 사회운동에서 주도적인 위치를 확보해 왔다.

이들은 기독교 사회단체의 영향력과 주도권을 확보하기 위해 조선기독교연합회, 중앙기독교청년회, 조선기독교감리회 등에서 다양한 활동을 전개했다.[397] 이 과정에서 흥업구락부가 중점적으로 펼친 것은 독립운동 자금을 조성하기 위해 적극적으로 노력하는 것이었다. 자금 조성이 성공적으로 진행되어 금액이 상당액에 이르면, 흥업구락부 내에 '산업부'를 설치해 사업을 전개하고자 했다.[398]

이처럼 이상재는 기호 지역의 기독교 인사들을 중심으로 하는 흥업구락부를 조직하는 데 주도적으로 참여했다. 밖으로는 국제 기독교와의 연대를 활용해 이승만 세력과 연계되어 지원 활동을 했고, 안으로는 전체 인구 80%인 농촌 사회를 재건하며 산업자본을 축적하고, 축적된 자본에 기반을 두고 해외와 연결해 상업을 통한 자본의 획득을 도모했다. 그는 흥업구락부를 통해 경제적 실력양성론을 추구하고자 했다.

제3장
국내 민족운동을 펼치다

제1절 미의원단 환영회 개최

3·1운동 직후 일제의 식민정책의 변화와 함께 국제사회 '정의·인도'와 '세계 개조'의 분위기가 조성되었다. 이상재는 YMCA를 기반으로 국제사회에 한국의 독립 지원 및 후원을 호소하며 국제적 관심과 지원을 끌어내기 위해 노력했다. 그의 활동은 3·1운동 직후인 1920년, 미국의원시찰단 환영과 관련되어 전개되었다.

1920년 초에 미국의 상하원의원들이 관광단(이하 미의원단)을 구성해 필리핀, 홍콩, 상해를 거쳐 8월경 한국에 방문한다는 소식이 들려왔다.[399] 이러한 정보를 입수한 국내외 민족운동 진영에서는 이를 민족운동의 좋은 기회로 보고 이를 활용하고자 했다.[400] 미국의 의원들을 직접 만날 수 있다는 기대감과 그들에게 한국의 독립을 주장할 수 있는 기회가 된다고 보았다.

국내외 민족운동 진영은 미의원단이 방문할 때 적절한 민족운동을 전개함으로써 한국의 민족운동에 유리한 상황을 조성할 수 있는 계기가 될 수 있을 것으로 판단했다.[401] 국외에서는 대한민국임시정부가 안창호를 중심으로 대미의원시찰단주비위원회(對美議員視察團籌備委員會)를 조직해 의의원단을 맞이할 준비를 했다. 미의원단이 중국에 도착하자, 임시정부는 환영회를 개최하고 미의원단 면담을 진행하면서 상해임시정부가 마련한 진정서를 전달했다.[402] 또한 임시정부는 미의원단의 방한(訪韓)을 계기로 국내 각지에서 의열 투쟁을 전개하는 한편, 국내 비밀결사인 암살단과 제휴해 의열 투쟁을 지원하기도 했다.[403]

이와 함께 국내에서도 미의원단을 조직적으로 환영하는 계획이 수립되었다. 이를 주도한 이들은 YMCA 내 이상재를 비롯해 윤치호와 신흥우였다. 이들은 3·1운동 직후 한국 독립 문제를 미의원단에게 호소하며 미국 및 국제 여론에 제기하고, 국제사회로부터 한국에 대한 지원을 이끌어 내고자 했다. 이들은 '미국의원시찰단환영회(이하 미의원단환영회)'를 조직했다. 사무실을 종로 YMCA회관에 두었고, 환영식 때는 윤치호가 사회를 보고 또 환영사는 이상재가 하는 것으로 계획했다. 또한 『동아일보』와 『조선일보』 양대 신문의 협조를 받아 청년층이 모금 활동을 맡았다.

그러나 이를 탐지한 일제가 그냥 놔둘 리 없었다. 당황한 일제는 온갖 방해를 일삼았는데, 미의원단이 상해에서부터 만주를 거쳐 한국으로 입국하는 과정부터 밀정을 파견해 취재차 파송된 동아일보의 특파원이 그들과 접촉하는 것을 방해했다. 동시에 근거 없는 낭설

과 공포 분위기를 조성하며 미의원단의 입국을 저지하고자 했다.[404]

1920년 8월 24일, 300여 명의 경찰이 삼엄한 경계를 서는 가운데 40여 명의 미의원단이 남대문역에 도착했다.[405] 이날 '미의원단환영회'는 미의원단이 서울에 도착하자마자 그들을 직접 방문해 환영회에 초청하고자 했으나, 일제의 방해와 저지로 끝내 만나지 못하고 돌아와야 했다. 다음 날인 8월 25일, 이상재는 신흥우와 함께 미의원단이 머물던 조선호텔로 직접 가서 미의원단을 가까스로 접촉할 수 있었다. 이상재는 미의원단에게 미의원환영회에 나와 줄 것을 요청했다.

그러나 8월 26일에 개최하기로 했던 공식적인 미하원의원단 환영회는 끝내 좌절되고 말았다. 미의원단이 환영식장에 오지 않았기 때문이다. 그것은 미의원단이 한국 정치와 관련해 일절 발언하지 않겠다는 입장을 취하고 있었기 때문이며, 일제가 미의원단이 환영회에 참석하지 못하도록 집요하게 방해했기 때문이다.[406]

미의원단이 환영회 장소에 오지 않아 모두 실의에 빠져 있을 그때, 기적과 같은 일이 일어났다. 미의원단 일행 중 헐스맨(H. S. Hersman)이라는 의원이 자동차에 성조기를 달고 YMCA 환영식장에 혼자 나타났던 것이다.[407] 그는 한국인들로부터 열렬한 환영을 받았다. 비공식적이었으나, 미의원단환영회가 시작되었다. 윤치호의 통역으로 헐스맨의 강연이 진행되었다. 특히 그는 청년 학생들을 향해 "어디까지나 정의와 인도로 항상 발전하도록 분투하시오"라는 요지의 연설을 했다.

곧이어 이상재가 연단에 올라서 "우리가 미국을 친애하는 것은 그 나라가 부유해서 그러는 것도 아니요, 강성해서 그러는 것도 아니다. 오직 하나님의 뜻을 받들어서 정의와 인도를 제창하기 때문이다"
라는 요지의 답사를 했다. 그는 미국의 힘이 정의와 인도를 제창함과
동시에 실천하는 행동에 있다는 점을 강조하며 정의와 인도에 기초
해 자주적 독립을 추구하는 한국인들에 대한 지원을 간접적으로 호
소했던 것이다. 일제의 집중적인 방해 공작에도 불구하고, 헐스맨의
참석으로 미의원단환영회가 진행될 수 있었다.[408]

어찌 되었든 이상재가 주도했던 미의원단환영회는 일제의 방해
로 인해 성과를 내지 못하고 말았다. 즉, 한국인의 정의와 인도에 기
초해 국제적인 지원을 이끌어 내는 가시적인 목표를 달성하지 못했
다. 그러나 이런 활동을 통해 3·1운동 이래 불타오른 한국 국민들의
독립 의지를 또다시 국내외에 환기시켰다는 데 그 의미가 있다.

제2절 민립대학설립운동

3·1운동 이후 국내는 일제가 이른바 '문화정치'를 표방하면서 최
소한의 언론·집회·결사·출판의 자유가 제한적으로 허용되었다. 이에
따라 민족운동 진영에서는 정의와 인도를 지향하며 우리의 독립 역
량을 키워야 한다는 실력 양성의 필요성이 강력하게 제기되기 시작
했다. 일제가 허용한 합법적인 공간을 적극 활용해 민족정신을 함양
하고 실력을 양성하는 것이야말로 민족의 급무임이 강조되었다. 당시
교육은 민족의 장래와 독립을 위해 가장 강하게 추진해야 할 실력
양성을 위한 중요한 분야였다.

당시 이상재는 민족 지도자들 중에 교육의 중요성을 누구보다 깊이 인식하고 있었다. 그는 개화기 때부터 근대 문명의 수용과 근대 개혁을 위한 교육의 중요성을 깊이 깨닫고, 정부의 근대식 교육정책을 세우고 실천한 바 있다. 1910년대에는 YMCA운동을 통해 청년층을 대상으로한 기독교적 근대 교육에 중점을 두었다. 이런 점에서 이상재는 3·1운동 이후 일제의 이른바 '문화정치'에 대응하며, 민족의 급무로 제기된 실력양성운동의 중요한 비중을 차지하는 교육 분야에서 대표적인 지도자 역할을 했다.

1920년 5월 28일, 이상재는 30여 명의 인물과 서울 시내 안국동 윤치소(尹致昭)의 집에서 조선교육회를 결성하는 문제를 협의했다. 이 자리에서 신교육에 대한 농민들의 관심을 일깨우고, 학생들을 위해 기숙사를 마련하며, 실력 있는 학생들을 해외에 유학을 보내고, 학생들의 장학금을 모금하는 일 등을 전개할 단체를 조직하자는 것을 논의했다.[409]

이어 6월 20일, 이상재는 윤치소의 집에서 한규설·유근 등 '전도(全道)의 유지(有志)' 91명이 참여한 가운데 조선교육회 발기회를 개최했다.[410] 발기회에서 이상재는 회장으로 추대되었다. 발기인 임원진으로는 부회장 김사묵, 이사진은 윤치소·김후병·유진태·유근·유성준·유정수·박승봉·장도·최두선·장덕수·김사용 등이었다.[411]

발기인들은 후일 사회주의운동에 투신하는 인물도 있었으나, 대부분은 민족주의자와 조선인 명망가로 구성되었다.[412] 발기인에서 주목되는 인물은 한규설이다. 한말 개화 관료로서 이상재와 같이 활동했던 그는 독립협회운동 당시 법부대신이자 중추원 의장을 맡아 개혁운동을 추진했던 인물이다.[413] 그는 일제의 회유를 물리치고 칩거 생활을 하다가 3·1운동 직후 이상재의 설득으로 조선교육회에 참가했던 것이다. 한규설은 서울 수표동 42번에 소재한 사무실을 조선교육회에 기부하는[414] 등 이상재의 조선교육회 활동에 큰 힘이 되었다.

당시 발표된 조선교육회의 발기취지서의 내용은 다음과 같다.[415]

이제 세계적 대전란의 결과가 신문화의 대운동을 야기함에 됨은 특히 저명한 사실인즉, 금일 우리의 사회를 이 깊이 가라앉는 중에 만회할 유일의 방책은 다만 이 시대에 적응한 교육을 장려하고 진흥함에 오직 있도다. 탄식하노라. 금일 조선의 교육 문제는 이것이 결코 한가한 사람의 심심풀이 이야기 재료가 아니라 우리의 민족의 장래가 쇠하여 사라지거나 성하여 자라나는 것에 관한 기점이며 사활에 관한 문제라. 현하 조선 내에 산재한 보잘것없는 교육기관 중에서 순연한 우리 조선인의 재력과 노력으로 경영한 때가 있었는가. 근본의 문제를 무시하고 민족의 부활이니 사회의 개선이니, 아무리 절규하며 아무리 기대할지라도 필경 도래할 때가 없을 것이로다.

만일 우리 반도 문화의 발전을 돕기 위해 책임을 자각하는 약간의 동지가 이기에 조선교육회를 발기하야 변변하지 못한 충성의 소재를 큰 소리로 부르짖어 전반도(全半島)의 부형으로 하여금 교육의 급무임을 촉진케 하며, 교육에 관한 온갖 문제를 해결코자 함이 결코 우연이 아니니 사방의 모든 군자여 동기(同氣)가 서로 통하며 동성(同聲)이 서로 응하야 우리의 전도를 우리의 노력으로 개척함이 우리 조선인 된 자의 의무일진저 …

위 내용을 보면 '교육은 우리 민족의 사활에 관한 문제이며, 조선 내에 산재한 교육기관 중에 순전히 우리 조선인의 재력과 노력으로 경영하는 것이 몇 개나 되는가를 반문하고 있다. 그러면서 이런 실천 없이 민족의 부활이나 사회 개선을 부르짖는 것이 별 소용이 없다'고 하며, 식민지 현실에서 교육 문제는 결국 민족의 문제임을 지적했다. 또 조선교육회가 식민지 사회의 당면 문제인 교육 문제에 대한 책임을 자각해 교육 관련 문제들의 해결을 목적으로 설립되었다고 밝혔다. 발기 취지에는 교육이야말로 사회를 개조해 민족을 발전시키기 위한 실력양성운동의 주요 영역이라는 점이 잘 드러나 있다.

이렇듯 이상재는 3·1운동 이후 고조된 민족의 교육열에 부응하고 또 민족실력양성운동을 추진해 조선의 교육 문제를 해결하고자 조선교육회에 주도적으로 참여했다. 1920년 6월 26일에는 발기인들과 일반인들이 모여 동일한 장소에서 조선교육회 창립총회가 성황리에 개최되었다. 이 자리에서 이상재는 발기인 회장에 이어 또다시 회장으로 추대되었다. 이 자리에서는 무슨 사업을 하든 자금이 필요하다는 것이 강조되면서 단체의 사업 자금으로 즉석에서 3천여만 원이 모금되었다.[416]

조선교육회의 설립은 교육의 중요성을 강조하던 민족주의자들의 많은 기대를 모았다. 동아일보는 조선교육회 창립 직후 사설을 통해 조선교육의 중심 기관으로서 일반 학생과 민중의 교육에 힘쓰고 또 사회 발전에 기여해 줄 것을 요청했다.[417] 이때 전국 각지에서 설립되던 교육회들이 서울의 조선교육회를 중심으로 연합기구를 결성하는 움직임도 있었다. 평양에서는 8월 5일, 조만식을 회장으로 하는 교육협회를 발족하며 조선교육회와의 연결을 추진했다.[418]

조선교육회는 1922년 1월 24일, 조선교육협회라는 이름으로 조선총독부의 인가를 받았다.[419] 특히 그해 5월 9일, 제2회 정기총회를 개최해 새로운 임원을 선임한 후 본격적인 활동에 나섰다. 이상재가 회장에 다시 선임되었고, 임원진이 새롭게 선임되면서 조선교육협회의 활동이 본격화되었다. 주로 전국 순회 등 대중 계몽 활동으로 전개했다.

한편, 1920년대 초 교육운동의 열기에 부응한 이상재는 한국인을 위한 대학을 설립하자는 '민립대학설립운동'에 주도적으로 참여했다. 민립대학 설립 논의는 이전부터 간헐적으로 있었으나, 일제의 조선교육령 개정 내용에 대학 설치가 포함되어 있다는 것이 알려지면서 본격화되기 시작했다.

1922년 2월 6일, 일제는 신교육령(新敎育令)이라는 이름 아래 조선교육령을 발표했다.[420] 제12조에 '전문교육은 전문학교령에, 대학교육과 그 예비교육은 대학령에 의한다. 단, 이들 칙령 중 문부대신의 직무는 조선총독이 이를 행한다. 전문학교의 설립과 대학 예과의 교육 자격에 관해서는 조선총독이 정한 바에 의한다'[421]라고 하며, 대학 설립의 길을 법적으로 열어 놓았다. 이를 계기로 이상재는 국내 민족 인사들과 함께 일제의 식민지 교육에 저항하고, '조선인본위'운동을 전개하기 위해 민립대학설립운동에 적극 참여했다.

1922년 11월 23일, 이상재를 비롯한 발기인 47명이 모여 만든 '조선민립대학기성준비회'가 개최되었다.[422] 이들은 조선교육협회 내에 사무실을 마련하고, 조선민립대학기성회 준비 작업을 시작했다. 47명의 인물을 살펴보면, 민족주의계가 대부분이고 또 사회주의계 인물·관변 유력자 등 다양한 세력이 포함되어 있었다.[423]

이들 중 이상재와 깊은 관련이 있는 인물들이 있었다. 강인택·고원훈·김정식·남궁훈·박승봉·설태희·신명균·이승훈·이시완·이현식·임경재·장두현·장응진·최규 등은 이상재와 조선교육회 발기인으로 참여했던 인물들이다. 초기에 조선교육회 인사들이 민립대학기성회의 조직을 주도하고 있었음을 보여준다. 또 김정식·명이항·설태희·유진태·이현식·한인봉·허헌 등은 이상재가 부회장을 맡고 있던 민우회(民友會)[424] 인사들이었다. 이승훈·박승봉·이갑성·박희도·최린·현상

사진 30 1923년 민립대학기성회 총회
(출처: 월남이상재선생기념사업재단)

윤 등은 기독교인으로서 3·1운동 당시 이상재와 긴밀하게 교류·활동했고, 강매·김일선·김정식·박희도·이갑성 등은 YMCA운동과 관련해 이상재와 깊은 관련을 맺고 활동했던 인물들이다.[425] 이런 인적 구성은 민립대학설립운동에도 YMCA를 기반으로 하는 기독교인들이 주요 세력으로 참여했다는 점을 보여 준다.[426]

1923년 3월 29일, YMCA 회관에서는 전국에서 온 460여명의 발기인들이 모인 가운데 민립대학기성회 총회가 성대하게 개최되었다.[427] 이 자리에서 이상재가 중앙집행위원장에, 유성준이 상무위원으로 선출되었다. 특히 기성회 중앙부 집행위원으로 선출된 평양

YMCA 총무 조만식은 이갑성·강인택 등과 함께 평안남북도 기성회 지방부를 조직했다. 취지 선전과 회원 및 회금 모집을 독려하기 위해 평양에서 민립대학선전 강연회를 개최했다. 이후 그는 평안도 지방을 책임지고 순회하며 민립대학기성회 지방부를 설립하기 위한 강연을 주도적으로 전개했다. 이상재는 중앙집행위원장으로서 각 지역을 순회하며 운동의 취지를 설명하고, 회원과 기금 모금을 독려하며 민립대학설립운동을 이끌었다.

그러나 민립대학설립운동은 큰 홍수와 가뭄 그리고 연이은 흉작 등으로 인해 모금 실적이 부진했다. 여기에 일제가 민족의식 및 민족적 각성을 고취한다고 판단하며 대학 설립을 집요하게 방해하고 탄압했다. 결국은 별다른 성과를 내지 못한 채 실패로 끝나고 말았다.

이와 관련된 이상재의 이야기가 있다. 일제는 한국인들의 민립대학설립운동에 대한 대응으로 경성제국대학을 설립했다. 이상재는 경성제국대학 개교식에 한국인 명망가 한 명으로 초대받아 가게 되었다. 그는 청년회관에 나와 있다가 앉아 있는 사람들을 보면서 "오늘은 우리 민립대학 개교식 날이니 다 같이 가보세"라고 했다. 사람들은 그의 말에 "그게 무슨 말입니까"라고 반문했더니, 그가 "일본인들이 우리에게 대학을 만들어 주겠는가? 우리가 민립대학을 만들겠다고 하니까 선수를 쓴 것이지. 그러니까 경성제국대학은 우리 민립대학이 되는 것이지"라고 표현했던 것이다.[428]

이처럼 이상재는 3·1운동 직후 민중의 교육열에 부응해 일어났던 교육운동의 선두에서 민족의 실력을 양성한다는 차원에서 조선교육회·조선교육협회 및 민립대학설립운동을 주도했고, 다양한 세력을 통합하며 하나의 목표를 향해 이끌어 가는 통합적 리더십을 발휘했다.

제3절 사회문화운동 전개

국내의 사회단체와 언론기관은 인물이 갖고 있는 대표성과 상징성 때문에 이상재를 단체의 장(長)으로 모시고자 했다.

먼저 3·1운동 직후 '교육열의 진보'에 따라 고학생 문제가 새로운 현상으로 대두되었고, 고학생 문제를 해결하기 위한 단체에 이상재가 참여했다. 1920년 6월 13일, 서광진 외 49명의 발기인이 참석한 가운데 승동예배당에서 '고학생 발기총회'가 개최되었다. 이어 6월 21일에는 중앙예배당에서 70~80명이 참석한 가운데 '고학생갈돕회 창립총회'가 개최되었는데, 이날 선출된 임원을 보면 다음과 같다.[429]

총재: 이상재, 부회장: 이승준
회장: 최현, 부회장: 박희창, 총무: 최하청
고문: 김광제, 김기동, 김명식, 박일병, 박중화, 신흥우, 안국선, 윤치소,
   이병조, 장덕수, 장응진, 차○진, 최강

이 단체에는 크게 민족주의 계열과 사회주의 계열의 인사들이 참여했다. 3·1운동 직후 고학생 상조 단체를 후원한다는 점에서 이념이나 계열이 크게 문제가 되지 않았던 것으로 보인다.[430] 이상재를 비롯해 신흥우·안국선·윤치소·장응진 등 기독교인도 있었지만, 이 단체

에서 기독교적 색채를 찾을 수는 없었다.

다만, 이상재가 학생들에게 기숙자를 제공하거나 장학금을 지급할 문제 등을 논의하던 조선교육회를 이끌고 있었으며, 윤치소·장응진 등이 조선교육회 발기인이었다는 점에서 학생들에 대한 관심을 갖고 고학생갈돕회 모임에 참여했던 것으로 생각된다. 청년층을 대상으로 청년 학생의 문제를 해결하고자 방법을 모색하던 YMCA 총무인 신흥우도 '고학생 문제'에 대한 관심을 갖고 단체에 참여했다. 이상재는 상징적인 총재라는 직분이었기 때문에 갈돕회의 운영이나 활동에 실무적으로 관여하지 않았으나, 이 단체를 통합적으로 이끌어 가는 지도력을 발휘했다.

또한 이상재는 '소년군' 또는 '척후군'으로 불렸던 보이스카우트 운동에도 적극 참여했다. 1922년 9월 30일, YMCA 소년부 간사였던 정성채에 의해 '소년척후대'가 창립되었다.[431] 또 10월 5일에는 중앙고보 체육 교사인 조철호가 중앙학교 학생들을 중심으로 '조선소년군'을 창설했다.[432] 이들 두 단체는 보이스카우트운동을 목적으로 삼았는데, 소년척후대가 기독교적 신앙에 의한 순수 보이스카우트운동을 지향했던 것에 비해, 조선소년군은 민족적 성향을 드러내고 있었다. 이외에도 소년 단체들이 적잖이 생겨났다.(사진 33 참고)

사진 31　1924 한국보이스카우트연맹 초대총재
(출처: 월남이상재선생기념사업재단)

소년운동의 조직과 노선이 다양해지자, 소년 단체의 연합이 추진되었다. 1924년에는 두 단체가 보이스카우트운동으로 통합이 추진되었다. 드디어 「소년척후단조선총연맹」을 결성하기에 이르렀다. 1924년 3월 1일에는 YMCA회관에서 통합 단체가 결성되었다. 이상재가 초대 총재로 추대되었고, 부총재에는 유성준·신흥우·박창한, 회계 김윤수, 총무 유억겸, 부총무 조철호·정성채 등이 선임되었다. '신체의 발달을 증진케 하야 덕성이 풍성하며 선량 건전한 시민을 양성'하는 단체의 목표는 이상재가 YMCA운동을 통해 지향했던 방향과 동일한 것이었다.

한편, 1920년대 전반에 이상재는 기독교 문화의 창출을 목적으로 하는 기독교문서운동에도 앞장섰다. 한국기독교문서운동은 1890년대 외국인 선교사들로부터 시작되었으며, 기독교 선교 활동에 국한된 것이 대부분이었다. 그러던 중 3·1운동 이후 한국 기독교 문화의 발전을 위해 한국인이 주체가 되는 기독교문서운동이 자연스럽게 요구되었다.

기독교 문화를 주체적으로 창출하기 노력은 기독교 문서 단체를 조직하며 표출되었다. 3·1운동 이후 1921년 8월 중순경, 이상재는 유성준·박승봉·최병헌 등과 함께 순수 한국인의 자본으로 설립된 기독교적 문화운동을 강조하며, '조선기독교광문사'(朝鮮基督教廣文社)라는 이름을 정하고 발기 모임을 추진했다.

1922년 1월 14일, 서울 안동교회에서 이상재 등 12명이 모여 광문사창립 발기인대회를 개최했고, 1월 31일에 창립총회를 열었다.[433] 일반 출판사 중 '광문사'라는 이름이 있어서 '조선기독교창문사'(朝鮮基督教彰文社-이하 창문사)로 이름을 변경했다. 창문사는 주주 1,257

명 중에서 초대 사장에 이상재가 선임되었고,[434] 박승봉·유성준·윤치호 등 15명의 취체역과 최병헌·김양수·정노식 등 5명의 감사역이 선정되었다. 선교사들의 도움 없이 순 한국인의 자본으로 출판 기관이 처음으로 탄생했던 것이다.

창문사가 처음으로 착수한 작업은 『신생명』의 창간이었다. 이 잡지에는 기독교적 가치를 기초로 한 민중 계몽을 통한 민족의식의 함양과 독립을 위한 실력 양성이라는 운동 노선을 지향하는 기독교인들이 대거 참여했다. 이처럼 이상재는 기독교적 방면에서 한국인 주체의 도서출판 사업에서도 기여한 바가 크다.

제4절 민족공동체 재건과 청년 이해

이상재는 일제 침탈과 강점 이후에 문명적 관점에서 도덕을 기초로 현실을 인식하고, 근대사회를 건설해 민족공동체의 회복과 재건을 향한 민족운동을 전개했다. 이런 그의 인식은 3·1운동 이후 더욱 구체적으로 표현되었다. 그는 도덕을 문명의 기초로 밝히며. 이에 대해 다음과 같이 언급했다.[435]

도덕은 기초이며 근저요, 물질은 동량과 창문 그리고 벽이며, 또한 가지와 잎사귀와 꽃과 열매라고 할 수 있다. 한쪽 발만을 가지고서 어떻게 빨리 내달을 수 있으며, 한 손바닥으로 어찌 소리를 낼 수 있겠는가? … 만일 도덕 문명이 쇠약을 스스로 취하였다고 하여 물질적인 과학에

만 치중하여 전속력으로 급진히 나아감으로써 도덕을 경시한다면, 뿌리가 없는 초목이나 기초가 없는 가옥과 같이 마침내 넘어지고 부패하게 되는 화에 이르게 될 것이다. 잠시적인 강포를 스스로 유지하고 화(禍)와 독(毒)을 세계에 퍼트리다가 이미 멸망당한 여러 국가와 앞으로 망하게 될 어떤 민족으로 거울을 삼으면, 우리 민족의 무궁한 행복과 영원한 문명이 이에 있다 하겠으니, 도덕은 종교와 다르지 않을 것이다.

이상재는 도덕을 문명의 기초로 인식하며 식물의 뿌리와 같다고 보았다. 뿌리가 없는 초목이나 기초가 없는 가옥이 쉽게 넘어지는 것처럼 도덕 자체를 경시하거나 도덕의 힘이 약하면 그 문명 또한 오래가지 못하고 부패하기 쉽거나 큰 화를 당할 수밖에 없다고 보았다. 나라와 민족이 멸망한 역사를 보면 이를 쉽게 알 수 있다고 했는데, 이런 점에서 도덕은 '민족의 거울'이라고 강조하면서 도덕이 종교처럼 민족의 흥망성쇠에 떼려야 뗄 수 없는 깊은 관계를 지니고 있다고 주장했다.

이어서 그는 나라와 사회, 민족의 정신이 도덕 정신으로 연결된다고 보았다. 1922년에 동아일보의 '오늘날 시급히 해결해야 할 과제는 무엇인가'라는 특집 기사를 통해 다음과 같이 밝혔다.[436]

무엇보다 도덕성을 양성하여야 하겠소. 조선인은 과거의 도덕과 정치가 부패한 까닭에 시기와 질투심이 많아 제 이름이 나지 않으면 하지 아니하고 피차 시기 모함으로 일을 삼으니, 먼저 종교를 믿어 도덕성을 길러야 할 터인데 다른 사람은 어떨는지 모르지마는 내 생각에는 기독교를 믿어 제 몸 희생하는 주의를 배워야겠소. 예수는 남을 위하여 자기 목숨을 바쳤으니 그것을 배워서 이기심을 없애야 하겠고, 남들은 경제상 곤란이 제일 위급하다 하지마는 내 생각에는 마음만 잘 먹고 일을 하면 하나님이 먹을 것을 주실 줄을 아오.

그가 도덕을 강조했다고 해서 물질문명을 반대했던 것은 아니다. 근대적 실업교육 및 노동교육을 강조했고, 사회경제적 발전을 위한 사농공상의 의식 타파 등을 주장했다. 그러나 그가 무엇보다 중요하게 생각했던 것은 '도덕'이다.[437] 이는 문명 담론과 근대사회의 건설 차원에서 도덕 담론이 기독교 신앙을 통해 민족공동체를 회복하고 재건하는 가치로 확장되어 제시되었음을 보여 준다.

그는 민중이 도덕적인 힘을 갖는 것이야말로 하나님의 의를 지키는 것이며, 하나님이 의로우시기 때문에 의가 최후의 승리를 반드시 가져오게 될 것이라고 보았다.[438] 이어서 그는 민족공동체를 재건하고 자주적 독립국가를 건설하는 힘이 개인으로부터 나오는데, 그 개인의 힘은 도덕의 힘이고, 그 도덕은 신앙을 통해 더욱 확고하게 된다고 역설했다.[439]

도덕이라는 용어에는 다양한 의미가 담겨 있다. 그는 유가의 전통적 인식을 포함하는 도덕의 개념을 진리, 불망본(不忘本), 도리(道理), 하나님의 뜻, 정신문명, 정의, 인도, 평화, 평등, 존경, 진실, 자비, 사랑, 용서, 희생 등 다양한 용어로 표현했다.[440] 이는 개인과 개인, 나라와 나라, 민족과 민족 사이에 반드시 있어야 할 보편적인 가치로서 지역과 인종 그리고 문화와 시대를 넘어 인류가 추구해야 할 방향이며 목적이었다.

그의 도덕적 개념은 구체적인 상황 속에서 특정 의미로 사용되면서도 그 의미들이 통합적으로 사용되기도 했다. 도덕은 시공을 초월해 역사를 주관하는 하나님, 즉 신의 뜻으로, 인간 사이의 관계 속에서 반드시 표출되어야 할 보편적 가치였다. 자기 자신을 청렴·청결·진실로 개조하며, 희생·긍휼·공경·효·자비 등의 사랑과 정의로 표출되어야 하고, 세계 모든 지역에서 발휘되어야 했다. 그래서 도덕은 개인과 나라 그리고 민족에만 머무르는 것이 아니라 인류공동체가 능동적으로 추구하고 또 구체적으로 실현해야 할 역사의 방향이었다.

이에 대해 이상재는 "남을 해치지 말아라, 아무쪼록 남을 도와주고, 더러 네가 어려운 일이 있더라도 참고, 남에게 해로운 노릇은 하지 말라고 가정에서부터 가르치는 까닭에 차차 자라고 자라날수록 그 마음이 자라났다. 마침내 장성하더라도 그 맘에 변하지 않는 그런 도덕심이 있어. 그것은 하늘이 당초에 내려 준 그 도덕심이여"라고 표현했다.[441] 이렇게 그는 도덕을 통해 민족공동체가 개인과 민족의 이해관계를 넘어 인류공동체의 구성원이라는 책임감을 갖고 세계를 올바른 사회로 변화시키기를 기대하는 꿈을 가지고 있었다.

이상재의 생각들은 세계평화로 연결되어 있었다. 그는 "화평을 잃어버린 즉 분쟁이 일어나고, 분쟁이 일어난 즉 멸망이 도래함은 천리의 자연이요, 사세(事勢)의 당연이라"라고 말하며, "가장적(假裝的) 평화가 아니라 하나님께서 세계를 창조하실 때 우리 인류에게 부족함이 충만하게 없이 주신 진정한 평화가 요구된다"라고 역설했다.[442] 그는 개인과 나라, 민족의 이기심을 넘어 도덕과 평화의 세상을 지향하는 것이 개인과 나라, 민족이 일치단결을 이루는 필수 요건임을 지적했다.

이렇듯 이상재는 도덕을 기초로 하는 근대사회를 건설하며, 민족공동체의 독립과 재건을 지향했다. 그는 당시 민족주의, 사회주의 등 분열되어 있는 민족공동체를 향해 다음과 같이 요구했다.[443]

… 민족이라 함은 자기 동족만 위함이오. 사회라 함은 세계 다른 민족을 넓게 부르는 것이니, 각기 민족이 아니면 어찌 사회가 조직되며 사회를 무시하면 어찌 독존할까. 민족을 자애하는 양심이 충일한 연후에야 자연적 가히 사회에 보급할지오. 사회까지 박애하는 진성이 있은 즉 민족은 자연적 서로 사랑하거늘 …

위의 글에서 이상재는 일본 제국주의가 망할 수밖에 없는 이유를 지적했다. 그것은 일제가 한국의 적(敵)이라기보다 인류의 보편적인 가치인 도덕의 적(敵)이기 때문이라고 보았다. 일제가 외적 또는 물질적인 문명의 힘만 믿고 하나님이 우리 민족에게 권리로 주신 도덕을 침탈했는데, 이는 정의와 평화가 중심이 되는 세계의 건설을 거부하며 하나님의 주권을 침탈한 행위이기 때문에 조만간 하나님의 힘에 의해 멸망당하게 될 것이라고 보았던 것이다.[444]

물론 이것은 일제와 한국에만 적용되는 것은 아니었다. 모든 시간과 공간에서 적용될 수 있는 보편적인 가치이자 사상이었다. 그는 민족을 넘어서 보편적인 세상을 꿈꾸는 문명적 관점에서 일제를 비판하고 있었다. 이에 이상재는 회복되어 재건되어야 할 민족공동체가 도덕에 기초한 평화의 추구를 기대했다.

　이런 인식을 했던 이상재는 개인과 민족을 넘어 보편적인 민족 공동체의 재건을 꿈꾸는 기대를 하며 청년층에 주목했다. 그는 청년들과 끝임없이 소통하며 새로운 역사 시대를 열어 갈 주역이자 주체임을 강조했다. 그는 '군국주의와 무력 만능, 사회주의와 같은 극단적인 상황에 빠져 있는 기성세대'[445]에게 절망하면서, 현 시대 현 세계에 배움의 시기에 있는 청년에게 주목하며, 제대로 배우기만 하면 미래 세대인 청년의 앞길이 거칠 것이 없고 또 청년이 제대로 서면 우리가 꿈꾸는 나라와 민족의 앞길도 밝을 것이라고 주장했다.[446]

　이를 위해 청년들이 도덕의 기초를 확립하고, 윤리의 방향으로 나아가는 것이 중요하다고 보았다.[447] 그는 "그 수양하는 때에 첫째 사리(事理)의 본말을 분별하고, 방향의 지침이 일정해 도덕의 기초를 확립하고, 윤리의 궤도를 진행해 신풍조에 순응하며 신정신을 발휘한즉, 어떤 주의든지 어떤 모양의 사상이든지 나아가는 길에 적이 없느니라"[448]라고 전했다. 이렇게 도덕과 윤리가 중요한 이유는 그것이 인류 공동체에 본래적인 것이기 때문이며, 시대가 변하더라도 본래적인 것이 변하지 않기 때문이다. 이를 기초로 나아간다면 어느 방향으로 가더라도 문제가 없다고 인식했다.

　이상재 당시 시대를 '혁명시대'로 정의하고, 과거의 혁명이 아니라 미래의 혁명이기 때문에 혁명의 책임은 오로지 미래 세대인 청년에게 있다고 보았다.[449] 혁명에 대해 그는 "혁(革)은 변혁(變革)함을 이름이요, 명(命)이라 함은 운명(運命)을 가리킴이다. 역(易)에 가로되 혁명(革命)은 천(天)에 순(順)하고 인(人)에 응(應)한다 하였으니, 세계의 운명은 시대를 따라서 천의(天意)와 인심(人心)으로 자연스럽게 변혁(變革)되는 것이다"⁴⁵⁰라고 주장했다. 또한 장래 혁명이 인위적인 것이 아니라 자연적인 것으로, 하늘의 뜻에 따른다면 사람에게 이루어지기 때문에 자연스러운 혁명이 일어난다고 보았다.

그는 진정한 혁명이란 외면의 개혁이 아니라 내면의 개혁에서 먼저 일어난다고 주장했다.⁴⁵¹ 그는 일찍이 한국의 고질병을 가난과 폭력, 질투, 교만, 게으름의 증상을 급심병(急心病)이라고 지적한 바 있다. 따라서 이런 내면, 즉 마음을 변혁하는 것이야말로 혁명 전에 반드시 해야 할 일이라고 강조했다. 그러면서 그는 한국 청년들에 대해 미래를 낙관할 수 있는 것이, 도덕심이 풍부하고 또 우주 만물을 주관하는 하나님이 택하셨기 때문이라고 주장했다.⁴⁵²

이 세상은 내일 희망이 없고 그 비관하고 낙관하는 것이 사람이 소리만 지르면 그게 얼마나 멀고 아득하다고, 그게 될 수가 있는 말이냐고 하지만, 만고에 내려오면서 동서양 역사를 놓고 보더라도 끝내 악한 사람이 세상에 성공한 법이 없고, 마침내 가서는 선한 사람이 성공하는 것이 있으니까, 그런 까닭에 처음 희망이 있다가, 중간에 비관이 있다가, 끝에 가서 내 크게 낙관하는 것인 거 같애.

그는 하나님이 한국 청년들을 선택한 것은 온전한 세계를 이루기 위한 것이라고 보았다. 비록 한국 청년이 세계에서 제일 약하지만, 그 약함 때문에 하늘이 도덕심을 주었다고 인식했다. 즉, 도덕심은 한국 청년들이 온전한 세계를 만들어 가는 정당한 힘이 되는 것이다. 이 때문에 이상재는 청년들을 끝까지 낙관할 수 있다고 강조했던 것이다.

　이상재는 도덕을 문명의 기초로 이해하고, 우리 민족이 인류의 보편적 가치인 동시에 목적인 도덕의 회복과 재건이야말로 무엇보다 시급하게 해결해야 한다고 보았다. 개인과 나라 그리고 민족의 재건이 도덕에 달려 있으며, 도덕의 힘은 개인과 나라 그리고 민족을 살리는 첩경이 된다고 보았다. 그의 도덕 사상은 평화 사상과 연결된다. 따라서 일본 제국주의가 망할 수밖에 없는 것이 인류의 보편적인 가치를 무시한 죄(罪)를 지었고, 결국 도덕의 적이 되었기 때문에 멸망을 당하게 된다고 비판했다.

　이처럼 이상재는 문명적 관점에서 도덕을 통해 일제의 침략을 비판하며 나라와 민족을 넘어 인류의 보편적 질서를 회복하는 과정에서 민족공동체를 재건하고 또 새로운 나라를 건설하고자 했다. 그는 혁명의 분위기 속에서 미래세대인 청년이 장래에 대한 변혁에 그 책임이 있다고 주장했고, 그들이 하나님을 비롯해 역사와 시대로부터 받은 도덕심 때문에 청년들을 낙관적으로 바라본다는 점을 강조했다.

제4장
민족운동진영의 통합을 이끌다

제1절 조선일보사 사장으로 취임

　1924년 9월 중순경, 이상재는 조선일보사 사장에 취임했다.[453] 조선일보사는 동아일보사와 달리 창립 당시부터 친일 색채가 농후한 신문이었다. 조선일보사는 친일 단체였던 대정친목회(大正親睦會)가 1920년에 설립한 한글 신문이었다.[454] 친일파 송병준이 운영하던 신문사를 신석우(申錫雨)가 1924년 9월에 인수했다. 당시 30살이었던 신석우는 대한민국임시정부 의정원 의원으로 활동을 했던 민족운동가이기도 하다. 부친으로부터 물려받은 전답과 재산을 동원해 신문사 인수자금으로 사용했다. 그는 경영진과 지면을 대폭 쇄신해 조선일보를 '조선민중의 신문사'로 만들기를 원했다.[455]
　그가 가장 먼저 한 일은 조선일보사가 과거 친일 신문이라는 오명을 없애고, 민족공동체의 신뢰를 얻는 일이었다. 총수격인 사장부

사진 32 우창(于蒼) 신석우(申錫雨) (출처: 고령신씨대종회)

터 인격이 고상하고 덕망이 높은 민족 지도자를 모셔 와야만 했다. 그래서 신석우는 조선일보 발행권을 인수하자마자 바로 이상재를 찾아갔다. 그는 사장에 잘 어울리는 인물로 '조선 민중의 지도자'로 존경받는 이상재를 가장 먼저 떠올렸기 때문이다. 신석우는 조선일보 인수의 당찬 각오를 밝히며, 이상재에게 사장을 맡아 달라고 요청했다.

그런데 이상재가 75세라는 나이를 들어 처음에는 거절했다. 신석우는 민족의 장래와 신문의 역할을 거듭 강조하면서 사장을 맡아 달라고 간곡히 호소했다. 이에 이상재는 잠시 숨을 고른 뒤에 한 가지 전제 조건을 내세웠다. 그것은 "동아일보와 싸우지 말아야 한다. 동아일보와 같이 합심해 민족을 계몽해야 한다"라는 것이었다. 민족 언론기관끼리 싸우지 말고 합심해서 민족의 여론(輿論) 공간을 조성해 달라는 간곡한 부탁이었다.

이상재는 동아일보와의 '상호 존중'과 '공존'을 전제로 조선일보 사장 제의를 수락했다. 그는 "우리 사회는 방금 어느 방면으로 보든지 분열과 혼란에 싸여 있습니다"라고 말하며, 분열적 민족공동체의 모습을 비판적으로 인식했다. 또한 "이 심상치 않은 위기에 임해 퇴폐된 인심을 만회하고 또 공동 협치의 정신을 진작하려면 동업자 제군의 친선협화(親善協和)를 도모치 아니할 수 없을 것이요, 친선협화를 도모하려면 피아(彼我)가 용인겸양(容認謙讓)에 먼저 유의해야 할 것이다"[456]라고 주장했다.

양 신문사의 갈등 배경에는 동아일보 출신 기자들이 조선일보에 대거 영입된 이유도 있었다. 그러나 이것보다 신문사의 이념과 이익, 선명성 경쟁 등을 위해 상대방을 무조건적으로 헐뜯고 비난하는 잘못된 오랜 관행 및 습관 등이 주된 원인이었다.

이런 행태는 민족공동체의 여론 형성에 악영향을 미쳤다. 평소 이상재가 민족 진영 내부의 갈등과 대립 양상을 심각하게 받아들이고 있었음을 보여 준다. 그는 일제강점기에 한국인의 신문들이 민족의 이익을 대변하고 통합의 매체 역할을 해야 한다고 주장했다. 민족의 언론기관이라는 관점에서 그는 민족의 이익을 위해 양 기관이 서로 협력하고 존중하는 건강한 언론 문화의 조성을 강력하게 주문했던 것이다.

이상재가 조선일보사 사장에 취임하자, 신문사에 대한 각지 각계 인사들의 기대감이 쇄도했다. 특히 독립협회에서 함께 활동했던 서재필은 미국에서 "조선일보가 우리 민족의 원로인 이상재 노인과 김동성 등 제씨가 협동 조직한 새 기관으로 넘어갔다는 말을 듣고 이 노소가 협동한 조직, 그것이 조선일보가 장래 조선 민중의 유력한 기관이 될 징표임을 알았노라. … 그 사명을 다하면 민중의 호의와 신망을 받고 또 민중이 조선일보를 옹호할 줄로 믿노라"[457]라고 전했다. 그리고 향후 조선일보가 "그 사명을 다하며 민중의 호의와 신망을 받고 또 민중이 조선일보를 옹호할 줄로 믿노라"라며 민중에 기초한 신문의 역할을 다할 것을 주문했다.

신석우는 이상재를 조선일보 사장으로 모시는 데 성공하고, 안재홍·백관수 등을 영입했다.[458] 신석우와 안재홍은 모두 일본 와세다 대학을 다녔고, 상해로 가서 동제사에서 활동했다는 공통점을 갖고 있었다. 1924년에 민족운동 단체를 결성하는 데 관심을 갖고 함께 활동하기도 했다. 안재홍은 이상재와도 깊은 관계가 있었다. 안재홍은 1907년, YMCA 청년학관 중학부에 들어가 공부할 때 교육부장인 이상재를 만나 가르침을 받았고, 유학을 갈 국가를 놓고 고민하던 중 이상재의 말을 듣고 일본을 선택하기도 했다. 이상재의 총무 시절에는 YMCA 교육부 간사를 지냈던 경험이 있을 정도다. 또한 이상재가 주도해 1925년 3월 설립된 흥업구락부의 창립 회원으로 활동했다. 이 외에도 상무이사를 맡은 백관수는 1910년대 이상재가 YMCA 총무로서 청년들을 지도할 때 YMCA 간사로 발탁되어 활동했던 경력을 갖고 있었다는 점에서 이상재와 긴밀한 관계를 형성하고 있었다.

이렇게 조선일보가 친일 세력의 손을 벗어나 민족진영의 손으로 들어감과 동시에 혁신적인 민족지로 변화하게 되었다. 이에 대해 이상재는 사장으로서 「본보 혁신의 제1년을 맞아서」라는 글에서 다음과 같이 언급했다.[459]

생각건대 작년은 본보에 관하야 매우 기억할 해이었고, 따라서 제1의 신년을 맞이하는 본보로서의 신년은 가장 감회가 새로운 바입니다. 작년 9월 12일 유위(有爲)한 청년 제군이 당시 유지난(維持難)에 빠진 본보의 경영난을 회전(會前)의 소유자로부터 완전히 매수한 후 우선주의와 정신을 근본적으로 변개함으로써 진정한 조선인의 표현 기관이 되는 실질(實質)을 세우고, 이어 10월 3일을 기회로써 지면을 혁신하야 그의 내용과 아울러 면목까지 일신하게 하였고….

위의 글을 통해 이상재는 혁신 이후 조선일보가 근본적인 변화를 통해 실질적인 '조선인의 표현 기관'이 되기 위해 내용과 면목을 새롭게 바뀌었음을 강조했다. 조선일보는 10월 13일부터 시사 풍자 만화인 '멍텅구리'를 연재하기 시작했고, 11월 23일부터 우리나라 최초로 조·석간 6면(석간 4면, 조간 2면)을 발행하기 시작했다.

조선일보의 혁신은 인적 차원에서도 진행되었다. 사장에 이상재, 부사장에 신석우, 발행인 겸 편집인에 김동성, 주필에 안재홍, 고문에 이상협, 편집국장에 민태원 등이 주요 간부로 활약했다. 이사진에는 신석우, 안재홍, 김동성, 이상협, 조계현, 백관수, 신구범 등이 취임했다.[460] 주요 간부들이 주로 민족주의계의 인물들이었다고 한다면, 기자들은 사회주의계 인물이 많았다. 기존의 홍덕유·이석 이외에, 혁신 이후 김단야·김재봉·홍남표·서범석·신일용·김준연·유광렬·이서구 등 화요회계·서울청년회계·북풍회계 등 사회주의자들이 대거 들어와서 기자로 활동했다.[461]

이로 인해 조선일보는 혁신 이후에 동아일보사와 달리 사회주의 성향의 이념적 지향을 보이기도 했다. 그럴 때마다 이상재는 특유의 통합적 지도력을 발휘해 조선일보가 사회주의 쪽으로 편향되지 않도록 신문의 중심을 잡으면서 사내 기자들과 임원진들을 통합하는 데 노력했다.

이상재의 지도력은 조선일보사 사장 신분으로 참여했던 조선기자대회(朝鮮記者大會)에서 유감없이 나타났다. 그는 이 대회에서 소통과 통합의 리더십을 크게 발휘했다. 1925년 4월 15일부터 3일간 제1

차 조선기자대회가 개최되었다. 신문·잡지사의 기자 436명이 참여한 이 대회에서 이상재는 의장에, 송진우·안재홍이 부의장에 각각 선출되었다.[462]

그런데 문제는 누가 사회를 보기 위해 단상에 올라가면 사회주의 성향의 기자들의 욕설과 야유가 터져 나왔다. 당시 그들은 조선공산당을 조직하기 위해 은밀히 움직이고 있었기 때문에, 경찰의 시선을 기자대회 쪽으로 돌리기 위해 회의를 의도적으로 지연시키고 또 난동에 가까운 혼란을 일으켰던 것이다. 그러다 보니 누가 단상에 올라가든 사회를 제대로 보지 못하고 내려오는 혼란한 상황이 계속되었다.

이때 조선일보 사장 이상재가 기자대회의 단상에 올랐다. 주최측은 회의 진행을 못 하니 난감한 상황이었고, 마지막으로 이상재에게 사회 요청을 했던 것이다. 이상재가 대회의 단상에 올라선 뒤에도 회의 진행을 방해하는 일부 방청객들의 행동이 계속되었다. 한참 동안 혼란한 상황이 바뀌지 않았다.

그러자 잠자코 지켜보던 이상재가 갑자기 큰 소리로 웃더니 "여러분이 떠는 것을 보니 참으로 웃음을 참기 어렵소"라고 하면서 소란스럽게 떠들던 기자 몇 명을 감찰로 임명했다. 그리고 이들을 통해 장내 분위기를 일단 정돈시킨 뒤에 회의 분위기를 장악한 후 이상재는 기자대회 회의를 일사천리로 진행했다. 이상재의 명사회자 능력이 다시 한번 발휘되었던 것이다.[463]

한편, 혁신 이후 사회주의 성향이 나타나던 조선일보사는 1925년 9월 8일자 '조선과 노국과의 정치적 관계'라는 제목의 사설이 문제가 되어 무기 정간 처분을 받았다. 편집인이 구속되어 형을 받았고, 윤전기도 압수당한 상태였다.[464] 그 해결 과정에서 일제는 무기 정간을 해제해 주는 조건으로 과격한 반일 기자들의 해고시켜야 한다는 조건을 달았다. 이 때문에 17명의 기자들을 해고를 강요했다. 이 과정에서 이상재는 사장으로서 인내심을 갖고 모든 필진과 사원을 설득해 이 문제가 원만하게 해결될 수 있도록 노력했다.

제2절 민족의 단결과 협동 인식

3·1운동 이후 국내 민족운동 진영은 크게 민족주의 세력과 사회주의 세력으로 나뉘어졌다. 이는 사회주의 사상이 새로운 민족운동 방법론으로 인식되어 청년 학생층에게 폭발적으로 수용된 결과였다. 민족운동 진영 내 두 세력은 서로 다른 가치관과 운동 방법 때문에 민족운동의 주도권을 놓고 경쟁하면서 심각한 갈등과 대립 현상을 보였다.

1920년대 중반부터 서로에 대한 불신을 넘어 국내외 민족운동 진영에는 '민족운동 진영의 역량 강화'를 위한 협동전선에 대한 논의가 시작되었다. 드디어 민족주의 세력과 사회주의 세력은 각기 다른 전략과 목표를 유보하고, 민족적 문제를 해결하기 위한 민족협동전선체로서 신간회(新幹會)를 탄생시킬 수 있었다.[465]

이런 상황에서 국외 공산주의 계열의 인사인 이동휘가 조선일보 사장에 취임한 이상재에게 축하 편지를 보냈다. 편지에서 이동휘는

사진 33 성재(誠齋) 이동휘 (李東輝) (출처: (사) 성재이동 휘선생기념사업회)

민족해방운동을 위한 협동전선에 이상재가 적극 나서 줄 것을 요청했다. 이동휘는 이상재가 한성감옥에서 석방된 직후 함께 활동을 했던 경험이 있는데, 1910년대 국외에서 독립운동을 하며 사회주의 사상을 수용한 인물이다.

다음은 이동휘가 이상재에게 보낸 글의 일부다.[466]

형님! 현재 조선의 중심 세력으로는 물론 유산계급과 종교 단체가 비교적 유력할 것은 그것이 현대 제도 아래에서 생긴 물건인 까닭입니다. 하여간 조선의 민족해방운동에 대하여는 어느 점에서는 협동전선(協同戰線)도 만들 수 있음은 개혁하는 길에 있어서 아니 밟기 어려운 계단입니다. 역사에 비추어 보아 해방운동에 민족운동이 앞잡이가 되는 것은 다수의 군중을 단단히 뭉치게 함이외다. 이러한 의미에서 형님이 금일 지위가 그 신망이며, 조선일보를 향도할 책임이 더욱 무겁습니다.

윗글을 통해 이동휘는 민족해방운동 차원에서 민족주의 세력과 사회주의 세력 간 협동전선의 필요성을 언급하며, 조선일보 사장으로 취임한 이상재가 민족운동 진영의 협동전선운동에 적극 나서 줄 것을 요청했다. 당시 이상재는 민족 역량의 '단결'과 '협동'이라는 방향 속에서 민족주의와 사회주의의 공존과 상호 존중을 주장했다. 이는 한국 기독교 지식인들 사이에 1920년대 전반부터 기독교와 사회주의의 관계를 적대적으로만 보지 않고 상호 연대 가능성을 제기하는 사상적 흐름이 나타난 것과도 무관하지 않다.[467]

이상재는 국내외에 불고 있던 민족협동전선에 대해 다음과 같이 언급했다.[468]

… 세계적인 혁명의 기운이 순응하여 이를 실행하고자 한다면 각 개인이 자기의 마음을 바꾸는 것을 선행해야 완전한 성공에 나아갈 수 있다는 것은 전호(前號)에 약술하였거니와, 요즈음의 사상계가 나날이 더욱 복잡해져 민족주의니 사회주의니 하여 각자 주의(主義)를 따라 단결하여 '이 사람'은 '저 사람'을 공박하며 '저 사람'은 '이 사람'을 배척하여, 심지어 하나의 민족에 있어서도 주의가 서로 달라서 다른 민족으로 간주하거나 원수나 적으로 잘못 간주하는 편견이 자주 있는 것이 사실이다. …

대저 민족주의이든지 사회주의이든지 인류 생활상 꼭 있어야 할 것이지마는, 진정한 민족주의라 할진대 이를 사회에 보급할지요, 진정한 사회주의라 할진대 이를 민족에 먼저 시작하여야 할 것이니, 민족주의는 곧 사회주의의 근원(根源)이요, 사회주의는 즉 민족주의의 지류(支流)라. 민족사회가 상호 연락하여 사랑(愛)의 일자(一字)로 처음부터 끝까지 하면 세계의 평화 서광을 목도할 것이니, … 무슨 주의든지 편집한 국견(局見)을 버리고, 우리 민족부터 세계 사회까지 구원하는 대사업을 희망하노라.

윗글에서 이상재는 세계의 혁명적 분위기에 부응하며 민족공동체의 목표를 위한 실천으로 생각이 다른 사람들을 존중해야 하지만,

상대방을 여전히 적대시하고 또 편견에 가득한 태도와 시선을 지니고 있다며 이를 비판했다. 그 대안으로 그는 민족과 사회의 관계를 떼려야 뗄 수 없는 불가분의 관계로 보고, 사회적 큰 흐름인 민족주의와 사회주의가 현실적으로 필요하다고 보았다. 이를 위해 공존과 상호 존중에 기초한 단결과 협동이 무엇보다 필요하다고 파악했다. 그는 민족주의가 사회주의의 근원이며 또 사회주의는 민족주의의 지류라고 하며, 사회주의가 민족주의 차원에서 비롯되고 있음을 강조했다.

또 이상재는 민족주의와 사회주의가 인간 생활에 없어서는 안 되는 요소임을 강조하며, 사회주의가 계급적 모순을 내세우며 그 당위성을 주장하지만 민족주의의 당위성도 있다는 것을 보아야 한다고 지적했다. 이처럼 계급사회의 모순보다 지금은 민족적 모순이 더 중요하기 때문에 민족의 역량을 집중하는 민족주의와 사회주의의 공동전선이 더욱 필요하다고 역설했던 것이다.

또한 그는 이념적 차이를 넘어 보편적 가치이자 도덕인 '사랑(愛)'에 입각해 민족 문제에 대한 책임감을 갖고 민족을 구원하는 '민족협동전선'에 적극 나서야 한다는 것을 주장했다. 이는 그가 민족협동전선의 문제를 기독교 차원에서 보면, 개인의 내세 신앙을 강조하는 '개인 구원'보다 현실 문제를 외면하지 않고 적극적이면서도 점진적으로 극복해 가는 '사회 구원'의 의미로 인식하고 있었음을 보여 준다.

이렇게 이상재는 민족의 단결과 협동의 차원에서 공존과 상호 존중에 기초한 민족운동 진영의 협동전선운동을 인식했다. 그는 민족의 이익을 위해 민족주의와 사회주의의 필요성을 인정하면서 서로의 연대와 협력이 무엇보다 시급함을 강조했고, 계급사회의 모순보다 민족의 모순이 더 중요하기 때문에 민족의 역량을 집중하는 공동전선이 무엇보다 필요하다고 역설했다. 즉, 이는 그가 민족주의의 자부심을 갖고 사회주의를 포용하는 자세를 취하고 있었음을 보여 준다.

제3절 신간회 회장 취임

드디어 1927년 1월 20일, 신간회는 창립 발기인 27명을 선출하고 선언서와 강령을 발표했다.[469] '정치경제의 각성 촉진', '단결의 공고화', '일체의 기회주의 부인'이라는 강령을 내세웠다.[470] 곧이어 2월 15일에는 종로에 위치한 YMCA회관 대강당에서 신간회 창립대회를 개최했다. 250명의 회원이 참석한 이날 대회는 방청인까지 합하면 1,000여 명이 넘는 성황을 이루었다.[471] 병환으로 참석하지 못한 상태에서 그가 만장일치로 신간회 초대 회장으로 선출되었다. 하지만 이상재는 창립대회 직전에 참여를 결정했기 때문에 발기인에 들어가지 못했다.

한편, 신간회 초대 회장의 선출은 쉽지 진행되지 못했다. 창립대회를 준비하며 민족주의 세력과 사회주의 세력이 주도권을 놓고 서로 신경전을 벌이고 있었기 때문이다. 어떤 세력의 인물이 회장이 되는가에 따라 단체 운영의 힘이 쏠릴 수 있었기 때문에 어떤 인물이 초대 회장에 선출될 것인가라는 문제는 모든 이의 관심 사항이었다. 양 세력이 모두 동의할 수 있는 상징적인 인물이 필요했다. 이때 좌우를 넘어 만장일치로 추대되었던 인물이 이상재다.

그런데 이상재는 신간회 회장 취임을 처음에는 극구 거절했다. 너무도 완강하게 거절을 했기 때문에 신간회를 준비하던 인사들도 처음에 크게 당황했다. 1927년에 들어 그는 병환으로인해 활동을 하는 데 어려움을 겪고 있던 것도 사실이었다. 그러나 아무리 힘들다고 하더라도 이상재만큼은 신간회 회장 취임을 흔쾌히 허락해 줄 것이라고 생각했던 사람들에게는 난감한 일이었다.

이때 이상재의 신간회 회장 취임을 설득하기 위해 나섰던 사람이 신석우다. 그는 이상재를 조선일보 사장으로 모셨던 인물로, 이상재를 설득할 묘책이 있었다. 그것은 바로 이상재에게 청년 이야기를 하는 것이었다. 그는 이상재에게 "선생님께서 안 나오시면 청년들이 뒤를 따르지 않을 것입니다. 신간회의 회장이 되시는 것이 그렇게 겁이 나십니까?"라고 물었다. 그는 일부러 이상재의 심기를 건드리는 자극적 발언을 했던 것이다. 그러자 청년과 관련된 일이라면 무슨 일이든 앞장섰던 이상재이기에 신석우는 그 앞에서 청년을 언급했던 것이었다.

그러자 이상재는 "내가 겁이 나서 그러는 것이 아니라, 너무 늙어서 그러는 것 뿐이야"라고 했다. 또 그는 "겨레를 위한 일이라면 눈을 감는 순간까지 일을 해야지!"라고 말하며, 그 자리에서 신간회 회장 취임을 승낙했다.[472] 이상재가 회장에 취임하며 신간회가 민족주의자와 사회주의자들이 연합한 민족협동전선체로 공식 출범할 수 있었다.

한편, 이상재가 신간회 초대 회장에 취임한 것은 당시 민족운동 진영의 기독교 세력을 실감케 하는 상징적인 사건이기도 했다. 물론 이상재가 민족주의 좌파 세력의 집결처라고 할 수 있는 조선일보 사장을 맡았던 것도 회장 취임에 중요한 배경이 되었다. 또 그가 민족운동 진영에서 좌우를 아우를 수 있는 민족 지도자로서의 명망성을 갖고 있었던 것도 크게 작용했다. 신간회 창립의 주도권을 둘러싸고 민족운동 세력들 간의 충돌로 인해 자칫하면 창립도 하지 못하고 주저앉을 수 있었기 때문이다. 그래서 이를 조정할 만한 명망성 있는 상징적 지도자가 요구되었다. 그동안 그가 보여 준 지도력을 보았을 때, 이런 상황에 가장 잘 부합할 수 있는 인물이 이상재였다.

또한 당시 기독교 세력의 위치와 활동도 중요한 요소가 되었다. 이는 신간회 결성과 활동에서 기독교 세력이 어떤 위상과 영역을 차지하고 있었는가를 잘 보여 주는 좋은 사례다. 이상재와 함께 신간회에 참여해 본부 간부진에서 활동했던 기독교인들은 김영섭, 김활란, 박동완, 박희도, 백관수, 안재홍, 오화영, 유각경, 유억겸, 이갑성, 이동욱, 정춘수, 조만식, 조병옥 등이었다.[473]

기독교인들은 초기 신간회 창립 과정에서 조직적인 활동에 적극 나섰다. 신간회 창립대회에서 조선일보 사장인 이상재가 신간회 회장에 선임되었고, 이동욱은 규칙심사위원으로 선정되며, 안재홍·박희도·김활란·박동완·유각경·조병옥·이동욱·정춘수 등이 신간회 간사에 선임되었다. 그중에 안재홍과 박동완은 총무간사에 선출됨으로써 신간회를 실질적으로 이끌어 가게 되었다.[474] 이들은 신간회 지회 설립 시 본부에서 파견하는 본부 대표 특파원으로서 지회에 파견되어 지회의 정책과 활동 그리고 방향을 정하는 데 많은 역할을 담당했는데, 이들 외에도 오화영이 파견되기도 했다.

이들은 주로 서울·경기·충청 지역 출신으로, 이른바 기호 출신이 다수를 차지했다. 이 지역은 한말 이래 YMCA를 중심으로 정치적인 기독교인들이 기독교 민족운동에서 주도적인 위치를 차지하고 있었다. 이들 대부분은 1920년대 중반 흥업구락부 계열로 결집되어 있었다.

이들 가운데 안재홍의 역할이 주목된다. 그는 흥업구락부의 핵심 구성원이었던 동시에 신간회를 조직적으로 주도한 조선일보사의 주필로서 민족주의 좌파 세력을 대표할 만한 인물이었다.[475] 안재홍은 흥업구락부 내 민족운동의 동향을 주시하던 상당수의 기독교 인사들에게 신간회 참여를 적극 유도했다. 이는 흥업구락부 계열의 인사들이 정치 문제에 조직적인 개입을 불허하던 수양동우회 계열보다 신간회에 적극 참여하는 계기가 되었다.[476] 초기 기독교계 신간회운동을 흥업구락부계가 주도하는 현상이 일어났던 것이다.

이처럼 이상재는 민족운동 진영의 좌우 분열을 넘어 신간회 회장이 되어 민족운동 진영의 단결과 협동을 온몸으로 실천했다. 그는 누구보다 민족의 이익을 위해 민족주의 세력과 사회주의 세력의 협동과 협력이 무엇보다 필요하다고 인식했다. 그는 노환(老患)으로 그 생명이 다하는 순간까지 신간회 회장으로서 민족 전체의 이익에 헌신하는 삶을 보였다.

제4절 한국 최초의 사회장 거행

신간회 초대 회장에 선출된 이상재는 1927년 3월 25일, 조선일보

사장 자리에서 물러났다. 연로한 나이와 건강 악화로 인해 수차례 사임 의사를 밝혔으나, 조선일보 간부들의 만류로 반려되다가 끝내 받아들여졌다. 조선일보를 사임한 이상재는 나흘 뒤인 3월 29일, 78살의 나이로 눈을 감았다. 전날 후배들의 손을 잡고 했던 "나는 가오, 일 많이 하오"라는 말이 곧 유언이 되고 말았다.

그의 죽음은 1927년 3월 30일, 『조선일보』 호외로 알려졌다.[477] '이상재 선생 별세, 이십구일 밤 재동(齋洞) 자택에서'라는 제목으로 세상에 전파되었다.

조선의 원로요, 본사 사장이셨던 월남 이상재 선생은 노환으로 오랫동안 신음하시던 바 마침내 약석이 그 효험을 내지 못하고 지난 이십구일 오후 십일시 사십 오분에 이르러 칠십팔 세의 고령으로 드디어 이 세상을 떠나셨는데….

이상재의 사망 소식은 빠르게 전파되었다. 신간회, YMCA, 조선교육협회 등 사회단체와 『조선일보』, 『동아일보』, 『중외일보』 등 각 언론기관을 비롯해 100여 개 이상의 민족 기관들이 앞다투어 애도의 마음을 표현했다.

조선총독부의 기관지 역할을 하던 『매일신보』조차 "선생의 부음이 한번 세상에 전하자, 온 조선으로 일치 분상의 느낌이 있을 뿐 아니라 멀리 해외로부터 조선 조문이 날마다 답지하여 선생의 고절을 읍소하니, 지난 반만년 역사를 통하여 재야의 사람으로서 그 죽음이 우리에게 이같이 충격을 준 이가 몇몇이 있나뇨"[478]라며 애도했다.

초기 선교사로 한국에 와서 활동했던 에비슨(O.R. Avison)은 '오호 월남 선생'이라는 글에서 "이상재라는 이름은 조선의 대인(Grand man)으로 아는 바, 이는 조선의 거인이요. … 선생의 강화(講話)가 널리 미치는 비결은 성실하심과 지혜로우심과 불굴하심과 정직하심과 두려움이 없으신 외에 군중에게 유쾌를 주심이라 합니다. … 선생은 큰 지혜로운 이요, 애국자요, 신실한 기독자요, 본인이 경모하던 동지입니다"라고 추모했다.[479]

이관구도 "우국의 한 서린 풍자, 천생의 야인이여, 흰 터럭 푸른 마음, 구원의 청년이여, 한 팔로 기우는 나라, 목숨 껏 떠받치고 또 한 팔로 젊은 일꾼 벗 삼아 이끄셨네, 만민회만세운동, 거푸 일던 옛 거리에, 원대한 스승 모습, 우뚝 솟아 계시네, 높푸른 야인상, 만만세 빛나오리, 흰 터럭 청년상, 만만세 빛나오리"[480]라는 추모시로 슬픔을 달랬다.

이상재의 장례는 한국 최초의 '사회장'(社會葬)으로 진행되었다. 나라가 없으니 사실상 국장(國葬)이나 다름이 없었다. 신간회, 조선교육협회, YMCA 등 각 언론기관과 사회단체에서는 교육협회 건물에서 모여 이상재의 장례를 논의했다. 이 자리에서는 개인 장례식이 아니라 사회 장례식을 결정했다. 이를 두고 이의를 제기하는 사람이 아무도 없었다. 사회장은 YMCA가 주도하기로 하고, '사회장 장의위원회'를 구성했다.

사회장 장의위원장에는 윤치호, 서무부장에 유진태, 회계부장에 김일선, 의식부장에 장두현, 경호부장에 조철호·장권 등을 선임했다. 그리고 안재홍, 백관수, 김성수, 송진우, 이상협, 홍명희 등 각계 인사

114명으로 장의위원을 구성했다.[481] 장지는 충남 서천군 한산으로 정했다. 장례 비용은 각 사회단체와 개인의 부의금으로 충당하기로 했는데, 유력한 개인뿐만 아니라 전국 각지에서 부의금이 쏟아지듯 들어왔다.

장례 절차를 두고 한때 긴장감이 조성되기도 했다. 그것은 이상재가 기독교인이기 때문에 기독교 의식(儀式)으로 해야 한다는 의견과 평소에 종교를 뛰어넘어 활동했기에 종교에 구애 받지 않아야 한다는 의견이 각각 제기되었기 때문이다. 이 과정에서 이상재가 평생 갈등과 대립을 넘어 단결과 통합을 주장했다는 주장이 설득력을 얻으면서 결국 장의위원들이 장의위원회에 장례 절차와 방식을 위임해서 진행하기로 결정했다. 이처럼 장례식을 놓고 갈등과 충돌 분위기를 무사히 넘기면서 장례 절차를 원만하게 진행할 수 있었다.

장례식은 1927년 4월 7일에 거행되었다.[482] 오전 10시부터 11시까지 중앙 YMCA 소강당에서 추도예배가 거행되었다. 한성감옥과 연동교회에서 이상재와 깊은 관계를 맺었던 게일 박사가 추도예배를 주관했다. 추도예배 이후 YMCA회관 정문 앞에 있는 영구차에 유해가 안치되었다. 그의 장례 행렬은 인사동 천도교 예배당에서 출발했

사진 34 월남 이상재의 장례식 (출처: 월남이상재선생기념사업재단)

다. 장례 행진은 경호부장을 선두로, 소년척후대 소속의 소년이 영정을 들었으며, 그 뒤에는 1,000명 이상의 인사들과 3,000여명 이상의 남녀 학생들이 만장과 조기를 들고 영구차 앞뒤에 도열하며 장례 행진이 시작되었다.

인사동 천도교 예배당에서 서울역까지 엄청난 인파가 연도를 가득 메우며 장례 행렬을 지켜보았다. 마침내 서울역 앞에서 영결식이 거행되었다. 서울역 앞에서 거행된 영결식은 경성 악대의 주악에 맞추어 장엄하게 진행되었다.[483] 장례 당일 장의 행렬에 참가한 사람뿐만 아니라, 일반인들도 길가에 나와서 선생의 마지막 길을 배웅했다. 『조선일보』는 많은 지면을 통해 「월남 이 선생 사회장의 행렬도」까지 게재하기도 했다. 운구는 서울에서 기차로 장지까지 운송되어 다음날인 4월 8일에 하관식을 마쳤다.

이상재의 장례식은 한국 최초의 사회장이었던 만큼 성대하게 진행되었다. 3·1운동 이후 대규모의 한국인 집회가 어려운 현실에서 여러 사회단체가 협동한 '사회장'으로 추진되었다는 데 그 역사적 의미가 있다. 이는 마지막 순간까지 민족의 단결과 협동을 희망했던 그였기에 뜻이 더욱 깊었다. 그의 장례식은 그가 그토록 원했던, 민족이 하나가 되는 통합의 계기를 만들었던 것이다. 장례식에 다양한 세력이 모였음에도 불구하고 이들은 민족 이익을 위해 끝까지 애쓴 이상재의 뜻을 따라 행동했다. 한민족의 단결과 협동의 힘을 일제에게 제대로 보여 주었던 것이다.

평생의 동지로서 이상재의 장례식을 이끌었던 윤치호는 일기에서 그의 장례식을 언급하며, 그 의미를 다음과 같이 설명했다.

"조선인은 이완용 장례식 때와는 완전히 다른 모습을 보여 주었다. 일본인 친구들은 이 차이를 깨닫고 똑바로 행동해야 한다. 이완용의 유해를 남대문역으로 운구했을 때 그 뒤를 따르는 조선인은 아무도 없었다. 반면에 서울 전체가 진심어린 애도로 돈도 없고 관직도 없이 죽은 노인을 예우했다.[484]

윤치호는 친일파로 널리 알려진 이완용의 장례식과 비교해 월남 이상재의 장례식을 평가했다. 한편, 1926년 2월에 이완용의 장례식이 조선총독부의 주관 아래 성대하게 진행되었다. 일제 지배 아래에서 친일파의 풍요로운 삶을 살았던 인물에게 그리 나쁘지 않은 화려한 장례식이었다. 그러나 그의 죽음은 정작 한국인에게는 철저하게 외면을 받았다. 살아서는 그 누구도 누리지 못할 풍요와 지위를 누렸으나 한국인들 누구도 그의 죽음을 슬퍼하지 않았고, 오히려 냉대를 받았던 것이다.

반면, 평생을 나라와 민족을 위해 헌신하며 가난과 빈곤의 삶을 자족하며 살았던 이상재의 죽음은 한국인 전체의 슬픔과 추모를 받았다. 한마디로 이상재 장례식에 대한 한국인의 뜨거운 추모 열기는

사진 35 월남 이상재 선생 묘비 제막식 전경
(출처: 월남이상재선생기념사업재단)

한 개인을 넘어 일평생 나라와 민족을 위해 살았던 그의 헌신적인 삶에 대한 최고의 찬사였다. 이완용과 극적으로 대비되는 이상재의 장

례식과 추모의 모습은 당시 그에 대한 한국인들의 신뢰와 존경이 어느 정도였는지를 상징적으로 보여 주었다는 데 의미가 있다.

이상재의 추모 분위기는 해를 지날수록 계속되었다. 전국 각지의 사회단체들은 해를 거듭하며 이상재의 삶과 정신을 추모하는 행사를 자발적으로 거행했다. 이는 하나의 민족공동체적 의식(儀式)이 되어 해마다 계속되었다. 광복 이후에도 그를 추모하는 추모제로 진행되어 오늘에 이르고 있다.

한산 선영에 모셨던 월남 이상재의 묘소는 1957년 5월, 이승만 대통령이 참석 가운데 경기도 양주군 장흥면 삼하리로 이전해 강릉 유씨 부인과 함께 합장을 했다.

1962년에는 월남 이상재에게 건국훈장 대통령장이 추서되었다. 이 훈장은 민족의 선각자이자 스승으로서 평생 민족 지도력의 양성하고, 민족 독립을 위한 기틀을 다진 인물의 공로를 치하한 것이기에 무척이나 당연한 예우였다.

맺음말

지금까지 월남 이상재의 행동과 사상을 중심으로 그의 삶을 살펴보았다. 근대전환기에 태어난 이상재는 목은 이색의 후손으로 성장했으나, 궁핍했던 경제적인 형편은 평생에 걸쳐 나아지지 않았다. 그는 평생 가난과 결핍 등 먹고살아야 하는 생존의 문제와 씨름해야 하는 삶을 살아야만 했다. 성장하면서 전통적 유학을 배웠으나, 근대적 신학문을 체계적으로 공부한 경험이 없었다.

그러나 힘든 삶의 환경 속에서 그는 용기를 잃지 않고 근대 문물을 접촉할 수 있는 기회를 놓치지 않았다. 당대 그 어떤 인물들도 쉽지 않은 근대 문물을 직접 경험할 수 있었고, 급변하는 현실 인식을 통해 근대 문물을 누구보다 적극적으로 받아들이고자 했다. 다소 늦은 나이에 의식의 각성을 이룬 그는 나라와 민족을 위한 근대 문물을 수용하는 데 주저함 없이 적극적으로 행동에 옮겼다.

그의 근대 문물을 바라보는 태도나 인식을 보면, 기존의 문화적 정체성을 유지하는 동시에 이를 한국 현실에 맞게 능동적으로 받아들이는 특징을 보였다. 한국 근대전환기를 보면, 근대 문물의 급격한 수용 과정에서 많은 인물이 자신의 문화적 토양을 부정하며 근대 문물 자체를 절대화하는 경향이 강하게 나타났다. 이와 다르게, 이상재는 근대 문물을 유교의 개혁적 관점에서 해석하고, 주체적으로 받아들이고자 했다. 그의 활동과 사상 형성에서 문화적 정체성을 빼놓고 이야기할 수 없다. 왜냐하면, 문화적 정체성에서 비롯된 그의 자부심과 포용력은 당당하고 거침없는 언변과 행동의 원천이 되었기 때문이다.

앞서 살펴보았듯이, 이상재는 1881년에 박정양을 따라 조사시찰단(朝士視察團)의 일원으로서 약 4개월간 일본에 다녀왔다. 1887년에는 박정양의 추천으로 서기관이 되어 미국에 다녀왔다. 이때 미국 체험은 국제 무대에서 외교적 힘이 무엇보다 중요함을 뼈저리게 느꼈고, 미국 근대사회를 이해하는 기회가 되었다. 외국 문물의 빠른 접촉과 수용은 그가 개화파 관료로 적극 등용되는 배경이 되었다. 1894년에는 갑오개혁의 주도 기관으로 설립된 군국기무처의 일원이 되었다. 1896년의 독립관과 독립문 건립을 위해 민간 주도로 설립된 독립협회(獨立協會)에 발기인으로 참여했다.

대부분의 정부 관료들이 독립협회에서 탈퇴한 이후에도 그는 계속 참여해 근대 대중운동의 '첫 지도자'가 되었다. 1898년 8월 28일 독립협회 부회장으로 선출된 그는 서재필, 윤치호 등과 함께 주도적인 역할을 담당하며 민권운동가로서 활약했다. 러시아의 내정간섭과 절영도 조차요구에 맞서 '구국 상소문'으로 대응했고, 반러운동 및 부패 관료 청산을 위해 개최한 만민공동회에서 적극적으로 활동했다. 그는 맨 앞에서 독립협회와 만민공동회를 주도적으로 이끌며 입헌군주제에 기초한 정치개혁운동을 전개했다.

독립협회운동이 실패한 뒤 그는 피신하지 않고 현장을 지키다 잠시 투옥되었다가 석방되기도 했다. 1902년에는 다시 체포되어 한성감옥에 투옥된 그는 낙담과 분노의 옥중 생활을 했다. 감옥 안에서 그는 옥중 동지들과 함께 독서 활동과 근대 서적을 읽으면서 현실을 이해했다. 옥중에서 그는 기독교를 종교적으로 수용했다. 유교적 세계관의 입장에서 기독교 신앙을 반대했던 이전의 태도를 버리고, 성경을 유교적 가치와 비교하며 읽고 이해했다. 그는 종교적 체험을 하고 난 뒤에 기독교 신앙을 내면화하기 시작했다. 그는 한성감옥에서 석방될 무렵 경건한 기독교인으로 변화되었다.

그가 석방될 무렵, 일본 제국주의의 본격적인 침략으로 인해 국내 정세가 급변하고 있었다. 결국 1910년 일제에 의해 식민지화 되자, 그는 YMCA를 민족 거점으로 삼아 종교와 교육을 기초로 하는 점진적 자기 개조의 방식으로 민족공동체 회복 및 재건 활동을 펼쳤다. 그는 1910년대 이후 역사적 현실을 외면하지 않고 YMCA 총무로서 다양한 방면에서 YMCA운동을 이끄는 대표적인 지도자 역할을 담당했다.

이렇듯 일본 제국주의 침략과 강점이라는 나라와 민족의 위기 앞에서 이상재는 민족개조운동의 주창자가 되었다. 기독교를 수용한 뒤 그는 근대국가 건설을 위한 부국강병론을 넘어 종교와 교육을 기초로 한 근대 의식 형성, 나라와 민족의 회복과 재건을 주장했다. 비록 식민지 강점 상황이더라도 장기적인 관점에서 볼 때 그는 합법적인 공간에 허용된 틈새를 통해 개인의 근대 의식의 함양과 도덕성 양성을 통한 근본적 사회 개조와 변화의 실력 양성에 대한 생각을 실천적으로 추진했다.

 3·1운동과 한성임시정부 조직에 많은 역할을 했음에도 불구하고, 이상재는 명단에 이름을 넣지 않았다. 이것은 독립협회운동이 좌절된 후 뒤에서 일을 조정하고 통합하는 방식을 고수하는 행동 방식에서 비롯된 것이다. 남을 높이는 '겸손'의 인격이 작동한 결과이기도 했다. 무엇보다 현실적 이유는, 국제 정세가 곧 한국 독립으로 쉽게 연결되지 않을 것이라는 현실적 판단 아래 3·1운동을 지속적으로 전개하기 위한 기독교계의 제2진 또는 제3진으로 남았기 때문이다.

 3·1운동이 끝난 후 이상재는 국내에서 국외 이승만 세력과 연계된 국내외 민족운동을 총지휘했다. 하와이 한인모국방문단을 성사시켜, 국내 민족의식의 고취와 기독교 민족운동 세력의 연대 활동을 더욱 강화했다. 1920년대 초 대한민국임시정부의 외교적 활동을 국내에서 지원하는 활동을 전개했다. 이어 1921년 범태평양교육회의와 1925년 범태평양문제연구회에 조선 대표가 참여해 국제적 지원을 이끌어 내도록 하는 데도 크게 기여했다. 이 과정에서 국외 이승만 세력이 국내 민족운동 세력과 연계해 1925년 3월 흥업구락부를 조직하는데, 국내에서 다양한 민족운동 세력들을 포용해 통합하는 상징적인 역할을 했다.

 이상재는 1910년대 이후 국내 민족운동 진영의 대표적인 원로 지도자로서 그 중심에서 활동했다. 국외 민족운동 진영에서는 이상재를 국내에서 가장 신뢰할 만한 민족운동의 상징적인 지도자로 인식했다. 1919년 3·1운동의 준비 과정 및 한성임시정부 수립에 관여하며 갈등과 대립을 조정하고 이끌어 가는 1920년 조선교육협회 총회에서 회장으로 선출되어 민립대학설립운동을 주도적으로 추진했다.

이와 함께 1924년에는 조선일보의 사장에 취임했다. 1920년대 중반 민족운동 진영이 민족주의와 사회주의로 크게 갈라져 있었는데, 협동해야 한다는 주장이 강하게 제기되었다. 이때 조선일보 사장으로서 사회주의적 경향의 기자들을 아우르던 이상재는 민족협동전선에 참여했다. 일제하 민족 최대의 단체로 조직된 신간회 초대 회장에 취임해 민족지도자로서 자신의 마지막 임무라고 여겼던 민족을 하나로 만드는 통합의 임무를 완수했다.

이렇듯 월남 이상재의 삶에 대한 평가는 당시 그의 죽음에 대해 일반 대중이 어떻게 반응했는가를 보면 알 수 있다. 한 인간이 죽을 때 주변 사람들로부터 진심에서 우러난 존경과 슬픔을 끌어내는 것은 쉬운 일이 아니기 때문이다. 이것은 그가 살아서 남긴 업적들뿐만 아니라 사람 됨됨이가 살아남은 자들의 모범이 될 수 있을 만큼 높아야 가능한 일이다.

1927년 월남 이상재의 죽음은 민족 전체에 큰 슬픔을 안겨 주었다. 당시 각계각층의 수많은 애도사와 조사에서 그에 대한 존경과 슬픔이 진하게 드러나 있다.[485]

이상재 선생이 장서(長逝)하시다. 선생이 거(去)하시니 조선은 어디서 의(義)를 찾으며, 조선인은 어디서 사표(師表)를 구하랴. 선생은 오직 덕(德)이 인(仁)이니, 선생을 사(思)하매 우리는 업적을 구하지 아니하고 사상을 구하지 아니한다. 파란중첩한 민족의 운명을 그대로 표상(表象)한 기구한 일생을 통하여 의기와 강의(剛毅)로 관한 그 인격, 그것이 즉 선생의 사업인 것이요, 타에 비(比)를 구(求)치 못할 위대한 업적이 아니냐.

위의 글에서는 이상재의 위대한 업적이 어떤 사업보다 '인격'이라고 평가했다. 그는 가장 혼란스럽고 암울한 격동의 근대전환기에 우리 민족에게 자주독립의 진로를 몸소 실천했던 행동하는 지도자였다. 그는 개화운동 및 항일구국운동에 앞장서 의연함과 꿋꿋한 모습을 잃지 않았으며, 무기력한 현실에 좌절에 빠져 있는 수많은 동포에게 희망과 용기 그리고 자존심을 늘 불어넣은 인격의 소유자였다. 이 때문에 그는 고통받던 한국인들이 위로받고 의지할 수 있는 정신적 지주와 같은 인물이 될 수 있었다.

월남 이상재를 가까운 거리에서 함께했던 대부분의 인사도 인격 차원에서 그를 높이 평가했다. 그가 늘 겸손한 자세로 삶을 살았으며, 이념과 종교 그리고 세대와 인종을 초월해 사람들에게 포용적인 관용을 베풀었고, 탁월한 유머 감각과 풍자 및 해학으로 사람들을 웃음 짓게 했다. 그는 청년들과 함께 어울리면서 젊은 세대의 마음을 이해하고, 이들과 끊임없이 소통하며 청년의 마음을 결코 잃지 않았다.

높은 수준의 인격이 험난했던 삶의 현실에서 이루어졌다는 점에서 더욱 의미가 깊다. 그가 참여했던 독립협회운동이나 3·1운동 등과 같은 개혁운동이나 민족운동 등은 현실적으로 기대했던 결실을 거두지 못했던 것이 대부분이다. 개인적으로도 그의 삶은 불행의 연속이었다. 정치사회적 활동으로 투옥된 경우도 여러 차례였고, 자식들이 자신의 정치적 사건에 연루되어 고통을 당하기도 했다.

늘 빈곤과 가난에서 벗어나지 못해 궁핍함에서 벗어나지 못한 삶을 살아야만 했음에도 불구하고, 그는 수많은 역경을 딛고 인격적 삶의 자세를 잃지 않는 삶의 자취를 남겼다. 우리는 민족의 '사표(師表)'로 부르기에 부족함이 없기에 오늘날 우리의 사회적 지도자가 본받아야 할 것이다.

이 책에서는 서술 과정에서 그동안 그에 대한 평가가 주로 '인격'이라는 측면에서 이루어진 것이 타당하다는 것을 확인할 수 있었다. 이를 포함해 이 책에서는 근대전환기 한국의 개화운동 및 민족운동사에서 지도자로서 그가 남긴 삶과 사상의 성격에 대해 주목했고, 이를 다음과 같이 설명하고자 했다.

먼저, 이상재가 인생에서 직면했던 수많은 어려움을 어떻게 극복해 나갔는가를 살펴보았다. 그는 공적인 삶과 사적인 삶이 무너져 내리는 순간을 수없이 경험했던 인물이다. 그의 삶 대부분은 어쩌면 끊임없는 실패의 연속이라고 부를 수 있다. 험난한 인생, 그 자체라고 볼 수도 있다.

근대 개혁을 꿈꾸며 그가 펼쳤던 개혁 활동과 독립협회운동이 좌절되고 그 자신이 투옥되었다. 나라 잃은 슬픔에 그는 '극단적 선택'을 생각할 정도였고, 일제의 지속적인 감시와 탄압에 맞섰지만 늘 외로움을 겪어야 했다. 어떤 때는 자존감을 무시당하며 굴욕적으로 이를 감내해야만 했다. 때로는 자신을 터무니없이 공격하는 음모에 맞서야 했다. 자신의 정치 활동으로 인해 감옥에 갇힐 때 고생하는 가족을 바라보아만 하는 아픔을 겪기도 했다.

인생을 살아가면서 우리는 대부분 이상재처럼 여러 차례 커다란 위기를 맞이할 수 있다. 문제는 이런 위기에 맞서 어떻게 대응하는가에 따라 인생의 진로가 달라질 수 있다. 많은 사람이 좌절의 환경에 처했을 때 포기하지만, 체념하지 않고 다시 일어나 이를 극복하는 대응 능력이 무엇보다 중요하다.

이상재는 수많은 곤경 앞에서 쓰러지고 넘어진 적은 있으나 결코 포기하지 않았다. 역경을 헤치고 나오는 원동력은 소명 의식이었다. 끝까지 그를 붙잡은 소명 의식은 역사와 시대의 부름이었다. 공동체에 대한 책임감을 느꼈던 그는 절대 흔들리지 않는 목표를 향해 행동하는 지도자로서 자신의 역할을 다했다.

다음으로, 이상재는 중요한 인생의 길목마다 다양한 만남이 있었는데, 이 책에서는 그가 만남과 소통을 통해 자신을 어떻게 돌아보며 진로를 개척해 나갔는가를 주목했다. 근대전환기 이상재는 개화운동, 국권회복운동, 종교운동, 독립운동 등을 주도하며 개인적 혹은 집단으로 신뢰에 기초한 친밀한 소통으로 형성된 네트워크를 맺고 있었다. 그는 개화기 이래 국내외 주요 인사들과 교류하며 긴밀한 협력과 지원 관계를 맺고 활동했다. 한 인물이 평생 어떤 인물을 만나 영향을 받고 교류했는가는 정치사회적 활동뿐 아니라 인격 형성이나 인간관계 및 사회관계 등을 파악하는 데 중요한 배경이 된다는 점을 살펴보았다.

그는 어린 시절에 목은 이색을 만나 비타협적 삶을 존경하게 되었고, 박정양을 통해 근대 개혁에 대한 열정과 개혁운동의 참여 기회를 잡았다. 독립협회운동 시기에는 윤치호, 남궁억 등을 만나 주도적인 지도력을 발휘할 수 있었다. 한성감옥에서는 이승만, 신흥우 등 평생 동지들과 깊은 내적 관계가 형성되었다. 1900년대에는 이준, 브로크만 등을 만나 교육과 종교를 통한 근대사회운동 및 독립운동을 펼쳐 나갔다. 일제강점기에는 이규갑, 안재홍 등 청년 지식인들과 함께 YMCA운동을 펼쳐 나갔다.

이 과정에서 무엇보다 이상재가 젊은 청년 세대와 만났다는 점이다. 역사 현장에서 그는 수많은 청년을 만났는데, 그들이 다가기오기를 기다리지 않고 먼저 다가가 그들과 만났다. 사회적 형식이나 나이, 틀에 얽매이지 않고 그는 만나는 젊은이들과 소통하며 격려하고 위로했다. 실망과 낙담에 쉽게 빠질 수 있는 청년을 응원하며, 새로운 사업이나 운동에서 그들의 지도력을 세우는 일에 자신의 힘을 보태기를 마다하지 않았다.

오늘날 우리 사회를 이끄는 지도자들이 주목하고 기억해야 할 장면이다. 늦은 나이에 지도자로 나선 인물이었으나, 그는 늘 젊은 청년 세대와 소통하고자 했다. 그의 시선은 늘 나라와 민족의 독립과 재건의 희망을 그들에게서 찾았다. 왜냐하면 젊은 세대는 우리의 미래였기 때문이다. 젊은 청년 세대를 향한 이상재의 시선과 행동이 어느 때보다 간절해지는 때다.

끝으로, 급변하는 근대전환기라는 문명의 변화 속에서 이상재가 어떤 생각으로 한국 사회를 이끌고 나가려고 모색했는가도 살펴보았다. 그는 근대개화사상, 기독교사상에 이르기까지 근대전환기에 다양한 개혁 사상을 적극적으로 수용했던 인물이다. 이것은 이상재가 좁은 민족주의 시각에서 벗어나 세계주의적 관점을 수용한 열린 민족주의자의 모습을 보이는 계기가 되었다.

사상의 수용적 모습은 한국 근대사의 현실과 사상적 변화의 흐름에 깊은 관계가 있었다. 근대전환기 당시 근대 문물을 수용했던 인사들 중 상당수가 전통 사회 및 문화에 대해 비판적이거나 부정적인 경향을 드러내는 경우가 많았다. 시대에 뒤떨어진 낡은 것으로 규정하고, 새로운 변화의 시대에 쓸데없는 것으로 인식하는 경우가 대부분이었다.

반면, 월남 이상재는 서구의 근대 문물에 대한 적극적인 수용을 주장하면서도 동양적 가치를 새롭게 발견함으로써 문화적 정체성에 대한 큰 자부심과 자긍심을 형성했다. 민족의 문제를 도덕 윤리적 관점에서 바라보았다. 도덕 윤리는 인간으로서 지켜야 할 당위성을 의미하는 것에 그치지 않았다. 그것은 문명적 관점에서 개인과 민족의 이해관계를 넘어 인류공동체의 구성원이라는 책임 의식을 지니고 세계를 올바른 사회로 변화시키는 힘이었다.

이런 인식에 기초해, 근대적 국민국가의 건설과 민족공동체의 재건을 위해 이상재는 근대 문명의 적극적인 수용을 주장하면서도 전통적 문화의 가치를 인정하고 재해석했다. 그는 새롭고도 독립적인 국가 및 민족공동체의 재건을 위해 헌신했는데, 재건은 모든 개개인에서 동서양의 보편적 가치인 도덕과 윤리 차원에서 자기 개조가 시작되는 것이었다. 이때 자기 개조로부터 비로소 민족 전체를 변화시킬 희망이 생겨난다고 주장했다. 그 희망은 민족의 이기심을 넘어 지구적 평화를 이루어 나가는 근거가 될 수 있다고 보았다.

이처럼 이상재의 인식은 문화적 자부심이 작동하는 근거가 되었다. 그것은 민족의 독립과 재건이라는 시대적 과제와 직접적으로 연결되었다. 그가 평생 개인과 민족을 넘어 보편적인 민족공동체를 꿈꿀 수 있는 원천이 되었던 것이다.

월남 이상재 연보

1850년 11월 21일 (음 10월 26일)	충청남도 서천군 한산면 종지리(현 한산면 종지리)에서 목은(牧隱) 이색(李穡)의 16대손으로, 이희택(李羲宅)과 밀양(密陽) 박씨 사이의 맏아들로 출생하다.
1856년(7세)	사숙에 입학해 한문 공부를 시작하다.
1864년(15세)	강릉 유씨와 결혼하다.
1865년(16세)	제종숙 되는 혜산공(蕙山公) 이희진(李羲眞)에게 개인적으로 공부하다.
1867년(18세)	과거에 응시했으나 낙방하고, 낙향해 있다가 이장직(李長稙)의 추천으로 죽천(竹泉) 박정양(朴定陽)의 집에서 31세까지 13년간 '집사 생활'을 하다.
1881년(32세)	박정양 조사의 수원이 되어 조사시찰단 일원으로 일본에 다녀오다. 근대 일본의 개화상을 시찰·연구하고 귀국한 뒤 박정양의 시찰보고서 작성에 참여하다.
1884년(35세)	홍영식의 추천으로 우정총국(郵政總局) 인천 우정국 주사로 임명되어 첫 관료 생활 시작하다. 갑신정변 실패 직후 관직을 자진 사퇴하고 귀향하다.
1887년(38세)	초대 주미 전권공사가 된 박정양의 추천으로 주미 공사관 일등 서기관이 되어 미국에서 외교 활동을 개시하다.
1888년(39세)	청나라의 무례한 간섭으로 박정양 공사가 소환되자, 이듬해 9월에 그와 함께 귀국하다.
1892년(43세)	오늘날 조폐공사에 해당하는 전환국(典圜局) 위원에 임명되다.
1894년(45세)	승정원의 우부승지와 임금 앞에서 경서와 문헌을 강론하는 경연각 참찬에 임명되다. 그 뒤 박정양이 학부대신이 되면서 학무아문 참의와 학무국장을 겸임하다. 이 해에 부친상을 당함에 따라 모든 관직을 사임하고 귀향하다.
1895년(46세)	다시 서울로 올라와 학부참서관 및 법부참서관에 임명되다.
1896년(47세)	학부참사관 겸 외국어학교 교장과 내각총서 그리고 중추원 일등의관, 의정부 총무국장을 두루 역임하다. 4월 7일 서재필 등과 같이『독립신문』을 창간하다. 7월 2일 서재필·윤치호 등과 함께 독립협회를 창설하다. 독립협회 사업으로 11월 21일 영은문을 헐고 독립문을 건립하다.
1897년(48세)	5월 23일에는 모화관을 개축해 독립관으로 개명하는 동시에 독립공원을 건립하다. 독립협회가 8월 20일부터 매주 일요일 오후에 독립관에서 토론회를 개최하기 시작하다. 이때 토론의 사회를 주로 담당하며, 서재필·윤치호와 함께 강연자로 활동하다.

1898년(49세)	3월 10일에는 종로에서 최초의 만민공동회를 주도했으며, 10월 28일부터 11월 2일까지 관민공동회와 만민공동회를 개최해 국정 개혁을 위한 6개조의 개혁 헌의안(獻議案)을 정부에 제출하다. 정부는 11월 4일 국왕의 재가를 얻어 중추원 신관제(의회설립법)을 공포했으나, 조병식 등 수구파들의 무력으로 16명의 동지들과 함께 병무청에 투옥되다. 10일 후 동지들과 시민의 강력한 시위로 석방되다. 그러나 만민공동회 회원들은 11월 21일 수구파와 보부상들의 폭력으로 340여 명이 체포되고, 독립협회는 12월 25일자로 영구 해산되다. 이때 이상재는 의정부 총무국장을 사임하다.
1899년(50세)	의정부 총무국장 사임 후 1901년까지 고향에서 지내다.
1902년(53세)	정부를 전복시키려 했다는 죄목으로 둘째 아들 승인과 함께 병무청에 피검되다. 김정식(金貞植)·이원긍(李源兢)·유성준(兪星濬)·홍재기(洪在箕) 등과 같이 체포되어 투옥되다. 한성감옥에서 2년간 옥고를 치르다.
1903년(54세)	한성감옥에서 기독교 선교사들이 보내 준 『요한복음』 등 기독교 성경을 읽다가 감동을 받아 기독교 신자가 되기로 결심하다.
1904년(55세)	러일전쟁이 끝날 무렵에 출옥하다. 기독교 신자가 된 옥중 동지들과 함께 연동교회에 출석하다. 새로 창립된 황성기독교청년회(皇城基督敎靑年會, 현재의 서울YMCA)에 옥중 동지들과 집단적으로 가입하다.
1905년(56세)	을사조약이 강제로 체결되자, 고종 황제가 이상재를 의정부참찬으로 임명하다. 정부 일보다 YMCA 일에 더 주력하다. 이세직 사건으로 잠시 투옥되었다가 석방되다. YMCA 교육부위원장에 취임하다.
1906년(57세)	YMCA 유도부를 창설하다.
1907년(58세)	당시 궁내부협판 박승봉(朴勝鳳)과 함께 헤이그밀사 파견을 밀의(密議)하다.
1908년(59세)	YMCA 교육부장을 겸임하고 YMCA 실무자가 되다. YMCA 종교부 총무도 겸임하다.
1910년(61세)	미국으로 유학을 갔던 이승만(李承晩)이 YMCA학생부 책임자로 오자 그와 함께 YMCA 학생운동을 개시하다. 이 해에 회갑을 맞았으나, 노동야학을 개설하며 무산 청소년들의 교육에 헌신하다.
1911년(62세)	8월 2일부터 13일까지 '조선목사 일본시찰단' 일원으로 일본에 갔다가 일본의 군국주의 광경을 시찰하며 신랄하게 비판하다. 망국의 한을 참지 못해 울면서 일본 유학생들에게 애국정신을 고취하다.
1913년(64세)	105인 사건으로 이승만·김규식 등이 망명하고 또 총무 질레트(P.L. Gillett)가 추방되자, 질레트 후임으로 제2대 총무가 되어 YMCA를 사수하다. 외국인 이사들을 추방하는 동시에 YMCA를 지배하고자 유신회(維新會) 일파를 동원해 YMCA헌장을 개정할 목적으로 임시총회를 열었을 때, 이를 저지하는 데 성공하다.

1914년(65세)	4월 2일부터 5일간 개성에서 서울 YMCA를 비롯한 제일 한국 YMCA, 배재·경신·전주·신흥학교와 세브란스의전 등 10개 학생 YMCA가 모여 '조선기독교청년회전국연합회'를 조직하다. 이로써 전국 기독 청년들의 연합 세력이 구축되다. 이 해에 기관지『중앙청년회보』를 발행하기 시작하다. 1915년 말에 이르러 재정 면에서도 눈부신 발전을 이룩하다.
1916년(67세)	윤치호(尹致昊)가 석방되자, 5월 6일 그에게 총무직을 넘겨주고 명예 총무에 취임하다.
1917년(68세)	이때부터 3·1운동 때까지 각종 강연회, 일요 강좌, 토론회, 각종 체육활동, 음악회 등으로 민중 계몽에 전심전력으로 활동하다.
1919년(70세)	3·1운동과 관련해 4월 4일 체포되어 투옥되다. 6월 7일 윤치호의 보석금으로 석방되다. 한성임시정부의 결성에 지도자로 참여하다
1920년(71세)	조선교육협회를 주도적으로 창설하고, 회장에 취임하다.
1922년(73세)	4월 4일부터 중국 베이징에서 열린 세계YMCA학생동맹(WSCF)대회에 한국 대표로 참석하다.
1923년(74세)	조선민립대학기성회 발기총회에서 회장으로 선출되다. 민립대학 설립을 위한 모금운동을 전개하다.
1924년(75세)	3월 3일 척후단(보이스카웃) 조선총연맹 결성대회가 YMCA 강당에서 열렸을 때 초대 총재로 추대되다. 9월 13일 조선일보사 사장에 취임하다.
1925년(76세)	3월 22일 흥업구락부를 조직해 초대 회장을 역임하다.
1927년(78세)	신간회(新幹會) 창립발기총회가 YMCA회관에서 열리다. 2월 15일 300여 명이 모여 창립총회가 열렸을 때, 만장일치로 그 회장으로 추대되다. 1927년 3월 29일 제동 소재 셋집에서 별세하다. 서거 소식이 전해지자, 윤치호·권동진 등 각계 지도자 114명이 모여 사회장의위원회(月南社會葬儀委員會)를 구성하다. 4월 7일 한국 최초의 사회장으로 장례가 진행되다. 그의 유해는 충청남도 한산 선영에 안치되다.
1957년	초대 대통령 이승만이 앞장서서 한산 선영에 모신 선생의 묘소를 경기도 양주군(楊州郡) 장흥면(長興面 삼하리(三下里)에 옮기고, 강릉 유씨 부인과 합장하다. 이때 묘비 제막식을 거행하다.
1962년	정부로부터 건국훈장 대통령장이 추서되다.

참고 문헌

1. 1차 자료

『고종실록』

『승정원일기』

『매천야록』

『대한매일신보』

『황성신문』

『독립신문』,

『복음신보』

『기독신보』

『조선일보』

『동아일보』

『매일신보』

『한국일보』,

『신학세계』

『기독교세계』

『청년』

『개벽』

『신한민보』

『알렌의 일기』,

『중앙청년회보』

『신학월보』

『삼천리』

『東光』

『신천지』

『민성』,

『太平洋』

『靑年』

『文明』

『별건곤』

『신학월보』

『성서조선』

『韓國獨立運動史』資料5(3·1運動編Ⅰ), 국사편찬위원회, 1975.

　차재명, 『朝鮮예수敎長老會史記』(上), 조선예수교장로회, 1928.

　정교 저, 조광·김유철 역, 『大韓季年史』, 소명출판, 2003.

　송병기·박용옥·박한설 편저, 『韓末近代法令資料集』1, 大韓民國 國會圖書館, 1970.

『한민족독립운동사자료집』16, 국사편찬위원회, 1993.

「興業俱樂部事件關聯 申興雨 訊問調書」, 『思想彙報』16, 1938. 9.

「國民團體公牒(1919. 11. 1.)」, 『우남 이승만문서 동문편 : 3·1운동 관련문서 2』, 연세대학교 현대한국
　　학연구소, 1998.

『국역 이승만일기』, 대한민국역사박물관·이승만연구원, 2015.

『우남이승만문서』8권·16권, 연세대학교 현대한국학연구소, 1998.

『韓國共産主義運動史』<資料篇Ⅰ>, 고려대학교출판부, 1979.

『한민족독립운동사』2, 국사편찬위원회, 1987.

『朴定陽全集』, 한국학문헌연구소, 1984.

『百牧講演』2집, 博文書館, 1921.

　이상재 저, 곽신환·김동석·김덕수 역, 『공소산음(共嘯散吟) : 월남 이상재 옥사기록』, 숭실대학교 한
　　국기독교박물관, 2012.

　박정양 저, 한철호 역, 『미행일기(美行日記)』, 푸른역사, 2015.

　　　　, 『미속습유(美俗拾遺)』, 푸른역사, 2018.

　이상재 엮음, 한철호 역, 『미국공사왕복수록(美國公私往復隨錄)』, 국외소재문화재단, 2019.

朝鮮總督府警務局, 『最近における朝鮮の治安狀況』, 1938.

高等法院檢事局思想部, 「同志會及興業俱樂部の眞相」, 『思想彙報』, 1938.

朝鮮總督府警務局, 「同志會及興業俱樂部の眞相」, 『思想彙報』제16호, 1938. 9.

Korea Mission Field

The Korean Repository

The Korea Review

G.A. Gregg's Annul Rerport for the year Ending September 30, 1907.

G.A. Gregg's Letter to Mr. F.A. West, on April 29, 1909.

F.M. Brockman's Annual Report for year Ending September 30, 1909.

Mr. Snyder's, Report on December 3, 1913.

G.A. Gregg's Annul Rerport for the year Ending September 30, 1916.

G.A.Gregg, Annual Report, September 30, 1916.

2. 논저 목록

갈홍기, 『월남이상재선생약전』, 공보실, 1956.

강동진, 「일제의 한국침략정책사」, 한길사, 1980, 379~399쪽.

강명숙, 『겨레의 시민사회운동가 이상재』, 역사공간, 2014.

강창석, 『統監府硏究』, 영남대 학교 박사학위논문, 1989, 3~4쪽.

고정휴, 「세칭 한성정부의 조직주체와 선포경위에 대한 검토」, 『한국사연구』 97, 한국사연구회, 185~188쪽.

구인환, 『지지 않는 청년의 등불 이상재 : 월남 이상재 평전』, 푸른사상, 2005.

권기화, 「합심의 공론장」, 『사회와 역사』 제120집, 2018.

권오영, 「개화파의 형성과 활동」, 『한국사』 38, 국사편찬위원회, 2003.

김권정, 「기독교세력의 신간회 참여와 활동」, 『한국민족운동사연구』 25, 한국민족운동사학회, 2000.

＿＿＿, 「월남 이상재의 기독교 민족운동」, 『숭실사학』 24, 숭실사학회, 2010. 6.

＿＿＿, 『한국기독교민족운동과 민족운동론』, 국학자료원, 2015

＿＿＿, 『한국인보다 한국을 사랑한 외국인 헐버트』, 역사공간, 2015.

김도태, 『서재필박사자서전』, 首善社, 1948, 215쪽; 박영신, 「'위로부터의 개혁'에서 '아래로부터의 개혁'으로」, 『현상과 인식』 Vol.20 No.1, 한국인문사회과학회, 1996.

김도형, 「개항 전후 실학의 변용과 근대개혁론」, 『전통의 변용과 근대개혁』, 태학사, 2004.

＿＿＿, 『근대한국의 문명전환과 개혁론』, 지식산업사, 2014.

김명구, 「이상재의 기독교사회사상」, 『교회사학』 Vol.2 No.1, 한국기독교사학회, 2003.

＿＿＿, 『월남 이상재의 기독교 사회운동과 사상 연구』, 도서출판 시민문화, 2003.

김문용, 「동도서기론의 논리와 전개」, 『한국근대 개화사상과 개화운동』, 신서원, 1998.

노대환, 「19세기 동도서기론 형성과정 연구」, 서울대학교 박사학위논문, 1999.

김삼웅, 『서대문 형무소 근현대사: 일제시대 편』, 나남출판, 2000.

김상태, 「1920~30년대 동우회 흥업구락부 연구」, 『한국사론』 28, 1992.

김승태, 「남강 이승훈의 민족의식과 민족운동 방략」, 『한국독립운동사연구』 19, 독립기념관 한국독립운동사연구소, 2002.

_____, 「일제강점기 이규갑·이애라 부부의 민족운동」, 『한국독립운동사연구』 50, 독립기념관 한국독립운동사연구소, 2015.

김승태·박혜진 엮음, 『내한선교사총람(수정 증보판)』, 한국기독교역사연구소, 2007.

김양선, 『한국기독교사연구』, 기독교문사, 1971.

김영범, 「임시정부가 주도·지원한 의열투쟁」, 『의열투쟁Ⅰ: 1920년대』, 독립기념관 한국독립운동사연구소, 2009.

김원모, 「견미사절 홍영식 연구」, 『사학지』 28, 1995.

김원모, 『韓美修交史』, 철학과 현실사, 1999.

김유동, 『월남이선생실기』, 동명사, 1927.

김윤식, 『續陰晴史』 상, 탐구당, 1960.

김은지, 「미국 의원단 동아시아 방문을 계기로 한 대한민국 임시정부의 독립운동」, 『한국독립운동사연구』 60, 2017.

김을한, 『월남선생일화집』, 대한민주여론협회, 1956.

김인식, 『安在鴻의 新民族主義의 思想과 運動』, 중앙대 사학과 박사학위논문, 1997.

김정기, 「청의 조선종주권 문제와 내정간섭」, 『역사비평』 3, 역사문제연구소, 1988.

김철웅, 「박정양과 이범진의 주미공사 활동」, 『사학지』 제49집, 2014.

김활란, 『그 빛 속의 작은 생명』, 여원사, 1965.

노치준, 「일제하 한국 YMCA 기독교 사회주의 사상 연구」, 『일제하 한국기독교와 사회주의』, 한국기독교역사연구소, 1992.

대한YMCA연맹 엮음, 『한국YMCA運動史 1895~1985』, 로출판, 1986.

류금주, 「월남 이상재의 역사 인식」, 『시민문화춘추』 제17호, 월남시민문화연구소, 2015.

문소정, 「신사년의 위정척사운동과 척사·개화논쟁」, 『한국사』 38, 국사편찬위원회, 2003.

민경배, 『서울YMCA운동 100년사』, 서울YMCA, 2004.

_____, 『한국기독교사』, 대한기독교출판사, 1987.

박용규, 「1920년대 중반(1924~1927)의 신문과 민족운동」, 언론과학연구 9, 한국지역언론학회, 2009.

_____, 『평양대부흥운동』, 생명의 말씀사, 2000.

박용서, 「부록 : 월남 관련 문건-월남선생과 3·1운동(1976. 5.)」, 『월남 이상재의 생애와 사상』, 연세대학교 출판부, 2001.

박찬승, 「1920년 초반 '문화운동'과 '문화운동론'」, 『한국근대정치사상사』, 역사비평사, 1992.

박혜미, 「일본조합교회 간사 김린의 생애와 친일활동」, 『한국기독교와 역사』 51, 2019. 9.

배도환, 「이상재의 시민사회 사상에 관한 연구」, 『인문학연구』 38·39집, 숭실대학교인문과학연구소 2009.

배연형, 「자료: 월남 이상재와 백범 김구의 육성 유성기음반」, 『한국음반학』 5권, 1995.

백낙준,『韓國改新敎史』, 연세대학교 출판부, 1972.

서영희, 「개화정책의 추진세력」,『한국사』38, 국사편찬위원회, 2003.

서울특별시사편찬위원회,『서울六百年史』제1권, 1977.

설충수, 「에른스트 파베르(Ernst Faber)의 격물치지(格物致知)에 대한 연구 -자서조동(自西徂東)과 경학불염정(經學不厭精)을 중심으로」,『韓國敎會史學會誌』Vol.57, 한국교회사학회 2020.

손인수,『한국근대교육사』, 연세대학교 출판부, 1971.

손정숙, 「한국최초 미국외교사절 보빙사의 견문과 영향」,『한국사상사학회』, 한국사상사학회, 2007.

송병기, 「소위 '三端'에 대하여」,『사학지』, 1972.

신기영,『한국 기독교의 민족주의 1885~1945』, 동혁, 1995.

신용하,『독립협회연구』, 일조각, 1976.

_____, 「구한말 보안회(輔安會)의 창립과 민족 운동」,『사회와 역사』Vol.44, 한국사회사학회 1994.

_____, 「만민공동회의 정치투쟁」,『한국사』41, 국사편찬위원회, 2003.

신일철, 「개화기 지식인 이상재」,『월남 이상재 연구』, 로출판, 1986.

신혜경, 「대한제국기 국민교육회 연구」,『梨花史學硏究』20·21합집, 1994.

안동교회 역사편찬위원회,『안동교회 90년사』, 안동교회, 2001.

안형주, 「이승만과 하와이 한인청년교육(1913~1923)」,『미주 한인의 민족운동』, 2003.

오산중고등학교,『五山八十年史』, 1987.

오영섭, 「이상재와 이승만 : 개화·선교·독립을 위한 협력과 후원의 관계」,『한국민족운동사연구』101, 한국민족운동사학회, 2019. 12.

우윤중, 「민립대학 설립운동의 주체와 성격」,『史林』제58호, 수선사학회, 2016.

월남 이상재선생 동상건립위원회 편,『월남 이상재 연구』, 로출판, 1986.

월남시민문화연구소 편,『월남 이상재의 사상과 활동연구』, 2006.

유봉학,『연암일파 북학사상 연구』, 일지사, 1995.

유성열, 「서천의 한산이씨와 인물배출」,『한산이씨의 본향 인물과 유적』, 서천문화원, 2015.

유영렬, 「대한자강회의 애국계몽사상과 운동」,『대한제국기의 민족운동』, 일조각, 1997.

_____,『한국근대사의 탐구』, 지식산업사, 2006.

_____,『개화기의 윤치호 연구』, 경인문화사, 2011.

유영익, 「이상재(李商在)-기독교 갑옷을 입은 유가 선비로 신대한 건설에 헌신」,『한국사시민강좌』30, 일조각, 2002.

_____, 「갑오경장」,『한국사』40, 국사편찬위원회, 2003.

유자후,『이준선생전』, 동방문화사, 1947.

윤경로,『105人 事件과 新民會 硏究』, 一志社, 1990.

윤재풍, 「암행어사제도에 관한 사례연구 : 암행어사 박정양의 서계·별단의 분석」,『한국행정사학지』

제19호, 2006. 12.

이관구, 「위대한 야인상」, 『월남 이상재 연구』, 469쪽.

이광린, 「구한말 옥중에서의 기독교 신앙」, 『동방학지』 46·47·48, 연세대학교 국학연구원, 1985.

_____, 「일본 개신교회의 한국침투와 유신회사건」, 『동아연구』 제11집, 1987.

이균영, 『신간회 연구』, 역사비평사, 1993.

이남희, 「과거제도, 그 빛과 그늘」, 『오늘의 동양사상』 18, 예문동양사상연구원, 2004.

이덕주, 「현석칠 목사의 목회와 민족운동」, 『신학과 세계』 73, 감리교신학대학교, 2012.

이명화, 「민립대학 설립운동의 배경과 성격」, 『한국독립운동사연구』 5, 독립기념관 한국독립운동사연구소, 1991.

이민식, 「박정양의 재미활동에 관한 연구」, 『한국사상과 문화』 1, 1998.

이민원, 「露·日의 對立과 高宗의 俄館播遷」, 『정치외교사논총』 14, 한국정치외교사학회, 1996.

_____, 「상투와 단발령,」, 『史學志』 31집, 단국사학회, 1998. 12.

이병헌, 『三一運動秘史』, 시사시보사 출판국, 1959.

이승현, 「이상재의 국가건설 사상: 독립협회 활동기를 중심으로」, 『정신문화연구』 제27권 No.2, 한국학중앙연구원, 2004.

이연승, 「격물탐원」에 나타난 인간의 몸과 본성에 대한 연구」, 『신학과 철학』 31, 서강대학교 신학연구소, 2017.

이정식, 『이승만의 구한말 개혁운동』, 배재대학교 출판부, 2005.

이종일, 「옥파비망록」, 『한국사상』 18, 한국사상연구회, 1981.

장규식, 「개항후 미국 사행과 서구 수용의 차이」, 『중앙사론』 24, 2006.

장신, 「1920년대 대정친목회의 조선일보 창간과 운영」, 『역사비평』, 역사비평사, 2010. 8.

전영우, 「이상재의 집회 사회에 대하여」, 『수원대학교논문집』 제6집, 수원대학교, 1988.

전택부, 『한국기독교청년운동사』, 정음사, 1978.

_____, 『월남 이상재의 생애와 사상』, 연세대학교출판부, 2001.

정경민, 「조선의 초대 주미전권공사 파견(1887~1889)과 청국의 대응」, 고려대학교 대학원 한국사학과 석사학위논문, 2011.

정구영, 「내가 본 월남 선생」, 『월남 이상재의 생애와 사상』, 연세대학교 출판부, 2001.

한철호, 「아관파천기 정동파의 개혁활동」, 『한국근현대사연구』 4, 1996. 5.

정상우, 「개화기 군민동치 제도화 과정 및 입헌군주제 수용 유형 연구」, 『헌법학연구』 제18권, 2012. 6.

조선일보 사료연구실, 『조선일보 사람들 일제시대 편』, 랜덤하우스중앙, 2004.

조선일보100년사편찬실, 『조선일보100년사(上)』, 조선일보사, 2020.

조선일보편찬위원회 편, 『조선일보 오십년사』, 조선일보사, 1970.

조윤영, 「조선인 중심의 음악회장 경성 기독교청년회관」, 『음악학』 Vol. No.2, 2017.

차미희, 「18세기 과거제 개혁의 추이」, 『역사교육』 52, 역사교육학회, 1992.

최기영, 「국민교육회 설립과 기독교」, 『韓國近代 啓蒙運動硏究』, 一潮閣, 1997.

최문형, 「민비시해 이후의 열강과 한국—引俄拒日과 그 후의 정황 변화를 중심으로」, 『明成皇后 弒害 事件』, 民音社, 1992.

최선웅, 『장덕수의 사회적 자유주의 사상과 정치활동』, 고려대학교 대학원 한국사학과, 2014.

최영성, 「목은 이색의 학문과 사상」, 『한산이씨의 본향 인물과 유적』, 2015.

한국기독교사연구회, 『한국기독교의 역사 II』, 기독교문사, 1990.

한국기독교역사연구소, 『한국의 기독교역사 I (개정판)』, 기독교문사, 2011.

한규무, 「1920~30년대 고학생갈돕회의 설립과 활동」, 『한국민족운동사연구』 73, 한국민족운동사학회, 2012.

한철호, 「초대 주미전권공사 박정양의 미국관」, 『한국학보』 66, 일지사, 1992.

＿＿＿, 「아관파천기 정동파의 개혁활동」, 『한국근현대사연구』 4, 한국근현대사학회, 1996.

＿＿＿, 『친미개화파 연구』, 국학자료원, 1998.

한흥수, 「독립협회의 조직과 운영」, 『한국사』 41, 국사편찬위원회, 2003.

허동현, 「1881년 조사시찰단의 명치 일본정치제도 이해」, 『한국사연구』 8, 한국사연구회, 1994.

＿＿＿, 「1881년 조사시찰단의 활동에 관한 연구」, 『국사관논총』 66, 국사편찬위원회, 1995.

＿＿＿, 「신문명의 도입」, 『한국사』 38, 국사편찬위원회, 2003.

황현 저, 임병주 역, 『매천야록』 권1, 공화출판사, 1975.

주석

1. 유영렬,『한국근대사의 탐구』, 지식산업사, 2006; 김도형,『근대한국의 문명전환과 개혁론』, 지식산업사, 2014.
2. 오영섭,「이상재와 이승만 : 개화·선교·독립을 위한 협력과 후원의 관계」,『한국민족운동사연구』 101, 한국민족운동사학회, 2019.12., 45~47쪽.
3. 김권정,「월남 이상재의 기독교 민족운동」,『숭실사학』24, 숭실사학회, 2010. 6.
4. 월남 이상재에 대한 대표적인 단행본은 다음과 같다. 김유동,『월남이선생실기』, 동명사, 1927; 갈홍기,『월남이상재선생약전』, 공보실, 1956; 김을한,『월남선생일화집』, 대한민주여론협회, 1956; 월남 이상재선생 동상건립위원회 편,『월남 이상재 연구』, 로출간, 1986; 전택부,『월남 이상재의 생애와 사상』, 연세대학교출판부, 2001; 구인환,『지지 않는 청년의 등불 이상재 : 월남 이상재 평전』, 푸른사상, 2005; 김명구,『월남 이상재의 기독교 사회운동과 사상 연구』, 도서출판 시민문화, 2003; 월남시민문화연구소 편,『월남 이상재의 사상과 활동연구』, 2006; 강명숙,『겨레의 시민사회운동가 이상재』, 역사공간, 2014.
5. 유영익,「이상재(李商在)-기독교 갑옷을 입은 유가 선비로 신대한 건설에 헌신」,『한국사시민강좌』30, 일조각, 2002. 2.
6. 이상재 엮음, 한철호 역,『미국공사왕복수록(美國公私往復隨錄)』, 국외소재문화재재단, 2019.
7. 이상재 엮음, 곽신환·김동석·김덕수 역,『공소산음(共嘯散吟)』, 숭실대학교 한국기독교박물관, 2012.
8. 지금의 충청남도 서천군 한산면 종지리를 말한다.
9. 최영성,「목은 이색의 학문과 사상」,『한산이씨의 본향 인물과 유적』, 2015, 118~120쪽.
10. 강명숙,『겨레의 시민사회운동가 이상재』, 10~11쪽.
11. 갈홍기,『월남 이상재선생약전』, 4쪽.
12. 전택부,『월남 이상재의 생애와 사상』, 17쪽.
13. 이상재,「쯥承倫 承仁輩」,『월남 이상재 연구』, 370~371쪽.
14. 전택부,『월남 이상재의 생애와 사상』, 17~18쪽.
15. 김유동,『월남이선생실기』, 55쪽.
16. 차미희,「18세기 과거제 개혁의 추이」,『역사교육』52, 역사교육학회, 1992.
17. 이남희,「과거제도, 그 빛과 그늘」,『오늘의 동양사상』18, 예문동양사상연구원, 2004, 130쪽.
18. 황현 저 임병주 역,『매천야록』권1, 공화출판사, 1975, 34~39쪽.
19. 전택부,『월남 이상재의 생애와 사상』, 19쪽.
20. 강명숙,『겨레의 시민사회운동가 이상재』, 20쪽.
21. 서울특별시사편찬위원회,『서울六百年史』第一卷, 1977, 622쪽.
22. 박정양 저, 한철호 역,「해제」,『미행일기』, 푸른역사, 2016, 16~17쪽.
23. 전택부,『월남 이상재의 생애와 사상』, 20쪽.
24. 윤재풍,「암행어사제도에 관한 사례연구 : 암행어사 박정양의 서계·별단의 분석」,『한국행정사학지』제19호, 2006. 12.
25. 유봉학,「연암일과 북학사상 연구」, 일지사, 1995.
26. 19세기 중엽 대표적인 개화사상가 박규수는 연암 박지원의 손자로서 개화파를 형성하는 데 큰 역할을 했다. 위정척사 세력의 척화 주장을 물리치고, 조선 정부가 1876년 일본과 강화도조약을 맺는 데 활약했다.
27. 김도형,「개항 전후 실학의 변용과 근대개혁론」,『전통의 변용과 근대개혁』, 태학사, 2004, 101~107쪽.
28. 박정양전집 1권의 연보를 보면, 1876년 2월 15일에 박규수가 노수각(조선시대 연로한 고위 문신들의 친목 및 예우를 위해 설치한 기로소 안에 임금의 명함에 해당하는 어첩을 보관하고 있는 누각)에 참배하러 갈 때 박정양이 그를 모시고 따라갔다는 기록이 있다. 이로써 이런 만남이 자주

있었을 것으로 판단된다. (이광린, 「해제」, 『박정양전집』1 <영인본>, 경인문화사, 1984, 8쪽.)
29. 권오영, 「개화파의 형성과 활동」, 『한국사』38, 국사편찬위원회, 2003, 38~51쪽.
30. 권오영, 「개화사상의 발전」, 『한국사』38, 국사편찬위원회, 2003, 52~76쪽.
31. 이광린, 「온건·급진개화파의 사상」, 『한국사강좌 근대편』 V, 일조각, 1981, 126쪽.
32. 김을한, 앞의 책, 39쪽.
33. 강명숙, 앞의 책, 24쪽.
34. 전택부, 『월남 이상재의 생애와 사상』, 205~221쪽.
35. 서영희, 「개화정책의 추진세력」, 『한국사』38, 국사편찬위원회, 2003, 79~88쪽.
36. 문소정, 「신사년의 위정척사운동과 척사·개화논쟁」, 『한국사』38, 국사편찬위원회, 2003, 241~252쪽.
37. 윤재풍, 「암행어사제도에 관한 사례연구 : 암행어사 박정양의 서계·별단의 분석」, 182~184쪽.
38. 허동현, 「1881년 조사시찰단의 활동에 관한 연구」, 『국사관논총』66, 국사편찬위원회, 1995, 26~28쪽.
39. 허동현, 「신문명의 도입」, 『한국사』38, 국사편찬위원회, 2003, 106~107쪽.
40. 허동현, 「1881년 조사시찰단의 명치 일본정치제도 이해」, 『한국사연구』8, 한국사연구회, 1994.
41. 사찰단의 수원은 본래 조사가 맡은 업무를 보조하는 역할이었으나, 조사가 공적 행사와 일본 관료들과의 면담에 바쁜 일정을 보내야 했기 때문에 시찰조사와 보고서 작성을 주로 담당해야 했다.
42. 허동현, 「신문명의 도입」, 114쪽.
43. 김문용, 「동도서기론의 논리와 전개」, 『한국근대 개화사상과 개화운동』, 신서원 1998; 노대환, 『19세기 동도서기론 형성과정 연구』, 서울대학교 박사학위논문, 1999.
44. 『고종실록』, 고종 19년 4월 6일.
45. 김원모, 『韓美修交史』, 철학과 현실사, 1999, 21~121쪽.
46. 손정숙, 「한국최초 미국외교사절 보빙사의 견문과 영향」, 『한국사상사학회』, 한국사상사학회, 2007, 247~282쪽.
47. 『승정원일기』, 고종 21년 8월 21일.
48. 『고종실록』, 고종 20년 11월 7일.
49. 『윤치호일기』, 1884년 12월 4일.
50. 김원모, 「견미사절 홍영식 연구」, 『사학지』28, 1995, 289~326쪽.
51. 갈홍기, 앞의 책, 23쪽.
52. 김을한, 앞의 책, 41~42쪽.
53. 『승정원일기』, 고종 24년 8월 6일.
54. 『고종실록』, 고종 24년 8월 7일.
55. 『고종실록』, 고종 24년 6월 29일.
56. 이광린, 『한국사강좌 근대편』, 일조각, 1981, 215쪽.
57. 김정기, 「청의 조선종주권 문제와 내정간섭」, 『역사비평』3, 역사문제연구소, 1988, 108~109쪽.
58. 정경민, 「조선의 초대 주미전권공사 파견(1887~1889)과 청국의 대응」, 고려대학교 대학원 한국사학과 석사학위논문, 2011, 9~27쪽.
59. 송병기, 「소위 '三端'에 대하여」, 『사학지』, 1972, 96~102쪽.
60. 박정양 저, 한철호 역, 『미행일기(美行日記)』, 36~38쪽.
61. 『알렌의 일기』, 11월 21일. 알렌(Allen)은 미국 관리로서 박정양의 주미 공사관 일행이 미국까지 가는 데 많은 도움을 주었으며, 11월 19일에 나가사키(長崎)에서 합류했다.
62. 박정양 저, 한철호 역, 『미행일기(美行日記)』, 61~63쪽.
63. 이상재, 「상투에 갓쓰고 米國에 公使갓든 이약이」, 『별건곤』제2호, 1926. 12., 8쪽.
64. 이상재 엮음, 한철호 역, 「해제」, 『미국공사왕복수록(美國公私往復隨錄)』, 12~18쪽.
65. 박정양 저, 한철호 역, 『미행일기(美行日記)』, 161~162쪽.
66. 『고종실록』, 고종 26년 7월 24일.
67. 전택부, 『월남 이상재의 생애와 사상』, 37쪽.

68. 이상재,「상투에 갓쓰고 米國에 公使갓든 이약이」, 8쪽.
69. 박정양의 견문 활동에 대해서는 이민식,「박정양의 재미활동에 관한 연구」,『한국사상과 문화』 1, 1998; 김철웅,「박정양과 이범진의 주미공사 활동」,『사학지』제49집, 2014, 249~253쪽.
70. 박정양 저, 한철호 역,『미속습유(美俗拾遺)』.
71. 한철호,「초대 주미전권공사 박정양의 미국관」,『한국학보』 66, 일지사, 1992, 59~60쪽.
72. 이상재,「光龍三兄弟及長春妙一同見」,『월남 이상재 연구』, 366쪽.
73. F. Brockman, "Mr. Yi Sang Chai", Korea Mission Field, 1911. 8., 217쪽.
74. F. Brockman, "Yi Sang Chai"s Services to the Y.M.C.A.", Korea Mission Field, 1927. 6., 116쪽.
75. 한철호,「초대 주미전권공사 박정양의 미국관」, 67쪽.
76. 박정양 저, 한철호 역,『미속습유(美俗拾遺)』, 78~105쪽.
77. 장규식,「개항후 미국 사행과 서구 수용의 차이」,『중앙사론』 24, 2006, 79~90쪽.
78. 이상재,「寄承倫諸昆季」,『월남 이상재 연구』, 369쪽.
79. 김권정,「월남 이상재의 기독교 민족운동」, 22쪽.
80. 『승정원일기』, 고종 29년 10월 9일.
81. 강명숙, 앞의 책, 61쪽~62쪽.
82. 『승정원일기』, 고종 31년 7월 19일.
83. 김을한, 앞의 책, 43~44쪽.
84. 『고종실록』, 고종 32년 4월 1일.
85. 『승정원일기』, 고종 32년 12월 1일.
86. 이상재,「遂安郡立眞明學校序」,『월남 이상재 연구』, 295~297쪽.
87. 『고종실록』, 고종31년 6월 25일.
88. 『고종실록』, 고종31년 6월 28일.
89. 한철호,『친미개화파 연구』, 국학자료원, 1998, 82~89쪽.
90. 유영익,「갑오경장」,『한국사』 40, 국사편찬위원회, 2003, 204~205쪽.
91. 『韓末近代法令資料集』 1, 348~349쪽.
92. 『韓末近代法令資料集』 1, 380~381쪽.
93. 이민원,「상투와 단발령」,『史學志』 31집, 단국사학회, 1998.12., 271~272쪽.
94. 이상재,「내가 상투를 깍든 때 처음 하던 분의 실감」,『개벽』, 1952년 8월호, 52쪽.
95. 최문형,「민비시해 이후의 열강과 한국—引俄拒日과 그 후의 정황 변화를 중심으로」,『明成皇后 弑害事件』, 民音社, 1992.
96. 1894년에 서울 정동 덕수궁 근처의 집에서 외국인과 개화파 중심으로 사교와 친목 등 비정치적인 성격을 표방하며 설립되었다. 당시 서울 정동은 미국·러시아·영국 등의 공사관이 자리 잡고 있던 곳으로, 정동구락부는 미국과 러시아 세력을 배경으로 한 새로운 정치집단을 형성했다.
97. 이민원,「露·日의 對立과 高宗의 俄館播遷」,『정치외교사논총』 14, 한국정치외교사학회, 1996, 113~131쪽.
98. 한철호,「俄館播遷期 貞洞派의 개혁활동」,『한국근현대사연구』 4, 한국근현대사학회, 1996, 282~283쪽.
99. 『고종실록』, 고종 33년 2월 24일.
100. 『고종실록』, 고종 33년 10월 9일.
101. 한철호,「아관파천기 정동파의 개혁활동」,『한국근현대사연구』 4, 1996. 5., 279~325쪽.
102. 김을한, 앞의 책, 56~57쪽.
103. 김도태,『서재필박사자서전』, 首善社, 1948, 215쪽; 박영신,「'위로부터의 개혁'에서 '아래로부터의 개혁'으로」,『현상과 인식』 Vol. 20 No. 1, 한국인문사회과학회, 1996, 49~63쪽.
104. 신용하,「독립신문의 창간과 그 계몽적 역할」,『독립협회연구』, 일조각, 1976, 9쪽.
105. 1896년 첫해에는 총 4면 중 3면까지 한글판『독립신문』과 나머지 4면의 영문판 The Independent를 한데 묶어서 화·목·토 주 3회씩 발행했다. 그리고 이듬해인 1897년부터는 한글판과 영문판을 따로 떼어서 각기 4면씩 발행했다.

106. Editorial Department, "The Seoul Independent," The Korean Repository, Vol. Ⅲ, No. 4, April. 1896, p.171.
107. 『고종실록』, 고종 32년 11월 15일.
108. 『한성신보』, 1896년 1월 26일자
109. 김윤식, 『續陰晴史』 상, 탐구당, 1960, 391쪽.
110. 유영렬, 『개화기의 윤치호 연구』, 경인문화사, 2011, 113쪽.
111. 『독립신문』 1896년 7월 4일자.
112. 한흥수, 「독립협회의 조직과 운영」, 『한국사』 41, 국사편찬위원회, 2003, 205~207쪽.
113. 『독립신문』 1896년 11월 22일자.
114. 독립협회 토론회 성격에 대해 권기화, 「합심의 공론장」, 『사회와 역사』 제120집, 2018, 11~34쪽.
115. 『윤치호일기』, 1897년 8월 5일, 8일, 15일.
116. 신용하, 「독립협회의 독립문건립과 토론회의 계몽활동」, 『독립협회연구』, 일조각, 1976, 63~267쪽.
117. 『독립신문』 1897년 8월 31일자.
118. 전영우, 「이상재의 집회 사회에 대하여」, 『수원대학교논문집』 제6집, 수원대학교, 1988, 25~37쪽.
119. 정교 저, 조광·김우철 역, 『대한계년사』 3, 소명출판, 2004, 28~30쪽.
120. 『윤치호일기』, 1898년 2월 27일.
121. 유영렬, 『개화기의 윤치호 연구』, 199~201쪽.
122. 정교 저, 조광·김우철 역, 『대한계년사』 3, 23~25쪽.
123. 구국상소문은 '독립문건설소'(獨立門建設疏)로 알려져 있다.
124. 『윤치호일기』, 1898년 3월 10일.
125. 『윤치호일기』, 1898년 3월 13일, 16일, 21일; 『독립신문』 5월 19일자.
126. 전영우, 「이상재의 집회 사회에 대하여」, 31쪽.
127. 『윤치호일기』, 1898년 3월 16일.
128. 『독립신문』 3월 29일자. 독립협회의 투쟁 결과, 6월 29일에 4명의 회원이 석방되었다.
129. 서울의 정계와 외교계는 이 같은 대규모의 민중 집회가 질서 정연하게 진행되는 것에 대해 놀라움을 금치 못했다. (The Independent, March 12, 1898; 유영렬, 『개화기의 윤치호 연구』, 124쪽.)
130. 『독립신문』 1899년 2월 2일자.
131. 이상재, 「내각 총무국장을 사퇴하는 소」, 『월남 이상재 연구』, 277쪽.
132. 정교 저, 조광·김우철 역, 『대한계년사』 3, 127쪽.
133. 『독립신문』 1898년 4월 9일자.
134. 정교 저, 조광·김우철 역, 『대한계년사』 3, 140~145쪽.
135. 정교 저, 조광·김우철 역, 『대한계년사』 3, 157~162쪽.
136. 『황성신문』 1898년 10월 26일자.
137. 『독립신문』 1898년 7월 27일자.
138. 정교 저, 조광·김우철 역, 『대한계년사』 3, 244~248쪽.
139. 『독립신문』 1898년 1월 1일자.
140. 정교 저, 조광·김우철 역, 『대한계년사』 3, 254쪽.
141. 정상우, 「개화기 군민동치 제도화 과정 및 입헌군주제 수용 유형 연구」, 『헌법학연구』 제18권, 2012. 6., 464~465쪽.
142. 이승현, 「이상재의 국가건설 사상: 독립협회 활동기를 중심으로」, 『정신문화연구』 제27권 No. 2, 한국학중앙연구원, 2004, 113~115쪽.
143. 『고종실록』, 광무 2년 11월 2일; 『관보』, 광무 2년 11월 4일자.
144. 『윤치호일기』, 1898년 11월 3일.
145. 신일철, 「개화기지식인 이상재론」, 『월남 이상재 연구』, 로출판, 1986, 13쪽.
146. 윤치호, 「독립협회의 시종」, 『신민』 14, 1926년 6월호, 60쪽.
147. 『독립신문』 1898년 11월 7일자; 『황성신문』 1898년 11월 7일자.

148. 『황성신문』 1898년 11월 10일자, 11일자; 『독립신문』 1898년 11월 12일자.
149. 김유동, 『월남이선생실기』, 64~65쪽.
150. 정교 저, 조광·이상식 역, 『대한계년사』 4, 소명출판, 2004, 113~121쪽.
151. 유영렬, 위의 책, 149쪽.
152. 『윤치호일기』, 1898년 12월 27일.
153. 『독립신문』 1898년 12월 12일자.
154. 『고종실록』 39권, 1899년 1월 30일자.
155. 『윤치호일기』, 1899년 1월 5일.
156. 신용하, 「만민공동회의 정치투쟁」, 『한국사』 41, 국사편찬위원회, 2003, 436쪽.
157. 갈홍기, 『월남 이상재선생약전』, 73쪽.
158. 『고종시대사』 5집, 1901년 11월 17일자.
159. 정교 저, 조광·변주승 역, 『대한계년사』 7, 소명출판, 2004, 43쪽.
160. 「시무서」, 『월남 이상재 연구』, 282쪽.
161. 『독립신문』 1902년 5월 1일자.
162. 이광린, 「구한말 옥중에서의 기독교 신앙」, 『동방학지』 46·47·48, 연세대학교 국학연구원, 1985, 481쪽.
163. 한성감옥은 종로구 서린동 41번지, 지금의 영풍문고 부근에 위치해 있었다. 갑오개혁 당시 감옥 건물을 보수하기 위해 서대문 쪽으로 잠시 옮겼다가 1900년 4월에 원래 위치로 다시 옮겨졌다. 이후 서대문형무소가 문을 열면서 없어졌다. (김삼웅, 『서대문 형무소 근현대사: 일제시대 편』, 나남출판, 2000, 21쪽.)
164. 『황성신문』 1902년 12월 3일자.
165. 이승만, 「옥중전도」, 『신학월보』, 1903. 5., 183쪽.
166. 김정식, 「신앙의 동기」, 『성서조선』, 1937. 5., 5쪽.
167. 김권정, 『한국인보다 한국을 사랑한 외국인 헐버트』, 역사공간, 2015.
168. 유영익, 「옥중잡기」, 『젊은 날의 이승만』, 연세대학교출판부, 2002, 272~277쪽.
169. 『황성신문』 1903년 1월 19일자.
170. 강명숙, 『겨레의 시민사회운동가 이상재』, 85쪽.
171. 이상재, 「與聖書公會書 月 성서공회에 보내는 편지 월남」, 『공소산음』, 33쪽.
172. 이광린의 「구한말 옥중에서의 기독교 신앙」이라는 글에서는 한성감옥서 도서실의 대출 현황을 담은 일지, 즉 『옥서도서대출부』(獄署圖書貸出簿)를 통해 도서실의 운영 및 이용자, 서적 현황 등을 분석해 그 상황을 상세하게 전달하고 있다.
173. 이상재, 「러시아인의 유태인학살을 논함」, 『공소산음』, 14~17쪽.
174. 이상재, 「러시아 사람들이 유태인을 학살한 것을 논함」, 『공소산음』, 24~27쪽.
175. 이상재, 「한인이 전차를 타는 것을 논함」, 『공소산음』, 18~20쪽.
176. 이상재, 「전차사건을 논함」, 『공소산음』, 28~31쪽.
177. 이상재, 「서울 호구의 감소를 논한 글」, 『공소산음』, 21~23쪽
178. 이상재 심문조서, 『한민족독립운동자료집』 16, 국사편찬위원회, 1993, 14쪽.
179. F. Brockman, "Mr. Yi Sang Chai", The Korea Mission Field, 1927. 6., pp. 116~117.
180. 오영섭, 앞의 글, 64~66쪽.
181. 설충수, 「에른스트 파베르(Ernst Faber)의 격물치지(格物致知)에 대한 연구-자서조동(自西徂東)과 경학불염정(經學不厭精)을 중심으로」, 『韓國敎會史學會誌』 Vol. 57, 한국교회사학회, 2020.
182. 이연승, 「격물탐원」에 나타난 인간의 몸과 본성에 대한 연구」, 『신학과 철학』 31, 서강대학교 신학연구소, 2017.
183. 김정식, 「信仰의 동기」, 5~7쪽.
184. 전택부, 『월남 이상재의 생애와 사상』, 75쪽.
185. F.M. Brockman, "Yi Shang Chai", Korean Mission Year Your Book, The Christian Literature Society, 1928, pp218.

186. F. M. Brockman, "Mr. Yi Sang Chai's Services to the Y.M.C.A.", The Korea Mission Field, 1927. 6, pp.116~117.
187. 「성서공회에 보내는 편지」, 34쪽.
188. 목덕(John Mott) 저, 이상재 역, 『晨更』, 1911, 16쪽.
189. 이상재, 「光龍(承倫)三兄弟及長春妙一同見」, 『월남 이상재 연구』, 366쪽.
190. 이상재, 「眞平和」, 『월남 이상재 연구』, 256쪽.
191. 김명구, 『월남 이상재의 기독교 사회운동과 사상』, 94~96쪽.
192. F. M. Brockman, "Mr. Yi Sang Chai's Services to the Y.M.C.A.", The Korea Mission Field, 1927. 6., 117쪽.
193. 유자후, 『이준선생전』, 동방문화사, 1947, 59~68쪽.
194. 전택부, 『인간 신흥우』, 대한기독교서회, 1971, 52~54쪽.
195. 한국기독교역사연구소, 『한국의 기독교역사 I(개정판)』, 2011, 218쪽.
196. 이능화, 『朝鮮基督敎及外交史』, 조선기독교창문사, 1925, 203~204쪽. 현대어로 풀어서 정리함.
197. 한국기독교역사연구소, 『한국기독교의 역사』I, 기독교문사, 1989, 265~266쪽.
198. 김권정, 「일제하 신흥우의 사회활동과 기독교 사회사상」, 『한국교회사학회지』 21집, 2007, 1722쪽.
199. 유성준, 「밋음의 동기와 유래」, 『기독신보』 1928년 7월 11일자, 5쪽.
200. 『공소산음』, 66쪽~67쪽.
201. 오영섭, 앞의 글, 67~68쪽.
202. 전택부, 『월남 이상재의 생애와 사상』, 77쪽.
203. 「상정부서(一)」, 『월남 이상재 연구』, 283~284쪽. 「상정부서(一)」, 「상정부서(二)」는 지금까지 1898년 만민공동회 당시 정부에 제출된 서한으로 알려져 왔다. 그러나 두 서한의 내용에 1904년 4월에 설립된 '어공원'을 언급하고 있는 것으로 볼 때 그가 석방된 직후에 지은 것으로 보는 것이 타당하다.
204. 「상정부서(一)」, 『월남 이상재 연구』, 284~285쪽.
205. 신용하, 「구한말 보안회(輔安會)의 창립과 민족 운동」, 『사회와 역사』 Vol.44, 한국사회사학회, 1994.
206. 「상정부서(二)」, 『월남 이상재 연구』, 285~286쪽.
207. 오영섭, 앞의 글, 69~70쪽.
208. 『윤치호일기』, 1904년 7월 31일.
209. 김승태·박혜진 엮음, 『내한 선교사 총람 1884~1984』, 한국기독교역사연구소, 1994, 261쪽.
210. 『朝鮮예수敎長老會史記』 上, 122쪽.
211. 한규무, 「게일의 한국인식과 한국교회에 끼친 영향」, 『한국기독교와 역사』 4, 한국기독교역사연구소, 1995, 168쪽.
212. 한규무, 「게일의 한국인식과 한국교회에 끼친 영향」, 167쪽.
213. 이정식, 『이승만의 구한말 개혁운동』, 배재대학교출판부, 2005, 160~164쪽.
214. 이광린, 「구한말 옥중에서의 기독교 신앙」, 498쪽.
215. 전택부, 『토박이신앙산맥』, 대한기독교출판사, 1977, 74~85쪽.
216. 신혜경, 「대한제국기 국민교육회 연구」, 『梨花史學硏究』 20·21합집, 1994; 최기영, 「국민교육회 설립과 기독교」, 『韓國近代 啓蒙運動硏究』, 一潮閣, 1997.
217. 『기독신보』 1937년 2월 27일자.
218. 이상재가 국민교육회 주최한 강연회에서 실시한 강연은 다음과 같다. (『황성신문』 1906년 6월 9일, 12일, 1907년 2월 2일자 등)
219. 신일철, 「개화기 지식인 이상재」, 『월남 이상재 연구』, 로출판, 1986, 9쪽.
220. 『독립신문』 1899년 1월 6일자.
221. 전택부, 『한국기독교청년운동사』, 정음사, 1978, 15쪽.
222. 백낙준, 『韓國改新敎史』, 연세대학교출판부, 1972, 354쪽.
223. 전택부, 『한국기독교청년운동사』, 92쪽.

224. 김승태·박혜진 엮음, 『내한 선교사 총람 1884~1984』, 329쪽.
225. 전택부, 『월남 이상재의 생애와 사상』, 82~83쪽.
226. 1906년 교육 전문가로 부임한 그레그(G.A. Gregg)는 이상재와 함께 이 시기에 YMCA가 조직적인 실업교육을 실시하는 데 결정적으로 기여했다. 기계공학을 전공한 그는 수년간 실업교육의 실무 경험을 갖춘 인물로, YMCA 국제위원회 산업교육부 소속의 전문가였다. 그는 도착 즉시 12명의 교사(한국인 7명, 일본인 2명, 중국인·미국인·캐나다인 각각 1명)들과 협력해 YMCA 실업교육을 진행하는 데 많은 역할을 담당했다. 실업교육으로 공업교육이 실시되었는데, 공업교육은 한국 근대 이후 체계적 교육으로 처음 시작되었다는 데 그 의미가 있다.
227. F. M. Brockman, Genesis of Seoul YMCA, The Korea Mission Field, 1914. 2., p.48.
228. 「基督敎靑年會에 學官要旨」, 『大韓每日申報』, 1906년 10월 7일자.
229. 이상재, 「富興說」, 『황성신문』, 1906년 11월 7일자.
230. 강창석, 『統監府硏究』, 영남대학교 박사학위논문, 1989, 3~4쪽.
231. Frank. M. Brockman, Annual Report of Frank. M. Brockman for the Year Ending September 30, 1909.
232. 『대한매일신보』 1905년 12월 1일자.
233. 『대한매일신보』 1905년 12월 16일자.
234. 『고종실록』, 광무 9년 12월 11일.
235. 『대한매일신보』 1906년 10월 23일자.
236. 『대한매일신보』 1906년 9월 25일자.
237. 신용하, 「신민회의 창건과 국권회복운동」 (하), 『한국학보』 9, 1977, 129~310쪽.
238. 유영렬, 「대한자강회의 애국계몽사상과 운동」, 『대한제국기의 민족운동』, 일조각, 109~110쪽.
239. 유영렬, 「대한자강회의 애국계몽사상과 운동」, 156쪽.
240. 「我韓人民의 應行홀 義務」, 『황성신문』 1906년 11월 12일자.
241. 「我韓人民의 應行홀 義務(續)」, 『황성신문』 1906년 11월 14일자.
242. 이상재, 「我韓人民의 應行홀 義務」, 『황성신문』 1906년 11월 12일, 13일, 14일자.
243. 이상재, 「復興說」, 『황성신문』 1906년 11월 7일자.
244. 김유동, 『월남이선생실기』, 68쪽.
245. 이상재, 「悼亡屋 죽은 아내를 슬퍼함」, 『월남 이상재 연구』, 363쪽.
246. 김권정, 『한국인보다 한국을 사랑한 미국인 헐버트』, 124~129쪽.
247. 유영렬, 「대한자강회의 애국계몽사상과 운동」, 『대한제국기의 민족운동』, 일조각, 1997, 155쪽.
248. P.L. Gillett's Letter to Mr. Sammons, American Consult General, Seoul, Korea, on August 29, 1907. (전택부, 『한국기독교청년운동사』, 142쪽 재인용)
249. 갈홍기, 『월남 이상재선생약전』, 102쪽.
250. 김도형, 『근대한국의 문명전환과 개혁론』, 432~448쪽.
251. 유진태, 「三十年前의 靑年演說客들: 學徒에 말하든 젊은 李商在」, 『삼천리』, 1936. 11., 116~117쪽.
252. 전택부, 『월남 이상재의 생애와 사상』, 99쪽~101쪽.
253. G.A. Gregg's Letter to Mr. F.A. West, on April 29, 1909.
254. G.A. Gregg's Annul Rerport for the year Ending September 30, 1907.
255. 당시 강연회 제목은 주로 '신시대에 처한 기독교의 사명', '한국인의 임무', '교육과 기독교', '재래식 혼인관습의 개혁', '기회는 기다리지 말고 만들자', '위대한 민족성의 5대 요소', '청년이 할 수 있는 일', '자기 시련' 등이 있었다. 또 토론 제목 중에는 '경험이나 교훈이냐', '도의냐 법률이냐' 등이 있었다.
256. F.M. Brockman's Annual Report for year Ending September 30, 1909. 브록크만은 '종교부 사업의 확장이 이상재 교육부위원장이 노력한 결과'라고 높이 평가했다.
257. 정구영, 「내가 본 월남 선생」, 『월남 이상재의 생애와 사상』, 연세대학교출판부, 2001, 51쪽.
258. 박용규, 『평양대부흥운동』, 생명의 말씀사, 2000, 205~240쪽.

259. 전택부, 『한국기독교청년운동사』, 115쪽.
260. 민경배, 『한국기독교사』, 대한기독교출판사, 1987, 187쪽.
261. 김양선, 『한국기독교사연구』, 기독교문사, 1971, 90쪽.
262. 김권정, 『한국기독교민족운동과 민족운동론』, 국학자료원, 2015, 28~29쪽.
263. 신기영, 『한국 기독교의 민족주의 1885~1945』, 동혁, 1995, 22~27쪽.
264. 노치준, 「일제하 한국 YMCA 기독교 사회주의 사상 연구」, 『일제하 한국기독교와 사회주의』, 한국기독교역사연구소, 1992, 67~71쪽.
265. 일제가 한국을 강제로 합병한 이후 한국 기독교에 직접 가했던 탄압은 '105인 사건'이다. 이 사건은 합병 직후 항일 세력으로 파악한 기독교 세력을 일시에 제거하기 위해 일제가 조작하고 탄압했던 대표적인 사건이다(尹慶老, 『105人 事件과 新民會 硏究』, 一志社, 1990.).
266. 이광린, 「日本 改新敎會의 韓國浸透와 維新會事件」, 『東亞硏究』제11집, 1987, 17쪽.
267. 『매일신보』1913년 2월 1일자.
268. 본명은 김연택이다. 한말 종9품 말단직인 참봉을 역임했고, 독립협회가 해산된 뒤 반정부운동에 개입한 혐의로 한성감옥에 투옥되었다. (박혜미, 「일본조합교회 간사 김린의 생애와 친일활동」, 『한국기독교와 역사』 51, 2019. 9., 41~74쪽.)
269. 이능화, 『朝鮮基督敎及外交史』, 203~204쪽.
270. 전택부, 『월남 이상재의 생애와 사상』, 115쪽.
271. 민경배, 『서울YMCA운동 100년사』, 서울YMCA, 2004, 144쪽.
272. 전택부, 『한국기독교청년운동사』, 182쪽.
273. 전택부, 『한국기독교청년운동사』, 144쪽.
274. 전택부, 『한국기독교청년운동사』, 180쪽.
275. 전택부, 『월남이상재의 생애와 사상』, 117쪽.
276. 이광린, 「일본 개신교회의 한국침투와 유신회사건」, 『동아연구』제11집, 1987, 25쪽.
277. 전택부, 『월남 이상재의 생애와 사상』, 127쪽.
278. 전택부, 『한국기독교청년운동사』, 189쪽.
279. 손인수, 『한국근대교육사』, 연세대출판부, 1971, 124쪽.
280. 안재홍, 「悲痛! 祖國의 覇沒」, 『신천지』, 1946년 7월호, 8~9쪽.
281. 전택부, 『한국기독교청년운동사』, 195쪽.
282. YMCA는 1910년 3월경부터 언더우드의 양해 및 대우·여비·직함 등의 문제를 협의한 끝에 이승만에게 '한국인 총무'라는 타이틀을 주어 귀국하도록 했다.
283. 윤치영, 『윤치영의 20세기』, 삼성출판사, 1991, 51~52쪽.
284. 「人間李承晩百年」, 『한국일보』1975년 6월 18일자.
285. 『국역 이승만일기』, 대한민국역사박물관·이승만연구원, 2015, 48쪽. 이승만은 1912년 3월 26일 세계감리교대회 평신도 대표 자격으로 서울을 출발해 미국으로 향했다.
286. 『한민족독립운동사』 2, 국사편찬위원회, 1987, 21쪽.
287. 전택부, 『월남 이상재의 생애와 사상』, 129쪽.
288. 대한YMCA연맹 엮음, 『한국YMCA運動史 1895~1985』, 로출판, 1986, 109~111쪽.
289. 이상재, 「復興說」, 『황성신문』1906년 11월 7일자.
290. 전택부, 『월남 이상재의 생애와 사상』, 91쪽.
291. 조윤영, 「조선인 중심의 음악회장 경성 기독교청년회관」, 『음악학』 Vol. No. 2, 2017, 119~120쪽.
292. 『중앙청년회보』1916년 6월호, 11~19쪽.
293. G. A. Gregg's Annul Rerport for the year Ending September 30, 1916.
294. 조윤영, 위의 글, 120~125쪽.
295. Mr. Snyder's, Report on December 3, 1913.
296. 이상재, 「寄承倫諸昆季」, 『월남 이상재 연구』, 367~370쪽.
297. 전택부, 『한국기독교청년운동사』, 189~194쪽.
298. 1914년 9월에 『中央靑年會報』창간호가 발간되었다.

299. P. L. Gillett, Annual Report, 1912. 9. 30.
300. G. A. Gregg, Annual Report, September 30, 1916.
301. 전택부, 『한국기독교청년운동사』, 225~227쪽.
302. 김유동, 『월남이선생실기』, 71~72쪽.
303. 김유동, 『월남이선생실기』, 69쪽.
304. 김을한, 앞의 책, 62~63쪽.
305. 「조선목사의 일본관」, 『복음신보』 1911년 8월 24일자.
306. 『윤치호일기』, 1916년 4월 8일.
307. 『每日申報』 1916년 2월 16일자.
308. 이병헌, 『三一運動秘史』, 시사시보사 출판국, 1959, 514쪽.
309. 『매일신보』 1918년 11월 10일자.
310. 최선웅, 『장덕수의 사회적 자유주의 사상과 정치활동』, 고려대학교 대학원 한국사학과, 2014, 64~65쪽.
311. 「被疑者訊問調書」, 『韓國共產主義運動史』 <資料篇 I>, 고려대학교출판부, 1979, 243쪽.
312. 玄相允, 「三一運動勃發의 槪略」, 『新天地』, 1950년 3월호, 27쪽.
313. 여운홍, 「헐버트박사와 나」, 『民聲』 10월호, 1949, 60~61쪽.
314. 김권정, 『한국인보다 한국을 더 사랑한 미국인 헐버트』, 161~167쪽.
315. 『신한민보』 1919년 3월 13일자.
316. 김승태, 「남강 이승훈의 민족의식과 민족운동 방략」, 『한국독립운동사연구』 19, 독립기념관 한국독립운동사연구소, 2002, 35~66쪽.
317. 안동교회 역사편찬위원회, 『안동교회 90년사』, 안동교회, 2001.
318. 1907년 평북관찰사로 부임한 박승봉이 오산학교를 세우는 이승훈을 도와준 것이 계기가 되어 일생 동지가 되었던 것으로 알려져 있다. (오산중고등학교, 『五山八十年史』, 1987, 86~87쪽.)
319. 박용서, 「부록 : 월남 관련 문건-월남선생과 3·1운동(1976. 5.)」, 『월남 이상재의 생애와 사상』, 연세대학교출판부, 2001, 288~289쪽.
320. 이종일, 「옥파비망록」, 『한국사상』 18, 한국사상연구회, 1981, 18~19쪽.
321. 이에 대해 최린·박희도·이갑성이 재판 심문조서에서 공통으로 밝히고 있는 내용이다.
322. 「이상재심문조서」, 『한민족독립운동사자료집』 16, 13~16쪽; 현상윤, 「三一運動勃發의 槪略」, 『新天地』, 49~50쪽.
323. 「이상재심문조서」, 『한민족독립운동사자료집』 16, 14~16쪽. 함태영이 3·1운동에 참여하기를 권유하자 이상재는 찬성한다고 말하며, 그가 전달한 독립선언서를 수령하기도 했다.
324. 이갑성, 「己未年獨立運動所感」, 『太平洋』 1946년 1월호(創刊號), 21쪽.
325. 전택부, 『월남 이상재의 생애와 사상』, 154쪽.
326. 이승훈은 3·1운동 준비 과정에서 이상재를 대신해 기독교계를 대표했다.
327. 박용서, 「부록 : 월남관련 문건, 월남선생과 3·1운동(1976. 5.)」, 287쪽.
328. 『윤치호일기』, 1919년 4월 4일.
329. 『윤치호일기』, 1919년 4월 8일.
330. 김을한, 앞의 책, 47~48쪽.
331. 『윤치호일기』, 1919년 6월 7일.
332. 『매일신보』 1919년 8월 7일자.
333. 「묘비명」, 『월남 이상재 연구』, 464쪽.
334. 3·1운동 이후 민족운동을 지도할 영도 기관이라는 점에서 민족 구성원들의 '합의'라는 형식과 절차가 제기되었다. 국내에 임시정부 수립을 위한 '국민대회' 용어가 처음 등장한 것은 3·1운동 직후 서울에서 배포된 『朝鮮獨立新聞』 제2·3호를 통해서다. '국민대회'(國民大會)가 국내를 기반으로 13도 국민 대표들로 조직되어야 하며, 정부 형태도 '민주공화정'이어야 한다는 것 등이었다. (『韓國獨立運動史』 資料5(3·1運動編Ⅰ), 국사편찬위원회, 1975, 1~2쪽)
335. 국민대회취지서에 나타난 13도 대표자 25명의 명단은 다음과 같다. 이만식, 이래수, 박한영, 박

장호, 이용준, 이용규, 유식, 이종욱, 송지헌, 이동욱, 강훈, 김명선, 유근, 강지형, 장정, 김류, 기식, 주익, 홍성욱, 장준, 최전구, 김탁, 김현준, 정담교, 박탁.
336. 고정휴, 「세칭 한성정부의 조직주체와 선포경위에 대한 검토」, 『한국사연구』 97, 한국사연구회, 185~188쪽.
337. 김승태, 「일제강점기 이규갑·이애라 부부의 민족운동」, 『한국독립운동사연구』 50, 독립기념관 한국독립운동사연구소, 2015, 79~114쪽.
338. 이규갑, 「한성임시정부수립의 전말」, 『신동아』, 1969년 3월호, 181~182쪽.
339. 전택부, 『월남 이상재의 생애와 사상』, 155쪽. 이 사실은 전택부가 1969년 2월 10일, 이규갑과의 면담에서 직접 채록한 내용이다.
340. 이규갑, 위의 글, 176쪽.
341. 김권정, 「월남 이상재의 기독교 수용과 사회윤리」, 85~88쪽.
342. 이덕주, 「현석칠 목사의 목회와 민족운동」, 『신학과 세계』 73, 감리교신학대학교, 2012, 135~142쪽.
343. 김권정, 「해방 후 동송 박용희의 정치단체 참여와 활동」, 『한국민족운동사연구』 95, 한국민족운동사학회, 2018, 282쪽.
344. 「이승만→이상재」(1920년 6월 31일), 『우남이승만문서』 16권, 179쪽.
345. 김승태·박혜진 엮음, 『내한선교사총람(수정 증보판)』, 한국기독교역사연구소, 2007, 159~160쪽. 1908년에 YMCA 회계를 담당했던 벡은 이상재와 개인적으로 친분 관계가 두터웠다.
346. 『매일신보』 1919년 11월 30일자.
347. 신흥우는 1919년 5월 31일 미국에 있는 이승만에게 한성임시정부의 국민대회취지서 및 선포문을 전달했다.
348. 전택부, 『한국기독교청년운동사』, 189쪽. 1914년에 박승봉·신흥우·오기선은 YMCA 한국인 이사로 당선되어 줄곧 활동했다.
349. 고정휴, 앞의 논문, 187~188쪽.
350. 갈홍기, 『월남 이상재선생약전』, 129쪽.
351. 박찬승, 「1920년 초반 '문화운동'과 '문화운동론'」, 『한국근대정치사상사』, 역사비평사, 1992, 168~196쪽.
352. 강동진, 『日帝의 韓國侵略政策史』, 한길사, 1980.
353. 전춘학, 「改造와 愛」, 『기독신보』 1922년 3월 1일자.
354. 이상재, 「上帝의 뜻은 如何하뇨」, 『百牧講演』 2집, 博文書館, 1921, 138쪽.
355. 사회진화론은 다윈의 생물진화론이나 적자생존론에서 주장하는 생물학적 생존경쟁과 마찬가지로, 인간 사회도 단순한 형태에서 복잡한 형태로 발전하며 각 사회가 치열한 경쟁 속에서 강력한 사회만이 살아남고 또 열등한 사회가 도태된다고 보는 이론이다. 이런 설명은 19세기 말 제국주의 열강이 약소국을 침탈하거나 지배하는 것을 정당화하는 논리로 이용되었다.
356. 이상재, 「청년의 수양은 기독의 말씀을 선히 이해하야 신지행지하는 것이 제일」, 『동아일보』 1921년 6월22일자.
357. 한국기독교사연구회, 『한국기독교의 역사』 Ⅱ, 기독교문사, 1990, 217쪽.
358. 『동아일보』 1920년 9월 1일자.
359. 이상재, 「진리를 구하라」, 『東光』, 1926년 12월호, 7~8쪽.
360. 이상재, 「조선청년에게」, 일동축음기 녹음, 1926. 11. (배연형 「자료:월남 이상재와 백범 김구의 육성 유성기음반」, 『한국음반학』 5권, 1995, 343~358쪽.)
361. Yi Sang Chai, "What I would if I were a Young Missionary", The Korea Mission Field, 1923. 11., p.258.
362. 이광수, 「현대인의 奇人 李商在翁」, 『동광』, 1926년 11월호, 7쪽.
363. 이상재, 「도덕의 건설」, 『동아일보』 1922년 4월 1일자.
364. 전택부, 『한국기독교청년운동사』, 177~182쪽.
365. 『윤치호일기』, 1922년 5월 16일자. 한국 YMCA 독립에 중재자 역할을 하던 YMCA 국제위원회 총무인 모트(J.R.Mott)의 도움이 크게 작용했다.

366. 『동아일보』 1924년 11월 7일자.
367. 『청년』, 1922년 4월호, 56쪽.
368. 『기독신보』 1922년 4월 12일자.
369. 김활란, 『그 빛 속의 작은 생명』, 여원사, 1965, 98~101쪽.
370. 『기독신보』 1923년 9월 10일자.
371. 이승만→이상재(1920. 6. 21.), 105~106쪽.
372. 이승만→이상재(1921. 7. 29.), 108~109쪽.
373. 1920년대 후반 이후 침체되었는데, 이는 1927년에 이상재가 사망하며 독립운동의 재정적 지원이 끊기게 된 것도 깊은 연관이 있음을 잘 보여 준다.
374. 「國民團體公牒(1919. 11. 1.)」, 『우남 이승만문서 동문편 : 3·1운동 관련문서 2』, 연세대학교 현대한국학연구소, 1998, 390~504쪽.
375. 고정휴, 「〈한국인민치태평양회의서(1921)〉의 진위논란과 서명인 분석」, 『한국근현대사연구』 제58집, 한국근현대사학회, 2011.
376. 이승만→이상재(1922.4.13.), 158쪽.
377. 「警告海外各團體書」·「해외단테에 경고흐ᄂ ᆞ ᆫ 글」, 『우남이승만문서8: 대한민국임시정부문서 3』, 533~534쪽.
378. 이승만→이상재(1923. 3.), 113쪽.
379. 정병준, 앞의 책, 309쪽.
380. 『동아일보』 1923년 2월 7일·12일자.
381. 『동아일보』 1923년 4월 5일자.
382. 『동아일보』 1923년 5월 24일자.
383. 『동아일보』 1923년 7월 2일자.
384. 안형주, 「이승만과 하와이 한인청년교육(1913~1923)」, 『미주 한인의 민족운동』, 2003, 165쪽.
385. 정병준, 앞의 책, 312쪽.
386. 강동진, 『일제의 한국침략정책사』, 한길사, 1980, 379~399쪽.
387. 고정휴, 앞의 책, 283쪽.
388. 『흥업구락부사건관련 신흥우 신문조서』, 『思想彙報』 16, 1938. 9., 130~131쪽.
389. 『동아일보』 1923년 10월 11일자.
390. 朝鮮總督府警務局, 『最近における朝鮮の治安狀況』, 1938, 380~381쪽.
391. 『最近における朝鮮の治安狀況』, 1938, 321쪽.
392. 『윤치호일기』 9, 1925년 3월 22일.
393. 高等法院檢事局思想部, 『同志會及興業俱樂部の眞相』, 『思想彙報』, 1938, 86쪽.
394. 김권정, 『한국기독교민족운동론과 민족운동』, 22~35쪽.
395. 고정휴, 앞의 책, 311쪽.
396. 『흥업구락부사건관련 신흥우 신문조서』, 129~130쪽.
397. 김상태, 「1920~30년대 동우회 흥업구락부 연구」, 『한국사론』 28, 1992, 234~236쪽.
398. 『興業俱樂部事件關聯 申興雨 訊問調書』, 137쪽.
399. 미 의원단의 동아시아 순방에 대해서는 나카다 아키후미 저, 박환무 역, 『일본의 조선통치와 국제관계』, 일조각, 2008, 311~316쪽.
400. 『東亞日報』 1920년 8월 24일자. 국내에서는 미의원단환영회를 개최하면서 3·1운동을 다시 하는 기분이 들었기 때문에 '제2차 독립운동'이라는 제목의 기사가 보도되기도 했다.
401. 『독립신문』 1920년 3월 20일자.
402. 김은지, 「미국 의원단 동아시아 방문을 계기로 한 대한민국 임시정부의 독립운동」, 『한국독립운동사연구』 60, 2017, 173~183쪽.
403. 김영범, 「임시정부가 주도·지원한 의열투쟁」, 『의열투쟁 I : 1920년대』, 독립기념관 한국독립운동사연구소, 2009.
404. 일제는 서울에 콜레라가 유행하고 있다면서 미의원단이 서울에 방문하는 것을 만류했다. 미의원

단은 콜레라 때문에 한국 방문을 그만둘 생각은 없지만, 한국문제에 관여하지 않겠다는 의사를 전달하며 한국 방문에 대한 문제를 마무리했다. (김은지, 위의 논문, 184쪽.)
405. 『조선일보』 1920년 8월 24일자.
406. 일제는 콜레라와 한국인들의 테러 가능성을 구실로 한국의 정치 문제에 개입하지 말도록 미의원단을 압박했다. (『윤치호일기』, 1920년 8월 28일.)
407. 「難言의 失望, 意外의 歡喜」, 『동아일보』 1920년 8월 26일자.
408. 헐스맨의 강연에 이어 이상재의 답사가 끝나자마자, 일제는 무자비한 폭력으로 미의원단환영 회를 중지시키고 군중을 해산시켰다. 이 과정에서 폭행을 당해 다친 사람들도 있었다.
409. 『윤치호일기』, 1920년 5월 28일.
410. 김한종, 「1920년대 조선교육협회의 교육운동」, 『충북사학』 제8집, 62~64쪽.
411. 『동아일보』 1920년 6월 23일자.
412. 우윤중, 「민립대학 설립운동의 주체와 성격」, 『史林』 제58호, 수선사학회, 2016, 4쪽.
413. 『윤치호일기』, 1898년 11월 3일.
414. 『동아일보』 1929년 1월 2일자.
415. 『동아일보』 1920년 6월20일자.
416. 『동아일보』 1920년 6월28일자.
417. 동아일보에서는 「조선교육회에 대하여」라는 제목의 논설을 연속적으로 게재했다. (『동아일보』 1920년 6월 30일~7월 1일자.)
418. 『동아일보』 1920년 8월 9일자.
419. 이가 이전에 조선교육회의 활동은 주로 전국을 순회하며 연극단 및 무의탁 고학생들에게 숙식을 제공하거나 일본 유학생 파견을 주선하는 활동 등으로 대부분 소극적이었다.
420. 『매일신보』 1922년 2월 7일자.
421. 『매일신보』 1922년 2월 8일자.
422. 『동아일보』 1922년 11월 30일자.
423. 47명의 발기인 명단은 다음과 같다. 강매, 강백순, 강인택, 강제모, 고용환, 고원훈, 김병희, 김우현, 김일선, 김정식, 남궁훈, 명이항, 박승봉, 박희도, 백남규, 설태희, 송진우, 신명균, 오현옥, 유성준, 유진태, 이갑성, 이광종, 이봉화, 이상재, 이상협, 이승훈, 이시완, 이종준, 이종훈, 이현식, 임경재, 장도빈, 장덕수, 장두현, 장응진, 정노식, 정대현, 최규동, 최인, 최순탁, 한용운, 한인봉, 허헌, 현상윤, 홍덕유, 홍성설.
424. 민우회는 1922년 6월 17일에 "조선인의 단결과 자영(自營)으로서 생존권의 보장"을 목적으로 설립된 단체로, 회장은 박영효, 부회장에는 이상재가 선임되었다. (『동아일보』 1922년 6월 19일자.)
425. 이명화, 「민립대학 설립운동의 배경과 성격」, 『한국독립운동사연구』 5, 독립기념관 한국독립운동사연구소, 1991, 18~20쪽.
426. 우윤중, 「민립대학 설립운동의 주체와 성격」, 『史林』 제58호, 수선사학회, 2016, 19~25쪽.
427. 『동아일보』 1923년 3월 29일자.
428. 손인수, 『한국근대교육사』, 연세대학교출판부, 1971, 188~189쪽.
429. 『동아일보』 1920년 6월 23일자.
430. 한규무, 「1920~30년대 고학생갈돕회의 설립과 활동」, 『한국민족운동사연구』 73, 한국민족운동사학회, 2012, 214~222쪽.
431. 『동아일보』 1922년 10월 10일자.
432. 『동아일보』 1922년 10월 7일자.
433. 『동아일보』 1923년 2월 2일자.
434. 『매일신보』 1923년 2월 3일자.
435. 이상재, 「문명의 해석」, 『문명』, 1925년 12월(『월남 이상재 연구』, 254~255쪽.)
436. 이상재, 「도덕의 건설」, 『동아일보』 1922년 1월 1일자.
437. 배도환, 「이상재의 시민사회 사상에 관한 연구」, 『인문학연구』 38·39집, 숭실대학교인문과학연구소 2009, 113쪽.

438. 이광수, 「현대인의 奇人 李商在翁」, 『동광』, 1926년 11월호, 7쪽.
439. 배도환, 「이상재의 시민사회 사상에 관한 연구」, 115쪽.
440. 김명구, 「월남 이상재의 기독교 사회운동과 사상」, 276~277쪽.
441. 배연형, 「자료: 월남 이상재와 백범 김구의 육성 유성기음반」, 『한국음반학』 5권, 1995, 343~358쪽.
442. 이상재, 「眞平和」, 『월남 이상재 연구』, 256쪽.
443. 이상재, 「청년이여」, 『청년』, 1926년 5월호, 2쪽.
444. 김명구, 「이상재의 기독교사회사상」, 『교회사학』 Vol. 2 No. 1, 한국기독교사학회, 2003, 31쪽.
445. 이상재, 「청년이여」, 『청년』, 1926년 2월호, 3쪽.
446. 이상재, 「청년이여(八)」, 『청년』, 1926년 12월호, 1쪽.
447. 류금주, 「월남 이상재의 역사 인식」, 『시민문화춘추』 제17호, 월남시민문화연구소, 2015, 70~71쪽.
448. 이상재, 「청년이여(八)」, 『청년』, 1926년 12월호, 3쪽.
449. 이상재, 「청년이여(三)」, 『청년』, 1926년 4월호, 3쪽.
450. 이상재, 「진리를 구하라」, 『東光』, 1926년 12월호, 7~8쪽.
451. 이상재, 「청년이여(三)」, 『청년』, 1926년 4월호, 4쪽.
452. 배연형, 「자료: 월남 이상재와 백범 김구의 육성 유성기음반」, 345~346쪽.
453. 『동아일보』 1924년 9월 18일자.
454. 장신, 「1920년대 대정친목회의 조선일보 창간과 운영」, 『역사비평』, 역사비평사, 2010. 8., 291~327쪽 참조.
455. 조선일보 사료연구실, 『조선일보 사람들 일제시대 편』, 랜덤하우스중앙, 2004, 61~67쪽.
456. 조선일보편찬위원회 편, 『조선일보 오십년사』, 조선일보사, 1970, 120쪽.
457. 서재필, 「조선일보 주필귀하에게(일)」, 『조선일보』 1924년 11월 23일자.
458. 조선일보100년사편찬실, 『조선일보100년사(上)』, 조선일보사, 2020, 151~152쪽.
459. 『조선일보』 1925년 1월 1일자.
460. 전택부, 『월남 이상재의 생애와 사상』, 183쪽.
461. 박용규, 「1920년대 중반(1924~1927)의 신문과 민족운동」, 언론과학연구 9, 한국지역언론학회, 2009, 290쪽.
462. 임경석, 「1925년 전조선기자대회 연구」, 『사림』 제44호, 2013, 37~38쪽.
463. 일참관자, 「朝鮮記者大會雜觀」, 『개벽』 59호, 1925년 5월 1일자, 60쪽.
464. 「본보필화사건」, 『조선일보』 1926년 4월 24일자.
465. 이균영, 『신간회 연구』, 역사비평사, 1993.
466. 이동휘, 「이상재 형님 앞에」, 『조선일보』 1925년 5월 17일자.
467. 김권정, 「1920~30년대 기독교인들의 사회주의 인식」, 『일제하 한국기독교와 사회주의』, 한국기독교역사연구소, 1992, 100~102쪽.
468. 이상재, 「청년이여」, 『청년』, 1926년 5월호, 2쪽.
469. 『동아일보』 1927년 1월 20일자. 발기인 명단에 있는 27명은 다음과 같다. 권동진, 김명동, 김준연, 김탁, 이정, 이석훈, 이승복, 문일평, 박동완, 박래홍, 백관수, 신석우, 신채호, 안재홍, 이갑성, 장지영, 정재룡, 정태석, 조만식, 최선익, 최원순, 하재화, 한기악, 한용운, 한위건, 홍명희, 홍성희가 있다.
470. 『동아일보』 1927년 2월 17일자.
471. 『조선일보』 1927년 2월 16일자
472. 김을한, 앞의 책, 73~74쪽.
473. 김권정, 「기독교세력의 신간회 참여와 활동」, 『한국민족운동사연구』 25, 한국민족운동사학회, 2000, 147쪽.
474. 『동아일보』 1927년 2월 23일자.
475. 김인식, 『安在鴻의 新民族主義의 思想과 運動』, 중앙대학교 사학과 박사학위논문, 1997.
476. 김권정, 『한국기독교민족운동론과 민족운동』, 154~157쪽.
477. 『조선일보』 1927년 3월 31일자.

478. 『매일신보』 1927년 4월 7일자.
479. 전택부, 『월남 이상재의 생애와 사상』, 255~256쪽.
480. 이관구, 「위대한 야인상」, 『월남 이상재 연구』, 469쪽.
481. 김유동, 『월남이선생실기』, 130~131쪽.
482. 「월남선생사회장의」, 『동아일보』 1927년 4월 8일자.
483. 김유동, 『월남이선생실기』, 140~151쪽.
484. 『윤치호일기』, 1927년 4월 7일.
485. 「이상재 선생의 장서」, 『동아일보』 1927년 3월 31일자.

찾아보기

0~9

3·1운동 006, 009, 014, 187, 189, 192, 193,
194, 195, 196, 197, 198, 199, 201,
202, 203, 204, 206, 207, 211, 212,
214, 215, 226, 227, 229, 230, 231,
232, 234, 235, 236, 238, 239, 253,
264, 271, 273, 280, 282, 284, 296,
298
105인 사건 158, 159, 164, 168, 170, 181,
187, 279, 295

Y

YMCA(황성기독교청년회) 107, 134, 166, 279
YMCA 국제위원회 136, 161, 162, 211, 294, 297
YMCA 세계연맹 211
YMCA회관 013, 151, 170, 171, 172, 174, 177, 227, 238, 257, 263, 280

가

감리교 132, 181, 204, 223, 286, 295, 297
감옥서도서대출부 103
갑신정변 012, 040, 043, 044, 045, 046, 066, 071, 072, 278
갑오개혁 009, 012, 025, 059, 061, 062, 065, 069, 073, 083, 084, 092, 096, 138, 269, 292
강인택 234, 235, 299
강화도조약 033, 288
개명 106, 278
개화사상 032, 033, 276, 283, 288, 289
건양 071, 072

건양협회 071, 072
게일 101, 132, 133, 263, 293
격물탐원 108, 109, 114, 286, 292
경고해외단체 217
경무청 079, 090, 092
경성제국대학 235
경연각 참찬 058, 278
경위원 097, 098, 099
경학불염정 108, 114, 269, 285, 292
고종 013, 031, 033, 036, 037, 042, 043,
046, 048, 051, 058, 062, 063, 064,
065, 066, 067, 068, 069, 070, 071,
072, 077, 078, 082, 083, 085, 087,
088, 089, 090, 091, 095, 096, 097,
099, 118, 131, 141, 142, 143, 145,
146, 148, 149, 159, 202, 203, 219,
279, 281, 289, 290, 291, 292, 294
고학생갈돕회 236, 237, 287, 299
공론 075, 077, 152, 283, 291
공소산음 008, 105, 121, 282, 288, 292, 293
공업교육 171, 178, 294
공화정치 056
공화제 089
과거 007, 009, 012, 022, 023, 025, 026,
027, 030, 058, 135, 143, 147, 151,
173, 240, 244, 247, 278, 286, 287,
288
관민공동회 085, 086, 279
광무개혁 064, 068
교육운동 135, 171, 193, 233, 235, 299
구국선언문 077
구국제민 025
국민교육회 133, 134, 146, 285, 287, 293
국민단체 215
국민대회 199, 200, 203, 296, 297
군국기무처 061, 269

군민동치 086, 202, 286, 291
권혁채 203
그레그 177, 294
근왕주의 063, 067, 142, 147, 148
기독교 006, 009, 013, 055, 056, 095, 103,
107, 108, 109, 110, 113, 114, 115,
116, 117, 119, 120, 121, 122, 123,
134, 135, 136, 138, 140, 141, 147,
149, 152, 153, 154, 155, 157, 158,
160, 162, 165, 166, 167, 168, 169,
170, 174, 175, 176, 180, 181, 193,
194, 195, 196, 200, 201, 202, 203,
204, 205, 206, 207, 208, 209, 211,
212, 213, 214, 216, 222, 223, 225,
230, 234, 236, 237, 238, 239, 240,
241, 254, 256, 258, 259, 260, 263,
270, 271, 276, 279, 280, 281, 282,
283, 284, 285, 286, 287, 288, 290,
292, 293, 294, 295, 296, 297, 298,
300, 312
기독교학생하령회 166, 168
김가진 071, 073, 124, 215
김규식 136, 137, 164, 279
김기수 035
김단야 251
김동성 249, 251
김린 137, 160, 161, 284, 295
김사방 136
김성수 193, 262
김양수 239
김옥균 032, 041, 043
김원근 215
김윤수 218, 238
김윤식 072, 284, 291
김재봉 251
김정식 098, 100, 109, 110, 117, 118, 136,

138, 140, 160, 234, 279, 292, 299
김준연 223, 251, 300
김필례 213
김필수 137, 189, 194, 196
김홍류 083
김홍집 035, 036, 041, 043, 044, 059, 062,
065, 066
김활란 213, 259, 284, 298

나
남궁억 073, 076, 082, 117, 162, 165, 166,
275
내각총서 067, 068, 073, 278
노류법 083
노블 215

다
단발령 062, 063, 065, 067, 286, 290
대의민주주의 088
대정친목회 247, 286, 300
대한자강회 013, 139, 142, 143, 146, 285,
294
대한제국 068, 077, 082, 106, 125, 146,
148, 285, 293, 294
도덕력 056, 134, 135, 145, 158, 165, 170,
176, 209
도덕심 144, 175, 176, 178, 242, 245, 246
독립공원 074, 278
독립문 073, 074, 089, 269, 278, 291
독립정신 122
독립협회 006, 008, 009, 012, 064, 068,
070, 072, 073, 074, 075, 076, 077,
078, 079, 080, 081, 082, 083, 084,
085, 086, 087, 088, 089, 090, 091,
092, 095, 096, 097, 098, 099, 104,

107, 111, 114, 117, 118, 120, 122,
131, 132, 135, 136, 138, 140, 141,
143, 148, 151, 152, 159, 166, 187,
202, 223, 225, 230, 249, 269, 270,
271, 273, 274, 275, 278, 279, 285,
286, 287, 290, 291, 295
동도서기론 033, 039, 040, 057, 283, 289
동아일보 219, 227, 232, 240, 247, 248,
249, 251, 261, 281, 297, 298, 299,
300, 301
동지회 220, 221, 222, 223, 224, 225

라

러시아 공사관 065, 066, 068, 069, 070,
072, 083
러일전쟁 013, 014, 125, 130, 131, 139, 279

마

만국기독교학생동맹대회 213, 216
만민공동회 012, 076, 078, 079, 080, 082,
083, 089, 090, 091, 092, 095, 096,
097, 104, 117, 132, 136, 151, 269,
279, 285, 292, 293
매일신보 156, 261, 281, 294, 295, 296,
297, 299, 301
메이지유신 018, 037, 038
명성황후 시해사건 066
모트 161, 162, 297
모화관 074, 278
문명 종교 056
문화정치 206, 229, 230
문화제국주의 209
미국공사왕복수록 008, 049, 282, 288, 289
미국 사회 052, 053, 055, 056, 057, 070,
088, 116

미속습유 054, 055, 056, 282, 290
미 의원단 298
민강 203, 285, 288
민권 006, 078, 079, 080, 083, 084, 086,
087, 095, 131, 138, 140, 149, 203,
269
민립대학설립운동 006, 233, 234, 235, 272
민상호 066
민영기 139
민영익 041
민영환 066, 098, 124, 140, 141
민우회 234, 299
민족자결주의 188, 189, 194
민족주의 148, 157, 158, 205, 210, 220,
230, 232, 234, 236, 243, 251, 253,
254, 255, 256, 257, 258, 260, 272,
276, 285, 295
민주공화정 200, 203, 296
민주주의제도 088, 114
민태원 251
밀러 165

바

박규수 032, 288
박동완 222, 259, 300
박승봉 132, 165, 193, 194, 196, 201, 202,
203, 204, 230, 234, 238, 239, 279,
296, 297, 299
박영효 041, 043, 091, 092, 096, 098, 118,
217, 299
박용만 118, 122
박용희 200, 203, 297
박정양 009, 012, 027, 028, 029, 030, 031,
032, 033, 034, 035, 036, 037, 038,
039, 042, 045, 046, 047, 048, 049,
050, 051, 053, 054, 055, 058, 059,

061, 063, 066, 067, 068, 069, 070,
071, 077, 083, 084, 085, 087, 088,
089, 091, 096, 098, 141, 269, 275,
278, 282, 284, 285, 286, 287, 288,
289, 290
박제순 059, 091, 142
박창한 238
박치훈 082
박희도 189, 234, 259, 296, 299
백관수 250, 251, 259, 262, 300
백만명구령운동 154, 155
백만인 독립청원 191
벙커 101, 119, 165
벡 204, 297
변법론 057
변영로 197
병인양요 019, 033
보부상 090, 092, 279
보빙사 040, 285, 289
보유론 013, 113, 115
보이스카우트운동 237, 238
봉서암 023
부국강병 004, 008, 009, 033, 035, 036,
040, 041, 044, 055, 056, 058, 061,
062, 107, 113, 139, 141, 270
부산 절영도 079
북학파 031, 032
브로크만 107, 111, 153, 167, 275

사

사농공상 056, 175, 178, 241
사립학교규칙 165
사회개조론 206
사회장 014, 260, 262, 264, 280, 301
사회주의운동 230
사회진화론 188, 207, 208, 210, 211, 297

삼국간섭 064, 065
상대적 자율성 157, 158, 160, 164
서광범 041, 066
서상대 118
서재필 066, 071, 072, 073, 074, 091, 095,
114, 214, 249, 269, 278, 283, 290,
300
성경 공부 152, 153, 176
성낙준 118
세계평화 242
소년척후단조선총연맹 238
소년척후대 237, 264
손병희 189, 190, 192, 193, 194, 196
송병준 247
송언용 165
송진우 193, 194, 252, 262, 299
수신사 035
수양동우회 260
스나이더 174
승정원 031, 032, 058, 278, 281, 289, 290
시무서 130, 292
신간회 006, 010, 253, 257, 258, 259, 260,
261, 262, 272, 280, 283, 286, 300,
312
신구범 251
신미양요 019, 033
신민회 158, 294
신생명 239
신석우 247, 248, 249, 250, 251, 258, 300
신일용 251
신한민보 219, 281, 296
신한청년당 190
신흥우 101, 110, 117, 118, 120, 122, 162,
165, 189, 204, 212, 213, 221, 222,
223, 224, 227, 228, 236, 237, 238,
275, 293, 297, 298

실력양성 206, 220, 221, 224, 225, 230, 232
실업교육 153, 171, 173, 174, 175, 178, 241, 294
심상훈 091, 124

아

아관파천 009, 012, 063, 064, 066, 069, 070, 072, 096, 286, 287, 290
아펜젤러 089, 101
안경수 073, 075, 076, 118
안국선 117, 118, 236
안재홍 166, 222, 249, 250, 251, 252, 259, 260, 262, 276, 295, 300
안창호 143, 191, 192, 227
알렌 047, 048, 066, 281, 289
양의종 118
어공원 125, 126, 127, 293
어윤중 037, 041
언더우드 101, 147, 162, 165, 173, 295
에비슨 101, 162, 165, 262
에큐메니칼 163
여병헌 136
여운홍 190, 191, 192, 296
연동교회 013, 132, 133, 193, 203, 263, 279
연좌법 083
연희전문학교 173
영약삼단 047, 048, 049, 050, 051
영어 048, 053, 101, 132, 133, 137, 215, 216
예언자 151
오기선 165, 196, 204, 297
오병이어 111, 115
오세창 194, 196, 217
왕제웅 038
외교독립 214, 220
외국어학교 059, 061, 062, 067, 278

요한복음 112, 279
우정총국 042, 278
워싱턴 군축회의 214
위안스카이 046, 049
위정척사 036, 284, 288, 289
유각경 259
유광렬 251
유기환 089
유길준 032, 096, 098, 099, 118
유동근 098
유성준 098, 103, 110, 117, 118, 121, 137, 222, 223, 230, 234, 238, 239, 279, 293, 299
유신회 159, 160, 161, 165, 170, 180, 279, 286, 295
유억겸 222, 238, 259
유태인 105, 292
육정수 136, 137
윤치소 230, 236, 237
윤치호 061, 066, 068, 074, 075, 076, 078, 082, 083, 089, 090, 091, 092, 095, 096, 124, 137, 138, 143, 159, 164, 166, 168, 171, 172, 187, 196, 197, 212, 216, 222, 223, 224, 227, 228, 239, 262, 264, 265, 269, 275, 278, 280, 285, 289, 291, 292, 293, 296, 297, 298, 299, 301
윤효정 076, 142
의정부 참찬 139, 141, 142, 145, 147, 148
의정부 총무국장 067, 068, 081, 092, 141, 202, 278, 279
의회 012, 053, 080, 082, 083, 084, 085, 087, 088, 089, 092, 141, 279
의회설립운동 012, 082, 083, 085, 088, 092, 141
이갑성 195, 222, 234, 235, 259, 296, 299

300
이건호 076
이교승 136, 137
이규갑 199, 200, 201, 202, 203, 276, 284, 297
이근택 097, 099
이노우에 공사 062
이동녕 118, 122
이동욱 203, 259, 297
이범진 066, 068, 284, 290
이상설 139, 141, 145
이상협 251, 262, 299
이색 020, 021, 022, 268, 275, 278, 287, 288
이석 251, 300
이세직 142, 279
이승만 079, 091, 101, 103, 107, 110, 117, 118, 120, 121, 122, 164, 167, 168, 194, 200, 203, 204, 205, 212, 213, 214, 215, 216, 217, 218, 219, 220, 221, 222, 223, 224, 225, 266, 271, 275, 279, 280, 282, 285, 286, 288, 292, 293, 295, 297, 298
이승인 121
이승훈 193, 194, 195, 196, 234, 283, 296, 299
이완용 047, 061, 066, 068, 073, 075, 076, 077, 097, 142, 265
이용후생 032
이원긍 098, 103, 109, 110, 117, 119, 121, 137, 140, 279
이위종 145, 146
이윤경 020
이윤용 066, 068
이일상 082
이장직 027, 028, 278

이종일 118, 194, 286, 296
이준 118, 145, 275, 285, 293
이채연 047, 066, 073, 082
이토히로부미 139
이하영 047, 050, 066, 068
이홍장 040, 046, 050
이희진 025, 278
이희택 019, 278
일본국문견조건 038
일진회 156, 164
임오군란 041, 043
입헌군주제 083, 086, 092, 202, 269, 286, 291

자

자기개조 135, 144
자율적 결사체 157, 164
자주독립 004, 005, 041, 048, 049, 050, 062, 071, 073, 078, 079, 086, 096, 098, 122, 152, 273
장덕수 190, 230, 236, 287, 296, 299
장두현 222, 234, 262, 299
장로교 181, 215
장붕 200, 203
장의위원회 262, 263, 280
전환국 위원 058
절대군주제 086
정교 076, 082, 282, 291, 292
정노식 239, 299
정동구락부 065, 066, 067, 140, 290
정성채 237, 238
정의와 인도 208, 228, 229
정춘수 259
제1차 세계대전 188, 189, 190, 191, 193, 206
조계현 251

찾아보기 **307**

조만식 233, 235, 259, 300
조미수호통상조약 040
조병식 037, 089, 090, 279
조병옥 259
조사시찰단 009, 012, 029, 034, 036, 037,
　　　　　038, 039, 040, 041, 044, 062, 070,
　　　　　088, 141, 269, 278, 287, 289
조선공산당 223, 252
조선교육령 233
조선교육회 230, 231, 232, 233, 234, 235,
　　　　　237, 299
조선기독교급외교사 119
조선기독교연합회 225
조선기독교창문사 238, 293
조선기독교청년연합회 168, 169, 170
조선기자대회 251, 252, 300
조선민립대학기성준비회 233
조선소년군 237
조선일보 006, 014, 227, 247, 248, 249,
　　　　 250, 251, 252, 253, 254, 258, 259,
　　　　 260, 261, 264, 272, 280, 281, 286,
　　　　 299, 300
조선책략 036, 040
조선총독부 175, 177, 180, 233, 261, 265
조철호 237, 238, 262
조칙 5조 085
주미 공사관 008, 012, 024, 045, 046, 047,
　　　　　 048, 049, 050, 051, 052, 062, 069,
　　　　　 070, 072, 088, 113, 141, 175, 278,
　　　　　 289
중동전기 104
중앙기독교청년회 169, 225
중앙청년회보 176, 280, 281, 295
중추원 012, 067, 083, 084, 085, 087, 089,
　　　 091, 223, 230, 278, 279
진명학교 060

질레트 136, 140, 152, 159, 161, 164, 167,
　　　 171, 279
집정관총재 200, 203, 204, 205

차

참정권 080, 083, 086
천로역정 109, 132
청년운동 006, 134, 139, 147, 148, 169,
　　　　 178, 286, 293, 294, 295, 296, 297
청년회학관 137, 152, 169
청일전쟁 059, 064, 067
최남선 193
최린 173, 193, 196, 234, 296
최병헌 238, 239
최정덕 091
최정식 118
춘추좌전 023
충군애국 073, 142, 148
친미개화파 009, 058, 073, 074, 287, 290

카

캔뮤어 137
클리블랜드 048

타

태서신사 104
토론회 074, 075, 076, 080, 083, 151, 152,
　　　 167, 189, 278, 280, 291

파

평생 동지 013, 117, 120, 123, 196, 205,
　　　　 275

하

하와이 한인모국방문단 271
학무국장 059, 061, 062, 278
학무아문 059, 061, 278
학무아문고시 061
학무아문참의 059
한규설 139, 230, 231
한만용 082
한산이씨 285, 287, 288
한성감옥 008, 009, 013, 099, 100, 101,
　　　　 107, 113, 117, 118, 119, 131, 140,
　　　　 149, 167, 178, 254, 263, 270, 275,
　　　　 279, 292, 295
한성사범학교 061
한성임시정부 009, 199, 200, 201, 202, 203,
　　　　　　 204, 205, 271, 280, 297
한용운 193, 217, 299, 300
한일의정서 125
함태영 194, 296
헌의 6조 085, 086, 090, 091
헐버트 101, 136, 190, 191, 192, 283, 292,
　　　 294, 296, 312
헐스맨 228, 229, 299
헤이그밀사사건 143
혁명가 151
현상윤 194, 234, 296, 299
현석칠 203, 286, 297
현순 192, 194, 200
협동전선 253, 254, 255, 256, 258, 272
홍덕유 251, 299
홍영식 037, 041, 042, 043, 278, 284, 289
홍재기 098, 109, 110, 117, 118, 121, 137,
　　　 279
홍종숙 165, 222
황무지 개척권 125, 126
황성신문 139, 281, 291, 292, 293, 294, 295

흥업구락부 006, 222, 223, 224, 225, 250,
　　　　　 260, 271, 280, 283, 298

수록된 자료에 도움을 주신 분들 (가나다 순)

고령신씨(高靈申氏)대종회
국립고궁박물관
국립한글박물관
국외소재문화재재단
남강(南岡)문화재단
대한민국역사박물관 현대사아카이브
문화재청
박찬수(고려대학교 교수, 죽천 박정양 선생의 증손)
(사)성재이동휘선생기념사업회
서울대학교 규장각한국학연구원
숭실대학교 한국기독교박물관
연세대학교 이승만연구원
월남이상재선생기념사업재단
유리헌(柳李軒) 아카이브
한국학중앙연구원
한국학중앙연구원 장서각
한국학중앙연구원 한국민족문화대백과사전

지은이

김권정(金權汀, Kim KwonJung)

숭실대학교 사학과를 졸업하고 동대학원에서 「1920~1930년대 한국기독교인들의 민족운동 연구」로 박사학위를 받았다. 주요 논저로는 『한국기독교민족운동론과 민족운동』, 『근대전환기 한국사회와 기독교 수용』, 『한국의 독립운동가들: 헐버트』, 「일제하 사회주의자들의 반기독교운동 연구」, 「기독교세력의 신간회 참여와 활동」 등이 있다.

월남 이상재 평전 전환시대의 지도자

펴 낸 날	2021년 11월 30일 초판 1쇄
지 은 이	김권정
펴 낸 이	이종진
펴 낸 곳	도서출판 이조
등록일자	2009년 3월 10일
	서울 제2017-000232호
	(06762) 서울특별시 서초구 바우뫼로7길 8, 306
	02-888-9285 / 070-7799-9285
	070-4228-9285
편집	신동소
디자인	정다운
제 작	디자인엘앤제이
ISBN	979-11-87607-59-5 (94340)
	979-11-87607-55-7 (94340) (세트)
정 가	20,000원
홈페이지	www.ljbooks.co.kr
페이스북	www.facebook.com/ljbooks.korea
이 메 일	ljbooks@naver.com

ⓒ 김권정, 도서출판 이조. 2021.

잘못 만들어진 책은 구매처에서 교환해 드립니다.
사전 동의 없는 무단 전재 및 복제를 금합니다.